海外华人研究

教育部人文社会科学重点研究基地
Key Research Institute of Humanities and Social Sciences at Universities

Chinese Overseas Review

海外华人研究

（第一辑）

暨南大学华侨华人研究院　主办

暨南大学出版社
JINAN UNIVERSITY PRESS

中国·广州

图书在版编目（CIP）数据

海外华人研究．第一辑/暨南大学华侨华人研究院主办．—广州：暨南大学出版社，2017.12

ISBN 978－7－5668－2198－0

Ⅰ.①海…　Ⅱ.①暨…　Ⅲ.①华人—研究—世界　Ⅳ.①D634.3

中国版本图书馆 CIP 数据核字（2017）第 238904 号

海外华人研究（第一辑）

HAIWAI HUAREN YANJIU（DIYIJI）

主办：暨南大学华侨华人研究院

出 版 人：徐义雄
策划编辑：黄圣英
责任编辑：何镇喜
责任校对：雷晓琪
责任印制：汤慧君　周一丹

出版发行：暨南大学出版社（510630）
电　　话：总编室（8620）85221601
营销部（8620）85225284　85228291　85228292（邮购）
传　　真：（8620）85221583（办公室）　85223774（营销部）
网　　址：http：//www.jnupress.com
排　　版：广州市天河星辰文化发展部照排中心
印　　刷：佛山市浩文彩色印刷有限公司
开　　本：787mm×960mm　1/16
印　　张：11.25
字　　数：227 千
版　　次：2017 年 12 月第 1 版
印　　次：2017 年 12 月第 1 次
定　　价：45.00 元

卷首语

作为中国著名的侨校，暨南大学具有悠久的研究海外华侨华人的学术传统和历史。百年侨校不仅一直致力于对华侨华人高层次人才的吸收和培养，而且十分重视对东南亚与海外华人的研究。暨南大学迁至上海后，于1927年成立了中国第一所华侨研究的专门机构——南洋文化教育事业部，并创办了专业学术刊物《南洋研究》。在刘士木、姚楠、李长傅、朱杰勤等一大批前辈学者的辛勤努力下，暨南大学成为中国最早从事华侨华人研究的学术基地。改革开放后，在朱杰勤教授的带领下，暨南大学重新组建华侨华人研究的学术团队。1981年，暨南大学华侨研究所正式成立；1984年，更名为暨南大学华侨华人研究所；同年，国务院批准暨南大学设立专门史学科点，具有博士学位授予权，朱杰勤教授获批为博士研究生导师，并开始招收国内首批华侨史研究方向的博士研究生，出版了一批研究成果。在国家“211工程”建设第一、二、三期重点建设项目中，暨南大学专门史学科的“中外关系与华侨华人研究”均被列入。2000年12月，教育部在暨南大学挂牌设立了国家级华侨华人重点研究基地，并以国内“第一和唯一”的高科研标准对基地进行投入和建设。2006年11月，暨南大学将华侨华人研究所升格为华侨华人研究院，增加研究经费，招聘补充研究人员，主要承担华侨华人重点研究基地的建设与科研项目的招标和实施。2011年，暨南大学再次整合国际关系学科、东南亚研究和华侨华人等相关力量，成立国际关系学院/华侨华人研究院，并于2014年11月成立“世纪丝绸之路研究院”。2015年7月，“华侨华人与国际问题研究”学科组团被纳入广东省高水平大学建设计划。

自成为教育部人文社科重点研究基地以来，华侨华人研究机构几经变化，在几届领导班子和研究人员的共同努力下，暨南大学的华侨华人研究也取得了一些可喜的成绩。例如，基地研究人员在《中国社会科学》《中国社会科学（内部文稿）》《世界经济与政治》《当代亚太》等刊物上发表论文数百篇，获批国家社科基金重大委托项目、重大项目、重点项目，教育部重大课题攻关项目，教育部人文社科重点研究基地重大项目等数十项，出版学术刊物百余部/本，其中基地推出的“世界华侨华人研究文库”“海外华人研究译丛”以及年度出版物《海外侨情观察》（原名《世界侨情报告》）等系列出版物，在学界引起较大反响。

随着国家的“双一流”大学建设方案的实施以及根据教育部对国家人文社会科学重点研究基地的新要求和规定，研究院决定创办基地学术出版物《海外华人研究》（Overseas Chinese Review）。出版宗旨包括以下三个方面：一是发扬光大前辈学者优良的学术传统和严谨的治学精神，面向国内外学术界，开门办《海外华人研究》，搭建起一个公平、公开的学术研究和交流的平台；二是凝聚海内外学术界的研究力量，通过《海外华人研究》促进基地建设，逐步地提高基地科研人员的研究水平，争取在国际化方面办出《海外华人研究》的特色和水平；三是重点培养中青年科研人员和在校博士、硕士研究生，鼓励国内外年轻学者来稿，通过《海外华人研究》发现人才，培养人才。

在内容的版块设计上，《海外华人研究》将根据来稿情况和匿名审查的结果，开设“跨国移民与族群理论”“侨史研究”“海外华人研究”“中国新移民研究”“侨乡与归侨研究”“海外经典研究论著重刊”“海外华文教育研究”“书评”等常规版块，或就某一专题的研究出版专辑。

真诚希望中外学术界同仁来共同关心和支持《海外华人研究》的发展，欢迎国内外学者踊跃来稿，让《海外华人研究》茁壮成长，逐步成为华侨华人研究学界的学术品牌和交流平台，为中国学术研究的健康发展添砖加瓦，略尽绵薄之力。

教育部人文社会科学重点研究基地主任
张振江
暨南大学华侨华人研究院院长
《海外华人研究》主编　钱　江

目 录

书 评

跨国移民与族群理论

构建跨国主义研究*

桑吉夫·卡格拉姆（Sanjeev Khagram） 佩吉·李维特（Peggy Levitt）

社会生活以不同的方式跨越国界、超越界限，有时甚至改写了国界与界限。人权、性别、家庭观念等方面的社会运动在全球范围内获得了支持。比起对民族或国家的忠诚，很多泛穆斯林、印度教徒、基督教徒和其他信仰运动的支持者更重视他们的宗教身份，而不是自己的民族身份或族群身份。全球经济由跨洲的投资、制造和消费链构成，各种协会为世界各地的专业人士制定了一些通用的标准。南非开普敦古古莱图（Gugulethu）和巴西里约热内卢的嘻哈街舞发烧友从他们洛杉矶的同道那里获得灵感，印度唐杜里烤鸡则成为伦敦小吃之选。

美国世界贸易中心大厦是全球资本主义最强有力的象征，却被基地恐怖分子的跨国网络组织摧毁，这就是当今世界具有“跨国性质”的一个令人震惊的例证。① 就在美国重申民族国家至高无上之时，人们早已意识到，无论是在“9·11”事件爆发之前还是之后，我们的身边早已存在着各种各样的跨国活动和跨国动力，例如洗钱和犯罪网络、跨政府的警察联盟、分散而又相互联系的离散移民社群、人道主义的公民社会、非政府组织和跨国商业倡议等。

这些貌似新鲜的跨国活动的现象在历史上也有着明显相似的情况。人们只要想想殖民主义和帝国主义、传教士活动、反奴隶制和工人运动、海盗活动和爵士乐，就可以找到答案。诚然，人类社会的形成和发展进程在不同程度上是跨国界和跨界限的。即使是现代民族国家和现代民族国家体系，也是以强有力的方式通过跨越时空来形成的。

通过比较假定有界或封闭的社会或社会单元（无论是地方、地区、民族国家、帝国还是世界体系）内部或彼此之间的经验，来研究推动现代社会的各种动力，所得出的结论必然无法持久。跨国活动的种种形式及其过程是社会科学各学

---

* 作者：桑吉夫·卡格拉姆（Sanjeev Khagram），美国西雅图西方学院国际关系学教授；佩吉·李维特（Peggy Levitt），美国哈佛大学魏德海国际事务研究中心高级研究员。译者：吴红娟，暨南大学外国语学院教师；审校：钱江。

① 由小布什总统任命的“9·11”独立调查委员会的听证会报告对于这一点特别感慨。其中，表达得最直白的看法是：“9·11事件完全超出了我们的想象。”倘若这些官员事先对跨国活动的概念和分析方法略知一二，这起悲剧或许就不会那么令人难以置信了。

科研究的焦点，这类研究方兴未艾却比较分散。[1] 这些领域的研究者一般都认

---

① 参见 John Agnew and Stuart Corbridge, *Mastering space*, *Territory and Political Economy* (New York: Routledge, 1995); Nina Glick Schiller, Linda Basch, and Christina Szanton-Blanc, *eds.*, *Towards a Transnational Perspective on Migration: Race, Class, Ethnicity and Nationalism Reconsidered* (NewYork: New York Academy of Sciences, 1992); Michael Peter Smith and Luis Eduardo Guarnizo, eds., *Transnationalism from Below* (New Brunswick: Transaction, 1998); Peggy Levitt, *Transnational Villagers* (Berkeley: University of California Press, 2001); Peggy Levitt and Mary Waters, eds., *The Changing Face o f Home* (New York: Russell Sage Publications, 2002); David Kyle, *Transnational Peasants: Migrations, Networks, and Ethnicity in Andean Ecuador* (Baltimore: Johns Hopkins University Press, 2000); Aiwa Ong, *Flexible Citizenship: The Cultural Logic of Transnationality* (Durham: Duke University Press, 1999); Nadje Al-Ali and Khalid Moser, eds., *New Approaches to Migration: Transnational Communities and the Transformation of Home* (London: Routledge, 2001); Inderpal Grewal and Caren Kaplan, *Scattered Hegemonies: Postmodernity and Transnational Feminist Practices* (Minneapolis: University of Minnesota Press, 1994); Nancy Abelmann and John Lie, *Blue Dreams: Korean Americans and the Los Angeles Riots* (Cambridge: Harvard University Press, 1995); Ulf Hannerz, *Transnational Connections: Cultures, People, Places* (London: Routledge, 1996); Suzanne Hoeber Rudolph and James Piscatori, eds., *Transnational Religion and Fading States* (Boulder: Westview Press, 1997); Thomas Risse-Kappen, ed., *Bringing Transnational Relations Back in: Non-State Actors, Domestic Structures, and International Institutions* (Cambridge: Cambridge University Press, 1995); Daphne Josselin and William Wallace, eds., *Non-State Actors in World Politics* (New York: Palgrave, 2001); Jackie Smith, Charles Chatfield, and Ron Pagnucco, eds., *Transnational Social Movements and Global Politics: Solidarity Beyond the State* (Syracuse, N. Y.: Syracuse University Press, 1997); Margaret Keck and Kathryn Sikkink, *Activists Beyond Borders* (Ithaca: Cornell University Press, 1999); Ann Florini, ed., *The Third Force: The Rise of Transnational Civil Society* (Washington, D. C.: Carnegie Endowment for International Peace, 2000); Sanjeev Khagram, James V. Rikker, and Kathryn Sikkink, eds., *Restructuring World Politics: Transnational Social Movements, Networks and Norms* (Minneapolis: University of Minnesota Press, 2002); Sanjeev Khagram, *Dams and Development: Transnational Struggles for Water and Power* (Ithaca: Cornell University Press, 2004); Leslie Sklair, *The Transnational Capitalist Class* (Oxford: Blackwell Publishers, 2001); *Transnational Organized Crime* (London: Frank Cass, 1995-); Nikos Passas, *Transnational Crime* (Brookfield, VT Ashgate, 1999); Ann Marie Slaughter, "The Real New World Order", *Foreign Affairs* 76, No. 5 (September/October 1997); Alejandro Portes, Luis Guarnizo, and Patricia Landolt, "Introduction: Pitfalls and Promise of an Emergent Research Field", *Ethnic and Racial Studies* 22 (1999), pp. 463 – 478; Alejandro Portes, William J. Haller, and Luis Eduardo Guarnizo, "Transnational Entrepreneurs: An Alternative Form of Immigrant Economic Adaptation", *American Sociological Review* 67 (2002), pp. 278 – 298; Luis Guarnizo, Alejandro Portes, and William J. Haller, "Assimilation and Transnationalism: Determinants of Transnational Political Action among Contemporary Migrants", *American Journal of Sociology* 108 (2003), pp. 1211 – 1248; Christian Joppke and Ewa Morawska, eds., *Toward Assimilation and Citizenship: Immigrants in Liberal Nation-States* (Hampshire, UK: Palgrave Macmillan, 2003); Peggy Levitt, Josh DeWind, and Steven Vertovec, "Transnational Migration: International Perspectives", A Special Issue of*International Migration Review* 37 (2003), pp. 566 – 575; Nina Glick Schiller and Georges Fouron, *Georges Woke Up Laughing* (Durham: Duke University Press, 2001); Kivisto, Peter, "Theorizing Transnational Migration: A Critical Review of Current Efforts", *Ethnic and Racial Studies* 24 (2001), pp. 549 – 577; Brenda Yeoh, Katie Willis, and S. M. Abdul Khader Fakhri, "Introduction: Transnationalism and its edges", *Ethnic and Racial Studies* 26 (2003), pp. 207 – 217; Roger Waldinger and David Fitzgerald, "Transnationalism in Question", *American Journal of Sociology* 109 (2004), pp. 1177 – 1195; Paul T. Kennedy and Victor Roudometof, *Communities Across Borders: New Immigrants and Transnational Cultures* (London & New York: Routledge, 2003); and Katharyne Mitchell, "Cultural Geographies of Transnationality", in Kay Anderson, Mona Domosh, and Steven Pile, eds., *The Handbook of Cultural Geography*, (Thousand Oaks, CA: Sage, 2003).

为，他们研究的是同一课题的不同组成部分。他们相互孤立地研究跨国公司、宗教或者社会运动，而没有揭示出各自研究领域所共同享有的跨国活动的形式和模式。事实上，在许多方面，跨国经济活动的形式和进程与跨国政治、跨国宗教活动之间有着共同的因素，而这些对已有的公民身份、民主和认同等观念构成了很大的挑战。我们认为，需要找到一个新的视角，才能够在不同的认识论假设上发现不同的问题。并非所有研究跨国主义的学者都认同我们的观点，接受我们提出的议题。即便他们认同，也有可能对我们所提出的理论基础持有不同的看法。无论如何，就跨国主义研究的学术前景而言，这些差异和认同、一致同样重要。

根据迄今为止持续而深入的与跨国主义相关的学术研究，我们认为，跨国主义的研究至少包括以下五种理论模式：

（1）实证跨国主义：即主要对新出现的和/或可能出现的重要的跨国活动的现象及动力进行描述、勘查、分类与量化。这些跨国活动被认为衍生自与地方、地区、全球或者民族国家体系相联系的、有边界的行为体、结构和过程，或者与之相对。跨国研究运用历史比较和民族志的方法来辨别和解释不同跨国现象之间的相似性、差异性、联系和相互作用。它观察这些跨国现象产生的社会空间及其间流动的东西和传播机制，也考察跨国的和在国境内部的活动形式及过程在时空中的差异。

（2）方法论跨国主义：至少必须对现有的有边界单元的材料、证据以及历史的、人种学方面的记述进行重新分类，以揭示跨国活动的形式和过程。更进一步，则要求对研究设计和方法进行创新和实践，以产生新的材料和证据，并且准确、严谨地捕捉跨国现象。这通常要求通过非传统的或多重单元的调查、层次分析和时间框架来进行。这意味着必须密切关注不同层次的社会经验之间的相互作用，而不只是重视其中的某种相互作用而忽略了其他现象。

（3）理论跨国主义：进行系统的解释或周密的说明，与现有理论或阐述构成平行、补充、增益或者融入的关系。在某些情况下，跨国研究理论通过对以前模糊的或被遮蔽的跨国活动现象及动力进行辨识和解释，可以对传统的理论起到补充的作用。而在别的情况下，跨国主义理论比传统理论能更好地解释这些活动形式和过程的某些方面。跨国主义理论可能与昔日从地方、国家、国际或全球层面解释这些现象和动力的理论构成竞争。最后，跨国主义层面的阐述会与传统的解释相结合，从而产生更具说服力的理论。

（4）哲学跨国主义：这是一种形而上学的理论模式，假设社会与生活具有与生俱来的跨国性。换言之，跨国活动的现象及其动力是某种规律而不是例外，是深层的社会现实而不是附带的副产品。该主义要求拥有一种对社会关系进行研究、将之理论化并建立有助于理解的认识论方法，以揭示和解释跨国活动的动力对包含其中的有边界实体的建构作用。如果不对相似的或更深层的跨国活动的形式和过程进行探究、辨识和详细分析，任何一种解释都是不完备的。这并不意味着跨国主义不寻求与其他哲学知识的对话，也不意味着每一个问题都能用跨国主义来解答，或者说，跨越国界的力量和因素总是在发挥着作用。恰恰相反，跨国主义研究理论的目的就是其与其他理论阐述进行碰撞和交流，诸如实证主义、阐释主义、建构主义等，使人们更加关注在不同层面和地点发生的社会经验之间的相互影响。

(5) 公共跨国主义：通过有意识地放弃大多数社会进程都有边界的预设，来为模糊不清的社会变化和社会转型创造一些可供想象与合理选择的空间。放弃"边界"的预设，可以使人们对问题进行重构，并在我们假设"民族"为基本组织核心的条件下，运用一些新的研究方法进行分析。

跨国主义研究理论中的前三种模式在学术文献中相当常见，后两种则较为罕见，因为后两种理论模式从根本上对传统的理论范式和实践提出挑战，越出了主流的学术流派、哲学假设和规定的研究方向。

在本文的下一部分，我们将要对跨国主义研究与现有的理论视角、理论范式和特性进行区别。接着，我们要详述跨国主义研究中的五种理论模式。最后，我们会概括核心观点，提出创建一个社会科学共同体的途径和方法，而这个社会科学共同体本身就具有跨国主义的特性。

一、跨国主义研究学术流派之辨识

跨国主义研究并不完全是新的，这一学术理论也不主张完全放弃相关研究的范式和视角。但是，就像汉内斯（Hannerz）所指出的那样，跨国主义研究是对当今学术流派所具有的优势和弱点的一种回应：

> 仅用"全球化"这个词来形容在某种程度上跨越了国家边界的过程和关系，这种非常奇怪的用法让我觉得很不舒服。许多过程和关系本身显然根本不会延伸到全世界。"跨国主义"这个词有点儿"谦虚"，通常它更适合用于形容规模和分布多变的现象，即使这些现象都有着不局限于一国之内这个共同特征。它还强调，如果从严格意义上仅以民族——准确地说是"国家"——为法人行为体，那么许多正在讨论之中的联系和纽带其实都不是"跨国"的。在跨国活动领域，行为体现在既可以是个人、团体和行为，也可以是商业机构。在很大程度上，这种组织多样性是我们需要考察的（同时，具有反讽意味的是，"跨国主义"这个词令人们注意到其所忽略的东西，即国家和民族持续不断的意义）。①

这个与实证跨国主义有关的观点，虽然只是我们在所追求方向上跨出的一

① Uif Hannerz, *Transnational Connections: Culture, People, Places*, Taylor and Francis Books, UK, 1996, p. 6.

步，但它还是为研究跨国的独特性提供了一个入口。

世界体系、全球社会研究，以及最近出现的全球化和全球研究，对跨国活动的形式和过程的各个方面提出诸多异议，特别是对那些在地理范围上跨星际或者至少跨大陆的现象。不过，很少人能否认，世界体系视角对民族国家这一社会经验的主要组织原则从知识体系上发挥了重要的去中心化的作用。基于这一前提，全球社会研究的学者们令人信服地论证（而不是简单地解释）出，民族国家是由世界范围内一整套正式的制度、组织的认知及概念文本组成和决定的。①

但是，这种“世界性”的研究倾向于把所有的跨界活动等同于行星一体化和世界范围的同质化。无论发生于何处，各种彼此迥异的结构和过程都被描述成在力量和特征上具有可比性。与此同时，规模和范围上的变化、流动和相互作用的多向性则通常被忽略了。戴维·赫尔德（David Held）与他的同事们在这一领域里已形成了一些理论主张和实证分析，即便如此，他仍然把“全球化”定义为“某种（或某一组）依靠社会关系和交易的空间组织转换而来的过程，…… 这一过程催生了行为、相互作用和权力运作的网络，并进行跨大陆或跨地区间的流动”。②

因此，全球主义的研究通常并不能得到很好的调整，捕捉那些在范围上并不遍及全球的跨境的个体、结构和相互作用，往往假设一个并不存在的聚合与同质的水平，进而把行为体描述成被严重束缚，以至于无法反抗这些普遍的系统力量。就像贝弗里·西尔弗（Beverly Silver）指出的，从世界体系和全球社会的角度来看，地方属性和行为是系统中一个定点单元的产物，大的系统拥有压倒性的质量优势，可以沿预期的理论路线去改变地方层面上的社会关系。③ 也许最重要的是，许多世界主义和全球主义的学派把有边界的社会单元（特别是“世界”

---

① 关于世界体系，一份关键的参考文献是：Immanuel Wallerstein，*The Capitalist World Economy*（Cambridge：Cambridge University Press，1979）。关于全球社会研究的经典参考资料，可参阅：George M. Thomas，John W. Meyer，Francisco Ramirez and John Boli，*Institutional Structure*：*Constituting State*，*Society and the Individual*（Newbury Park：Sage，1987）。与这两方面都有关的更早的研究资料：Albert Bergesson，ed.，*Studies of the Modern World System*（New York：Academic Press，1980）。当然，在过去的25年中，在这个学术传统之下也产生了许多成果。值得注意的是，20世纪70年代，极其严格的世界一体主义或系统论中产生了大量有关“依附理论”的研究。我们非常确定，这是跨国主义研究领域的一部分，并且强烈推荐阿兰·德·让弗利（Alain de Janvry）的 *The Agrarian Question and Reformism in Latin America*（Baltimore：The Johns Hopkins University Press，1981）一书的第一章和第二章做为参考，这两个章节对世界体系和“依附理论”研究做了很精彩的文献综述。

② 关于全球化研究，学术界充斥着大量良莠不齐的研究文献，具体内容可参阅 Frank J. Lechner and John Boli，*The Globalization Reader*（Malden，MA and Oxford，UK：Blackwell Publishers，2000），以及 Federick Jameson and Masao Miyoshi，*The Cultures of Globalization*（Durham：Duke University Press，1998）。

③ Beverly J. Silver，*Forces of Labor*：*Workers' Movements and Globalization since* 1870，Cambridge：Cambridge University Press，2003，pp. 25 – 26.

或者“民族国家”）及其内部相互联系的结构、过程的存在视为理所当然。①

至于那些专注于地方乡土的研究，他们把微地理单元等同于微文化社区，对跨国主义现象和动力的阐释也贡献良多。特别是在这个全球化的热潮时期，对乡土社会的研究提醒我们要注意潜在的自治问题和个人生活空间等问题长期存在的重要性。它透彻地分析了社会历史环境的重要性，指出了普遍性的概括或可能带来抹杀关键性的细微差异之危险。此外，这一研究也阐明了个体、地方知识和文化实践的重要性。②

但是，这些研究在对地方社会的地理空间和文化空间进行详细阐释时，经常忽视了更大的社会过程是如何影响着这些地方社会的。人们对某个特定地点和特定时间所发生的事情往往较为清楚，而对于某个地方如何被历史地定位、如何与其他社会层次和地方发生联系、彼此之间如何相互作用，则了解不够。相反，阿尔君·阿帕杜莱（Arjun Appadurai）提出了一个具有跨国倾向的问题：“在一个空间地方化、日常互动和社会规模并不总是在一个同质的世界里，地方性意味着什么?”③ 此外，跨国主义视角打开了从非地理意义上定义地方或者微观单元的可能性。例如，经济发展规划、一个规模较大的犯罪网络中的某个节点、多地举行的守护神节庆，甚至是某个规模更大的商品链中的一个环节。

跨国主义的视角并不排斥全球化、地方化或民族国家体系形式的重要性。④它引导人们思考，如果我们假定这些分类或者范畴不会自动地跟某类特定的领土或者空间类型联系起来，那么它们将会发生怎样的变化？它还促使我们思考，当

---

① 必须指出的是，有一部分学者使用全球化、全球性和全球主义的术语所做的学术研究，富有启迪性。这些研究实际上认识到了多向性、跨界现象和跨国的动力并不一定是跨大陆或者跨星际的。与此同时，这些研究也指出，个体和变化可以是跨越不同的层级、规模和范围的。不幸的是，这些术语要么被用来遮盖这些因素和面向，要么就是将它们不恰当地理论化了。此处列举两项与全球化和跨国主义有关的较好的（尽管不是很成功）研究，一是：Arjun Appadurai，*Modernity at Large*：*Cultural Dimensions of Globalization*（Minneapolis：University of Minnesota Press，1996）；二是 Saskia Sassen，*Globalization and Its Discontents*（New York：The New Press，1999）。

② 地方主义研究包括村落研究、社区研究和邻里关系的研究，相关的研究成果数量太多，不胜枚举。

③ 当然，一些地方主义研究者也能较好地把跨国主义纳入其考察的视野，可特别参考 Akhil Gupta and James Ferguson，eds.，*Culture*，*Power*，*Place*：*Explorations in Critical Anthropology*（Durham：Duke University Press，1997）。也可参见 Sarah J. Mahler，*American Dreaming*：*Immigrant Life on the Margins*（Princeton，NJ：Princeton University Press，1995）；Luin Goldring，“The Mexican State and Transmigrant Organizations：Negotiating the Boundaries of Membership and Participation”，*Latin American Research Review*，2002，Vol. 37，No. 3，pp. 55 – 99；Raquel Parrenas，“Mothering From a Distance：Emotions，Gender，and Intergenerational Relations in Filipino Transnational Families”，*Feminist Studies*，2001，Vol. 27，No. 2，pp. 361 – 391。

④ 这绝不意味着其他单元（例如地区）是不重要的。事实上，各种有关地区主义的形式和类型的学术研究成果与日俱增，对于跨国现象和跨国动力的解释起到了特别重要的作用。有关社会学和政治学对于区域（特别是欧洲）一体化的大量研究，可参阅 John Angnew and Stuart Corbridge，*Mastering Space*，*Territory and Political Economy*；Matthew Sparke，“Between Post-Colonialism and Cross-Border Regionalism”，*Space and Polity*，2002，Vol. 6，No. 2，pp. 203 – 213；T. Courchene，“Globalization：The Regional/International Interface，*Canadian Journal of Regional Science*”，1995，Vol. 18，pp. 1 – 20。

诸如公民身份和认同等问题被视为理所当然地分类并在不同的空间跨越时，会发生什么变化？

社会科学在19世纪和20世纪日臻成熟，在这样一个“民族国家”纷纷独立建国并且获得合法地位的动荡时期，诸如“社会”“政府”“民主”和“文化”之类蕴含着民族主义色彩的词语，影响了我们对跨国主义形式和过程的理解能力。[①] 对20世纪商业发展的研究，人们几乎总是用比较研究的方法，民族国家被视为理所当然，而不是把企业和市场概念化为投资、产品、分布和交易跨界网络的一部分。[②] 尽管大量的证据表明，包括福音新教、罗马天主教、共济会、工会主义和政治进步主义等形形色色的运动忽略了国家边界，并且创造了强大的跨国社区和身份认同，但是，人们对宗教和政治的研究还是受到了类似的阻碍。[③]

---

① 围绕着“民族国家”这一主题，知识与制度秩序之间的联结关系对学术界曾产生深刻的影响，参见 James Scott，*Seeing Like a State*（New Haven：Yale University Press，1998）；John Lie，*Modern Peoplehood*（Cambridge，MA：Harvard University Press，2004）。

② 实际上，即便不是将其作为研究对象，经济社会学的整个分支领域都或明确或隐晦地把民族国家形式，甚至现代国家视为其分析的单位，具体研究可参阅 Harrison C. White，*Markets from Networks：Socioeconomic Models of Production*（Princeton，NJ：Princeton University Press，2002）；Neil Fligstein，*The Architecture of Markets：An Economic Sociology of Twenty-first-century Capitalist Societies*（Princeton，NJ：Princeton University Press，2001）；Mauro F. Guillén，*The New Economic Sociology：Developments in an Emerging Field*（New York：Russell sage Foundation，2002）；Mark S. Granovetter and Richard Swedberg，*The Sociology of Economic Life*（Boulder：Westview Press，1992）。

③ 到目前为止，关键的有关社会运动的文本，都是以国内或者国家比较为目标的，例如：Sidney F. Tarrow，*Power in Movement：Social Movements，Collective Action，and Politics*（Cambridge：Cambridge University Press，1996）；Doug McAdam，Sidney G. Tarrow and Charles Tilly，*Towards an Integrated Perspective on Social Movements and Revolution*（New York：Lazarsfeld Center at Columbia University，1996）；Doug McAdam，John D. McCarthy，and Mayer N. Zald，*Comparative Perspectives on Social Movements：Political Opportunities，Mobilizing Structures，and Cultural Framings*（Cambridge：Cambridge University Press，1996）。虽然关于宗教和全球化的研究成果非常多，例如 Peter Beyer，*Religion and Globalization*（Thousand Oaks and London：Sage Publications，1994）；Roland Robertson，*Globalization：Social Theory and Global Culture*（London：Sage，1992），但是，学者们最近才开始使用跨国主义的视角来进行宗教研究，而对于这个研究视角究竟会带来什么结果，还没有达成共识。参见 Rudolph and Piscatori，*Transnational Religion*；Anna Lisa Peterson，Manuel A. Vásquez，and Phillip J. Williams，eds.，*Christianity，Social Change and Globalization in the Americas*（New Brunswick：Rutgers University Press，2001）；Manuel A. Vasquez and Marie F. Marquardt，*Globalizing the sacred：Religion across the Americas*（New Brunswick：Rutgers University Press，2003）；Peter Mandaville，*Transnational Muslim Politics：Reimagining the Umma*（London：Routledge，2001）；Steven Vertovec and Robin Cohen，*Migration，Diasporas，and Transnationalism*（Cheltenham，UK and Northampton，MA：Edward Elgar，1999）；Cecilia Menjivar，“Religious Institutions and Transnationalism：A Case Study of Catholic and Evangelica”；Salvadoran Immigrants，*International Journal of Politics，Culture，and Society*，1999，Vol. 12，pp. 589－612；Pierrette Hondagneu－Sotelo，Genelle Gaudinez，Hector Lara and Billie Ortiz，“There's a Spirit that Transcends the Border：Faith，Ritual，and Post-national Protest at the U. S. -Mexico Border”，*Sociological Perspectives*，2004，Vol. 47，pp. 133－160；Jeremy Stolow，“Transnationalism and the New Religio-Politics：Reflections on a Jewish Orthodox Case”，*Theory，Culture，and Society*，2004，Vol. 21，No. 2，pp. 109－137；Willfried Spohn，“Multiple Modernity，Nationalism，and Religion：A Global Perspective”，*Current Sociology*，2003，Vol. 51，No. 3/4，pp. 265－286。

很多学者对这样一种普遍存在的观点表示质疑，即社会是被自动组织编排进民族国家这个整齐划一的集装箱里的。这种观点掩盖了先于边界存在并跨越、改变了边界的那些过程、关系和制度，并且不恰当地把过多的荣誉归功于近现代历史上发展不均衡且不完善的民族国家体系。①

跨国主义研究学派进而认为，无论是全球性的问题，还是区域性、民族性、地方性的问题，均可通过跨国主义的视角、研究方法、相关理论和认识论来进行分析。传统的研究视角把跨国现象和跨国动力看作发生在国家与全球这两个范畴之间的事情，跨国主义的研究则在某些情况下提供了更富有成效的视角。某些被假定为有边界的社会单元，从跨国主义的视角可以理解成这是一个跨越国界构建起来的、具有嵌入性和相互影响的社会场域。② 从这个视角来看，世界是由动态重叠及相互作用的跨国社会场域的多重单元组成的，而这种跨国的社会场域创造并形成了表面上看似有边界的结构、行为体和过程。

因此，在一定程度上"跨国的""跨国主义"或者"跨国性"之类的词语属于用词不当。因为这似乎意味着，人们唯一感兴趣的就是各种"动力"，无论这些动力是跨越或超越民族国家的，还是在（民族）国家体系内部的。我们还注意到别的一些东西。通过跨国主义研究，我们提倡以无边界的眼光，对出现于某个特定历史节点的边界或边境地区进行实证性的考察，并且探讨它们与无边界区域和跨国过程的关系。跨国主义的视角并不认为空间单元的存在是理所当然的，也不认为应该对空间单元的适宜性进行分析。因此，跨国主义的视角不仅是理解世界的一种方式，也是一套共同的问题和困惑，更是某种对可接受的答案的期待。在某些情况下，当我们在尝试解释有关跨国活动的动力时，跨界的因素只是个陪衬，并不重要。不过，跨国主义研究方法的一个关键要素，就是必须不带预

---

① 这方面最好的研究成果也许可以被称为跨国主义的研究，见 Charles Tilly, ed., *The Formation of National States in Western Europe*（Princeton：Princeton University Press, 1975），及他的 *Coercion, Capital, and European States, A. D.* 990 – 1990（Cambridge：Basil Blackwell, 1990）。与此同时，有关主权方面的研究文献也在不断地增加，例如：Thomas J. Biersteker and Cynthia Weber, *State Sovereignty as Social Construct*（Cambridge：Cambridge University Press, 1996）；Stephen D. Krasner, *Problematic Sovereignty：Contested Rules and Political Possibilities*（New York：Columbia University Press, 2001）与 *Sovereignty：Organized Hypocrisy*（Princeton, NJ：Princeton University Press, 1999）。

② 因此，在跨国主义社会学和文化研究之间存在着许多有趣的重叠部分，特别是关于边境地区和后殖民时代的研究。参阅：Gloria Anzaldua and Mayfair Mei-hui Yang, "Goddess across the Taiwan Strait：Matrifocal Ritual Space, Nation-State, and Satellite Television Footprints", *Public Culture*, 2003, Vol. 16, No. 2, pp. 209 – 238；Dilip Parameshwar Gaonkar, "Toward New Imaginaries：An Introduction", *Public Culture*, 2002, Vol. 14, No. 1, pp. 1 – 19；Inderpal Grewel, "Traveling Barbie：Indian Transnationality and New Consumer Subjects", *Positions*, 1999, Vol. 7, No. 3, pp. 799 – 826；Partha Chatterjee, "Beyond the Nation? Or Within?" *Social Text*, 1998, Vol. 56, pp. 57 – 69；Hilary Cunningham and Josiah McC. Heyman, "Introduction：Mobilities and Enclosures at Borders", *Identities*, 2004, Vol. 11, pp. 289 – 302；Edward Soja, *Postmetropolis：Critical Studies of Citiesand Regions*, Malden, MA：Blackwell, 2000。

设条件地来质疑任何社会现象的范围和地理广度。

目前，在捕捉跨国活动的动态方面，日常用语和学术语言都还无法准确地进行描述。不过，一套极富启发性的观念和选择正在形成，这有助于人们从概念上和分析方法上阐明跨国主义的研究。这些知识性的理论基础使得人们对一系列社会学所关注的问题及其基本的假设产生了怀疑。在下面的这一节中，我们将进一步详细阐述构成跨国视角的各种成分。

（一）实证跨国主义

跨国主义研究的第一个理论基础，就是对跨国活动的现象和动力进行辨识、描述、绘图、量化和分类。到目前为止，许多跨国主义学派做的就是这方面的工作。跨国经济过程和企业、跨国社会运动和非政府组织，以及跨国移民和社区已经得到人们大量的关注。[①] 目前，有关不当跨国行为及其治理的实证性文献正在增加，而有关跨国宗教、跨国艺术、跨国文化和跨国社会分层之类课题的研究，则还比较少。[②]

实证跨国主义研究的两个基本内容是大范围的跨国形式和跨国过程，包括对族群社会、宗教、专业协会和恐怖组织进行辨识、定义和描述。[③] 跨国主义研究

---

① 事实上，有关跨国企业的研究文献很早就有了，其中比较重要的有：George Modelski, ed., *Transnational Corporations and World Order: Readings in International Political Economy* (San Francisco: W. H. Freeman and Company, 1979)。关于依附理论的学术史，有两本重要的书可参考：Fernando Henrique Cardoso and Enzo Faletto, *Dependency and Development in Latin America* (Berkeley: University of California Press, 1973); Peter Evans, *Dependent Development: The Alliance of Multinational, State and Local Capital in Brazil* (Princeton: Princeton University Press, 1979)。最近的有关研究成果，可见 Susan Strange, *The Retreat of the State: The Diffusion of Power in the World Economy* (Cambridge: Cambridge University Press, 1996); Leslie Sklair, *The Transnational Capitalist Class* (Oxford, UK: Blackwell, 2001).

② 关于跨国流行文化之生产，参见 Juan Flores, *From Bomba and Hip Hop: Puerto Rican Culture and Latino Identity* (New York: Columbia University Press, 2000); Doris Sommer, *Bilingual Aesthetics: a New Sentimental Education* (Durham, NC: Duke University Press, 2004); Deborah Pacini Hernńdez, Héctor D, Fernńdez－L' Hoeste and Eric Zolov, eds., *Rockin' Las Americas: The Global Politics of Rock in Latin/o America* (Pittsburgh, PA: University of Pittsburgh Press, 2004); Helena Simonett, *Banda: Mexican Musical life across*。

③ 早期的一些有关跨国主义的研究，聚焦于当时看起来颇为新颖的或者特别重要的社会形式和社会发展过程。学者们搜集了许多资料，用以论述跨国企业如何迅速崛起、跨国企业如何日益扩大其在经济活动中的份额，以及跨国企业如何能够日益增强，并在世界的各个角落塑造社会现实。学者们发现，在1946年至1999年的这个历史阶段里，革命和族群暴力冲突的数量（此类革命和冲突实际上绝大多数是跨越国界的，或者说是以别的“跨国”的方式来进行的）远远超过了发生在国家之间的战争。学者们还确认，跨国联盟、跨国网络以及主要由非政府组织或社会运动组织策动的跨国社会运动这三者之间的确存在着差异。学术界对跨国移民的身份认同和成分也进行了考察，留下了许多研究文献。但正如罗杰·瓦丁格（Roger Waldinger）和大卫·菲茨杰拉德（David Fitzgerald）（2004）指出的那样，跨国主义的研究必须格外小心，避免陷入“重复生产”“社会科学相似的自我矛盾，尤其是‘封闭的’过去和‘开放的’现在等陷阱”。此外，目前大部分跨国主义的微观实证研究往往聚焦在某些社会现象，而那些现象却是（或者被理解成是）民族国家体系的副产品，这么一来，就对跨国主义研究的分析能力造成了不必要的限制。

还包括对跨越边界的生产或流通的话语、物质流通、文化互动和艺术流派的研究。它关心的是什么在流通，它如何循环移动，以及为什么有些观念和实践可以在流通或移动中落地生根，而另外一些则被忽略了。例如，根据莱斯利·斯克莱尔（Leslie Sklair）的研究，一种全新的跨国资产阶级正在兴起，成员包括推动资本主义全球化及与之相关的消费文化发展的跨国公司管理层、全球化的官僚、政治家、专业人士、商人和媒体。[①] 玛丽·柯道尔（Mary Kaldor）对一些由非国家组织发起的“新型战争”及其背后的跨国动力进行了调查，这些组织包括族群民兵、“哈瓦拉”金融组织和联合国维和部队。[②] 玛格丽特·凯克（Margaret Keck）和凯瑟琳·辛金克（Kathryn Sikkink）认为，所谓的跨国倡议辩护网络其实就是一批至少是来自三个国家、奉行共同思想原则并频繁地进行信息交流的活动家。与此同时，杰基·史密斯（Jackie Smith）和他的同事们对跨国社会运动进行了研究。[③] 佩吉·李维特（Peggy Levitt）和萨莉·梅里（Sally Merry）则对妇女权利的全球观念在不同地方语境中的转化进行了比较。[④]

这项描述性的研究工作已经促成了一批颇有成效且产能较高的分类体系，以下这些按照其核心动机来划分的跨国集体行为者的类型即为例证。跨国公司的核心是追逐丰厚的利润，他们的社会运动基于道德价值观，学术研究圈子以科学理念为指导，专业人员以专业技术和通用的标准为目标，那些跨国的政府网络亦有其相同的使命。[⑤] 这些团体还可以根据其是否使用身体暴力来分类。跨国的犯罪组织是由物质利益驱动的，但与企业追逐利润不同，它们经常使用身体暴力来达到自己的目的。[⑥] 跨国恐怖主义分子可能是被强烈的道义思想所驱动；但与跨界的社会运动不同的是，他们经常通过暴力来达到目的。

这些分析也指出了，参与跨国活动的那些人是如何深深地卷入了跨国社会场域，他们在社会上占据着相似的位置，同时也扮演着相似的角色。不管他们是否卷入了经济、宗教或政治活动中，其表现均如此。在社会运动组织、犯罪网络或者企业中，某些人充当了新思想和新行动的输送者和传播者，其他人则起到了翻

---

① Sklair，*Transnational Capitalist Class* 第 22 页。多年以前，学术界有关依附理论的研究就奠定了跨国阶级和跨国联盟之存在。

② Mary Kaldor，*New & Old Wars*：*Organized Violence in a Global Era*，Stanford：Stanford University Press，2001。

③ Smith et al，*Transnational Social Movements*；Keck and Sikkink，*Activist Beyond Borders.*

④ Levitt，Peggy and Sally Merry，“Translating the Global into the Local：The Case of Women's Rights”，Paper Presented at Wellesley College Conference，August 2006.

⑤ Sanjeev Khagram and Sarah Alvord，“Locating Contemporary Progressive Civic Transntional Advocacy”，in L. David Brown and Srilatha Batliawala，eds.，*Claiming Global Power*：*The Transnational Civil Society Reader*，Westport，CT：Kumarian Press，forthcoming.

⑥ 当然，很多公司的确在使用身体暴力或其他形式的暴力，所以跨国公司在企业运作和企业犯罪的区别通常只在一线之间。

译或者转变的作用。[①] 研究结果还揭示出了跨国活动的组织形式。移民网络、宗教网络与许多跨越空间的资金转移网络一样，具有很多相同的结构性特征。边界内部的整合、团结与强制性的信任都在这些不同的社会团体中发挥着作用。

（二）方法论跨国主义

要对跨国主义的现象和动力进行个案研究和分类，就必须像前文概述的那样，需要新的观察手法和收集资料的方法。跨国主义研究的第二个理论基础——方法论跨国主义，就是对现有材料和叙事记载重新进行系统的整理阐释，从中发现新的信息和证据，创新地运用已有的调查手段，进而设计出新的研究工具和研究方法去分析、解释和阐述跨国的现象与动力。

现有的大部分资料集、历史编纂学著作和民族志给跨国主义的分析造成了障碍，即便能勉强做下去，也变得十分困难，因为所谓的"民族主义方法论"把民族国家及其目前的国家边界视为理所当然。许多普查以民族国家为单位，目的在于进行国家之间的比较，而不是捕捉跨越或超越国界等空间单位的流动、纽带或身份认同，或对其中的跨国活动现象和动力进行研究。环境危机、有组织犯罪的跨地域基础以及跨国社会分层体系均会导致区域性的身份认同。可是了解这样的区域性身份认同是相当困难的，因为几乎找不到资料去做这样的分析，结果研究人员只能根据国家现存的资料或者其他有边界的社会单元的资料推论，这样很难清楚地揭示出跨国活动背后的动力。

跨国主义的研究要求从多重单元、各种范围和规模的分析中采集资料。[②] 萨斯基娅·萨森（Saskia Sassen）对全球化城市认同的研究、保罗·吉尔罗伊（Paul Gilroy）所提出的"黑色大西洋"之概念，以及阿尔君·阿帕杜莱提出的移民人口景观概念等，均为此类研究的典范。多场域和多层次的调查研究无疑是研究跨国互动的最理想的方法，但我们也可以通过访谈的手法来调查跨国活动的动力所在，向受访者了解他们在跨界活动中的身份认同、信仰及相关的活动，以及他们在某个单一环境中的社会关系。[③] 这样，跨国主义研究就改变了研究方向，从对社会生活进行实际地域调查的传统地理学研究中解脱了出来。

跨国主义研究还要求运用某些研究方法来分析特定的动力或关系所蕴含的复杂性。关于时空压缩的洞见，后现代主义对人们关于历史与地理二者之间关系的期盼构成了挑战。[④] 跨国主义研究通过考察、分析生命周期、跨代际、长时段、

---

① Peggy Levitt and B. Nadya Jaworsky, "Transnational Migration Studies: Past Developments and Future Trends", *Annual Review of Sociology*, 2007.

② 倘若系统思维还没有被严格地加以利用，则应该特别得到关注，同时予以充分、有效的利用。

③ Peggy Levitt and Nina Glick Schiller, "Conceptualizing Simultaneity: Theorizing Society from a Transnational Social Field Perspective", *International Migration Review*, 2004, Vol. 38, pp. 1002 - 1039.

④ 参见 David Harvey, *The Condition of Postmodernity* (Oxford, UK: Blackwell Publishers, 1989)。

附带现象和循环类型等对象来建立起自己的研究基础。①

对跨国活动动力的研究不能局限于时间表上的某一个节点，因为跨国活动往往涉及多重互动的过程，而不是单一的发生在有边界内部的事件。例如，跨国移民浪潮的消长是一个长时期的现象，一次性的快照式截图无法让读者看到移民们如何周期性地参与到其祖籍国的各种事务（诸如选举、家庭活动、某种仪式或气候灾害等）中，他们的注意力和精力会因为要应对某些特定的目标或挑战而游移不定。若从纵向上来研究移民活动，就可以发现，在危机发生时或出现某种机遇时，即使对此没有意识，那些处于跨国社会场域的移民也可能被调动起来转而投入跨国活动。②

而且，印度的班加罗尔或其他高科技城市之所以能够承接高科技服务的外包工作，其原因就在于硅谷的人们还在睡梦中的时候，南亚正是工作的时间。事实上，在过去的50年中，越来越多的南亚人在接受了良好的教育之后，他们跨越国境并成为职业的高科技人才，这种跨国的专才移民活动日益改善其经济境遇。最后，只要简单地回顾一下历史，我们就能理解何谓“长时段”。在19世纪初，绝大多数现代意义上以领土划界而成的国家甚至还没有诞生。③ 与今天的伊拉克相比，公元9世纪的巴格达早已成为当时横跨欧亚大陆的区域性政治经济场域。

贝弗里·西尔弗（Beverly Silver）在她的《劳工的力量》（*Forces of Labor*）一书中研究的对象是工人运动。她在该书中所运用的研究手法是跨国主义研究的一次令人振奋的方法论创新。在分析过程中，西尔弗同时使用了世界历史研究的“涵盖比较”方法和跨国研究中早就在应用的比较历史研究的方法。不过，西尔弗指出，这些研究方法具有先天局限性，因为它们妨碍了对各独立单元之间关系的分析，也忽略了地方的能动性。而且，这些研究方法是建立在对有边界空间的特征或类型的分析假设上。然而，分析的关键部分恰恰是要搞清楚，即这些跨国空间的单元是如何被建构和转换的。为了解决这个难题，西尔弗在其研究中运用了“组合比较”的研究方法和改进过的因果分析的“叙事”模式，去分析跨国空间中的关系过程是如何在一段时期中展开的。④

（三）理论跨国主义

方法论的创新有助于理论创新与理论建构，同时它也有赖于理论创新和理论

① 参见 Fernand Braudel, *On History* (New York: Harper and Row, 1980); Susan Eckstein and L. Barberia, "Grounding Immigrant Generations in History: Cuban Americans and Their Transnational Ties", *International Migration Review*, 2002, Vol. 36, No. 3, pp. 799 – 838。

② Levitt and Glick Schiller, "Conceptualizing Simultaneity".

③ Enrique Dussel, "Globalization, Civilization Processes, and the Relocation of Languages and Cultures", in Jameson and Miyoshi, *Cultures of globalization.*

④ Beverly Sliver, *Forces of Labor: Workers' Movements and Globalization since* 1870 (Cambridge, UK & New York: Cambridge University Press, 2003), especially pp. 25 – 40.

建构。跨国主义研究的第三个理论基础是建构和测试一些理论，使这些新的理论与现有的理论阐释相向而行，或者对之进行补充、替代，甚至做出改变。

许多学者在辨识出跨国现象后，提出种种理论去解释它们。跨国主义的理论和传统的理论在几个方面相互影响。在某些情况下，因为各自解释不同的跨国现象及其背后的驱动力，所以这两种理论的关系是平行的；而在另外一些情况下，它们各自擅长解释所研究现象的不同方面，二者之间的关系则是互补的。跨国主义理论还与一些已经很好地运用于地方、国家、国际社会及全球议题上的理论阐释模式进行竞争。最后，跨国主义研究有时会与传统的概念性的理论框架相结合，进而形成一些复合性的理论模式。

学术研究往往关注哪种理论最终成为赢家。毫无疑问，竞争性的假设检验之研究手法在学术理论的发展中扮演了至关重要的角色。在20世纪70年代，罗伯特·基欧汉（Robert Keohane）和约瑟夫·奈（Joseph Nye）引进了“跨国关系”这一理论框架来分析世界政治版图，这一理论分析框架强调跨界的行为体及他们之间的互动作用。[1] 不过，这并不是一种跨国关系的理论，而是一个有所指向的分析手法，其结论认为：既然在目前以国家为中心的现实主义主导的理论范式中，存在着许多反常之处，那么我们就需要对这些理论范式再次进行概念性的分析。后来，他们在《权力与相互依赖》（*Power and Interdependence*）一书中，提出了一个理论框架，即结合现实主义和跨国主义的理念，进而发展出一套可供检验的、假设性的研究方法。[2]

毫无疑问，在可预见的未来，有关民族国家的兴衰、国家与国家之间的关系，以及其他跨越时空的有关因素、结构和发展过程之学术争论仍将继续。阿尔君·阿帕杜莱在其《广义的现代性》（*Modernity at Large*）一书中也认为，在跨国现象和跨国推动力的影响下，不仅民族国家弱化了，就连民族国家体系本身也处于危机之中。萨斯基娅·萨森曾对“去国家化”做过具体的阐述。她指出，一方面，权力、权威和身份认同的形成将逐步地离开民族国家，向上移动至国与国之间，甚至成为超越国家的存在；另一方面，它们会向下移动至“全球性城市”，而此类城市正是跨界形式和跨界活动过程中主要节点的地理中心。[3] 与此同时她还指出，“全球化”就是跨国的，即经常在发生变化的跨国进程。在国家和地方层面，从理念到物质，全球化都是被跨国再生产出来的，这意味着民族国家不仅仅是数量上减少了，更重要的是其性质也发生了变化。

因此，跨国主义的视角涉及理论化的多种不同的类型和形式，以及理论发展

---

① 参见 Robert O. Keohane and Joseph S. Nye Jr. , eds. , *Transnational Relations and World Politics*（Cambridge：Harvard University Press，1971）。

② Robert O. Keohane and Joseph S. Nye Jr. , *Power and Interdependence*：*World Politics in Transition*（Boston：Little，Brown，1977）。

③ 这与斯特兰奇（Strange）的 *The Retreat of the State* 一书的观点，以及其他许多学者的观点很相似。

的过程。它的目标并不是要形成一个单独的理论范式或者占据主导地位的叙述，而是为了找到一些方法，使不同的理论话语和研究方法可以保持彼此之间富有成效的对话。世界太广阔、太深邃，也太复杂了，远非一种理论工具所能解释清楚的。所以，跨国主义的研究放弃了这样的期待，以便能创造出足够广阔的空间，让不同的理论框架在可能达到的共存和潜在的交叉影响之间进行竞争，即便出现建设性的紧张状态亦可容忍。

（四）哲学跨国主义

跨国主义研究领域的第四个理论基础是哲学跨国主义，即采用另外一套关于世界本质和知识构成的本体论和认识论假设。哲学跨国主义发展自形而上学的思考，其观点认为：社会生活自一开始就是跨国性的，跨国现象和推动跨国活动的动力是规律而不是例外，是核心的趋势而不是异常的现象。

哲学跨国主义认为，社会生活并不是自动地或主要地在民族、国家或其他有边界的社会系统内部进行，也不是在彼此之间展开的。与传统社会科学中主流的“单元论”和“系统论”不同，跨国主义研究的本体论的第一个前提是，社会生活从根本上是跨界的；第二个前提是，我们认为是有边界的社会发展过程，其实作为一种规律根植于跨界现象和动力之中，并深受其影响。因此，研究的焦点应放在社会差异和社会分化带来的后果上，而不是把国家、社会或者文化作为一个整体去研究或者比较。①

哲学跨国主义并不否认有边界的社会团体的重要性。相反，它试图解决的一个核心的理论问题是，为什么某些边界首先出现，这些边界是如何繁殖扩大，又是如何进行自我维持的？例如，跨国本体论的一个假设是，民族国家体系的出现具有历史特殊性，也就是说，一系列的社会事实需要得到说明和诠释。② 跨国主义研究用类似的研究手法，对所谓的国家宗教及其所属的跨国宗教社区进行了研究。地方、区域、国家和全球并不是自动地、理所当然地成为社会场域，而是被建构的社会事实的分类。这些分类不仅常常引起争论，也还有待于研究。与其让某一种分析方法凌驾于其他方法之上，还不如集中精力去考察、发掘彼此之间的相互影响。

此外，跨国本体论是建立在社会现象和社会动力发生于跨国场域内部或各场域之间的假设基础之上的。皮埃尔·布迪厄（Pierre Bourdieu）使用“场域”（fields）这一概念去引起人们对权力关系和意义结构在社会内部互动方式的关

① Gupta and Ferguson, *Culture*, *Place*, *Power.*

② Tilley, *The Formation of National States in Western Europe.*

注。[①] 社会制度学家考察了各种不同类型的组织场域，并从理论上对其进行了分析。[②] 最近，经济社会学家和社会运动理论家提出“战略行为场域”的概念。[③] 他们的研究虽说没有排除这些场域具有跨国的可能性，但也没有直接、系统性地对此可能性进行研究。

曼彻斯特学派（The Manchester School）提出了一个与布迪厄观点类似的社会场域概念。该学派认为，他们所研究的移民同时存在于乡村—部落和殖民—工业城市这两个层次。移民网络在这两个层次或者更多的地域之间不断地伸展，最终组建起网络中的网络，建构起一个单一的社会场域。研究人员透过这样的视角来理解社会关系，进而引入多层次的分析手法，从底层、跨界、超越等不同的维度来研究个人、社区、殖民地，甚至是整个帝国。[④]

以布迪厄理论和曼彻斯特学派的观点为基础，部分研究跨国移民的学者把社会场域定义为：一组多层次的、环环相扣的社会关系网络，各种观念、跨国活动实践和资源通过此社会关系网络进行不对等的交换，加以组织，最后实现转化。社会场域是不同形式、不同深度、不同广度的多维度的全面互动，如不同的组织、制度和运动是在跨国社会场域中互动变化的。国家的边界没有必要一定要与社会场域的边界相毗邻。国家的社会场域可以是在某一国的边界之内，但是，跨国的社会场域则包括直接和间接的跨越边界的关系和驱动力，这些边界可以是民族国家的边界，也可以不是。[⑤]

跨国本体论与跨国认识论是紧密相连的。为了描述、解释、说明、理论化和改变有关社会性质的假设，人们必须反思社会是如何被认识和理解的。哲学跨国主义学派的研究建立在本体论跨国主义之上，该学派探讨了跨界动力产生作用的程度，并试图解释其影响力和活动范围的多样性。然而，任何理论分析倘若没有把跨国过程的可能性考虑进去，即使可能是有用的，甚至是具有启迪意义的，最终也可能是昙花一现。例如，塔玛拉·凯（Tamara Kay）的研究表明，政治体系和政治制度方面的变化促使加拿大、美国和墨西哥三国的工人联合起来，但是，

---

① 参见 Pierre Bourdieu, *The Logic of Practice* (Stanford: Stanford University Press, 1980)。

② 参见 Walter W. Powell and Paul J. DiMaggio, eds., *The New Institutionalism in Organizational Analysis* (Chicago: University of Chicago Press, 1991); Richard W. Scott, *Institutions and Organizations* (Denver, CO: Sage Publications, 2001)。

③ 参见 Neil Fligstein and Doug McAdam, "A Political, Cultural and Approach to the Study of Strategic Action", paper presented at the Annual Meetings of the American Sociological Association, August 2003。

④ Ewa Morawska, "Immigrant Transnationalism and Assimilation: A Variety of Combinations and Analytic Strategy It Suggests", in C. Joppke and E. Morawsk, eds., *Toward Assimilation and Citizenship: Immigrants in Liberal Nation-States* (Basingstoke, UK: Palgrave Macmillan, 2003), pp. 133 – 176.

⑤ 也可见于卡格拉姆的 *Dams and Development* 一书中对跨国场域的相关论述。

这种变化是跨国性质的变化，而不是某个国家内部政治体系及制度的变化。[①] 霍华德·维纳特（Howard Winant）从跨国主义的视角入手，研究长期以来种族关系变化的动因，其研究说明跨国主义研究手法之重要。威廉·朱利叶斯·威尔逊（William Julius Wilson）对居住在市中心平民区非裔美国人困境的解释中，也隐含着跨国主义的理论分析。[②]

（五）公共跨国主义

跨国主义研究的第五个切入点是一个更加开放的、道德伦理的和约定俗成的研究方法。公共跨国主义为社会转型创造了一个想象的选择空间，而这种想象的空间在边界、界限、结构、过程和行为体等被视为是既定事实时是被遮蔽住的。通过对边界和界限提出质疑，并假设民族国家能够自动地成为社会生活发生的"容器"，跨国主义的研究为政治立场和政治实践的运作提供了一系列的可能性，否则可能会被遮蔽。

社会科学尝试从描述、分析和理解逐步地过渡到实践，跨国主义的研究恰好契合社会科学所提出的重建理论与实践、学术与应用之间强大纽带的承诺。[③] 跨国主义研究不接受大多数学术研究中所出现的错误的中立的立场，也没有忽视研究过程中所遇到的一系列伦理道德和实践上的难题，而是去面对它们。与此同时，跨国主义研究没有预设的政治立场，也不假设跨国主义的方案肯定就是最好的解决方案。相反，跨国主义研究的一个重要的组成部分，就是不能停留在描述、分析和解释的阶段，而是要有所超越，要详细地胪列出一系列研究成果已指出的政治性选择。安·玛丽·斯劳特（Ann Marie Slaughter）对跨政府网络的研究就是这方面的一个极佳的学术研究范例。她认为，维持国际局势稳定的一个关键因素，就是官僚机构在"分解崩溃的国家"和"非中央集权的国家"之间建立起某种联系。[④] 路易斯·瓜尼佐（Luis Guarnizo）研究宏观经济对移民所从事的跨国微观经济活动的影响，他的这一研究是此领域另外一个很不错的范例。[⑤] 还有一个相关的实例是尼克斯·帕萨斯（Nikos Passas）的研究，他研究的是不同国家之间非正规渠道资金汇兑系统的管控，以及民族国家所带来的预料之外的消极

---

① Tamara Kay, "Labor Transnationalism and Global Governance: The Impact of NAFTA on Transnational Labor Relationships in North America", *American Journal of Sociology*, forthcoming.

② Howard Winant, *The World Is a Ghetto* (New York: BasicBooks, 2001); William Julius Wilson, *When Work Disappears: The World of the New Urban Poor* (New York: Vintage Books, 1997).

③ 例如，Michael Burawoy, "Public Sociologies: Contradictions, Dilemmas, and Possibilities", *Social Forces*, 2004, Vol. 82, No. 4, pp. 1603 – 1618; Craig Calhoun, "Word from the President: Toward a More Public Social Science", *Social Science Research Council Quarterly*, 2004, Vol. 1&2。

④ Ann Marie Slaughter, "Real New World Order"。也可见于 Robert O. Keohane and Joseph S. Nye Jr., "Transgovernmental Relations and International Organizations", *World Politics* Vol. 27, pp. 39 – 62。

⑤ Luis Guarnizo, "The Economics of Transnational Living", *International Migration Review*, 2003, Vol. 37, pp. 666 – 700.

后果，例如“哈瓦拉”（Hawala）。[1]

最后，跨国主义研究最关注的是各种社会关系背后的权力驱动。它密切关注着一些很清晰的意识形态和方法论的假设是如何曲解了它们必须回答的问题、它们所得到的答案，以及正在付诸实施的实践行动。例如，跨国主义研究并不认为所有的事物都起源于西方或北方，而是认为全球文化流动的方向、强度和影响属于微观实证研究的问题。我们可以列举出无数的例子，来说明形形色色的“掮客”“守门人”“游客”“搭建沟通桥梁的人”和“传播者”为推动规范和实践的跨国传播、转化，以及更广泛范围内的跨文化理解，做出了卓越的贡献。[2] 在某个地方形成的资源、技能和人员调动，可以被成功地应用于其他地方。在一个有着良好政府管制、问责制度及民主的大环境下，人们可以有目的、有针对性地来进行思想观念与实践的跨国传播，这些做法正日益成为人们手中的利器。然而，诸如此类的跨国传播绝对不是只有一条途径。关于小额信贷、参与性预算制作以及良性利用水资源的观念，可以从南向北、从东到西地进行系统性的传播，事实上也的确这么实施了。所以说，公共跨国主义并没有把跨国性或跨国主义等同于全球性的西化或美国化，因为它并不认为所有的事物都是起源于西方和北方，然后从西方和北方传播到了世界其他地区。例如，美国的人权活动家马丁·路德·金（Martin Luther King）和凯萨·查韦斯（Ceasar Chavez）就明显地受到甘地（Gandhi）在南非和印度所采用的策略之启发。

跨国主义研究并不想坚持或尝试改变一个以民族国家为主体的世界，这一学术研究的流派更想做的是去理解。当我们假设世界是通过跨国活动而建构起来的时候，那么，公民身份、国家治理、人类安全和文化的多样性等对象将会发生什么变化。而且，跨国的力量并不明显存在于每一个案例之中。倘若我们发现，中央集权的国家更能减轻人民的疾苦，能更加有效地推动可持续的、公平的发展，那么学术研究和实践就应该追随这一道路向前发展。但是，如果研究结果显示，全新的、多重利益方的、跨部门的跨国治理更加有效，那么我们就有责任去接纳这种分析视角。

二、走向跨国主义研究视野

上述五个部分相互作用，构成了跨国主义研究的一套令人兴奋的理论基础。这套理论基础为人们提供了分析的利器，让学者们可以对诸如身份认同和社区成员等从前认为是理所当然的分类进行反思。虽然不是每一位学者都会用到这五种理论分析手法，但是我们相信，这五种理论模式为学者们的学术研究、理论探索

---

① Nikos Passas, “Informal Value Transfer Systems and Criminal Organizations: A Study into So-called Underground Banking Networks”, *Onderzoeksnotities*, The Hague, WODC, No. 1999/4.

② 参见 Joe Brandy and Jackie Smith, eds., *Coalitions Across Borders: Transnational Protest and the Neoliberal Order* (Lahman: Rowman & Littlefield, 2005), especially pp. 240 – 243。

和行动提供了极大的便利。与此同时，我们并不认为这五种理论模式之间存在优劣高低之分。相反，它们各具特性，各占一角，连接起来便构成了一个充满各种可能性的五角形场域。我们相信，这样的一种知识空间可以产生富有创造性的研究。

跨国主义研究的任务包括：揭示、分析那些跨社会和跨组织现实之间的相似点、差异点及二者之间的相互作用，将其概念化，并研究这些因素是如何影响、促成了在不同时间和地理空间中的跨界现象和跨界动力。

类似的跨国主义研究可以循着几个可能的方向进行。在这里，我们列举几个令人赞许的例子。弗德里克·贝塞雷尔（Federico Besserer）和麦克·基尔尼（Michael Kearny）正在进行的一项研究就是个很好的例子。他们的研究从跨越美国和墨西哥不同地域的土著移民社群开始。这些土著移民是跨越了国界的，因为他们生活在不同的国家疆域内和不同的文化环境中。而且，他们始终处于象征性的政治夹缝中（例如处于墨西哥社会底层的市民）。他们既不是国际公民，也不是某个国家的公民，更不是某个地方的居民。

贝塞雷尔和基尔尼很快意识到，如果不将跨区域的经济动力以及三个国家内部的地方、州、联邦政府三个层面的政治关系等因素考虑在内的话，他们所揭示的话语和进行的实践都无法让人理解。此外，他们所研究的社区人权运动在很大程度上借鉴自这些移民群体所参与的跨国非政府网络。其实，这些移民所熟悉的墨西哥早期的本土管治系统也是跨越地域的产物。①

这样，从跨国主义视角中产生的第一种类型的研究，就是从空间跨越的角度来分析某种特定类型的跨国形式或跨国过程。已有证据表明，我们在欧洲和美国发现了相似类型的跨国移民群体的动力，但是在南非或巴西是否也能找到类似的跨国移民呢？若拿那些在某个国家内部迁徙的移民，以及那些在某个区域（例如非洲、西欧和加勒比海地区）内部的相邻国家之间进行跨国界迁徙的移民，与那些从“南部”向“北部”迁徙的移民相比，各自的跨国迁徙的经验会是怎样？②此外，在不同的社会背景下，跨国宗教实践会有哪些变化？与海外南亚裔印度人相比，为什么绝大部分海外华人的侨汇流向了商业投资领域？

第二种类型的研究是从时间流逝的角度考察某种特定类型的跨国形式或跨国过程。与过去的反奴隶制和劳工运动相比，当代人权运动和环境运动是什么状

---

① 可参考这二位学者独立发表或联名合著的研究论著，尤其是可以参阅：Federico Besserer and Michael Kearny，*Mixtepec*：*Ethnografia Multilocal de una Communidad Transnacional Mixteca*（Mexico City：Universidad Autonoma Metropolitana，Iztapalapa，2001）。

② 可参见 Mika Toyota，“Contested Chinese Identities Among Ethnic Minorities in the China，Burma，and Thai Borderlands”，*Ethnic and Racial Studies*，2003，Vol. 26，No. 2，pp. 301 –320。

况?[①] 与当今政府试图控制跨国恐怖主义相比，历史上的国家是如何应对海盗网络的?[②] 为什么在某些历史时期，跨国传染的疾病和外来的物种能够广泛传播，而在别的历史时期则无类似的现象? 19 世纪末与 20 世纪末的跨国移民活动存在着诸多差异，学术界在这个问题上展开的交流恰是这一研究类型取得富有成效的成果之范例。

第三种类型的研究是对不同种类的跨国活动展开调研。跨国商业、犯罪活动、专业活动、社会运动、宗教活动和移民网络，其性质都是跨国界的，它们彼此之间在形式上和行动上的相似度能够达到什么程度? 为何以盈利为目的的跨国公司职员和那些跨国恐怖暴力集团截然不同且二者形成了鲜明的对照? 不同的跨国群体对普遍意义上的一般性话语、规范和策略的理解明显不同，这是什么原因? 可否认为，跨国主义潮流的“在地化”（地方化）和导致发生跨国性专业活动的因素都是一样的?

第四种类型的研究是对不同的跨国主义之间的互动进行考察。就跨国活动的形式和关系而言，有些是独立地存在并运作，有些则是相互补充或相互破坏。那么，在什么情况下，跨国知识群体能够改变跨政府网络的活动? 在这个问题上，激进的穆斯林基地组织属下的社会和财务机构提供了另一个特点鲜明的案例。正因为基地组织能够在一定程度上从社会层面渗入那些跨国的家庭、亲属网络和宗教群体，所以它获得了合法性，具有很大的能量。基地组织旗下的财政金融机构相当复杂，这些机构具有两面性，它们不仅拥有合法的跨国贸易公司、组织慈善活动，而且在不同的大陆之间组织、经营着跨国犯罪活动。

第五种类型的研究是把跨国现象和跨国动力与那些表面上看起来界限分明、边界防守严实的国内迁徙现象进行比较。例如，把从秘鲁的高地地区往首都利马的国内迁徙，与从利马向西班牙巴塞罗纳的国际迁移相比，二者的移民形式和结果有何不同? 当人们主要认同于国内的工会而不是跨国的劳工联盟时，这种认同上的差异对其日常生活会有哪些影响? 此外，在对待企业责任的问题上，地方性

---

① 参见 Keck and Sikkink, *Activists Beyond Borders*; Khagram et al, *Restructuring World Politics*; Silver, *Forces of Labor*; Kay, *Labor Transnationalism*, 以及其他许多相关的著述。

② 有趣的是，除了当代跨国恐怖分子，18、19 世纪的许多土著民族和海盗网络是历史上唯一的非国家的实体。为此，自 1776 年独立以来，美国联邦政府就发动了反恐战争。当然，许多国家的政府（例如斯里兰卡的僧伽罗人与泰米尔人之间的冲突）与各种各样的跨国性的非国家的群体组织（无论是革命的、自由的、种族的群体组织，还是其他类型的组织）之间就一直处于长期的、持久的暴力冲突中。有关这个问题的比较全面的探讨，请参阅：Thomas W. Gallant, Brigandage, Piracy, Capitalism and State-Formation: Transnational Crime from a Historical World Systems Perspective, in Josiah McC. Heyman, ed., *States and Illegal Practices* (Oxford, UK: Berg, 1999), pp. 25－61。

的小公司与跨国公司相比，二者有何不同?①

第六种相关的研究，就是分析不同环境与层次的跨国活动及其动力，包括探讨在地方、民族、国家和全球等不同层次进行的竞争、取代、补充、相互影响，甚至改变了其自身跨国活动的现象与跨国动力。跨国性的民间社会组织比较容易参与国内的社会运动，但同时也容易受到国内社会运动组织的影响，并被其塑造成形。与此同时，跨大陆的经济活动取代了国内组织的生产安排。商品链将生产过程的各个环节都转移到了东南亚的某些遥远的角落，从而取代了原先在美国马萨诸塞州林恩市的整鞋生产工厂。相比之下，印度尼西亚或阿根廷的人权组织经常与跨国声援支持的网络联系，这些跨国伙伴之间的合作关系进一步支持了他们在国内所从事的活动。照此看来，墨西哥政府拟向在美的墨西哥移民发放领事身份证的计划（墨西哥移民因此可以在美国取得驾照，并在当地银行开户）是一次跨国的政治干预，侵犯了美国的主权，而在另外一部分人的眼中，这是墨西哥政府对其海外移民继续负责的表现，是符合逻辑的。

第七种类型的研究其实就是一系列的疑问，其研究焦点转移至在跨国社会场域的网络和组织中所流传的各种观念、行为、象征和物质文化。研究者们关心的是：究竟是什么在移动或迁徙？人们在迁徙过程中发生了哪些变化？出现了什么样的传播机制？哪些人参与了跨国移民浪潮？哪些才是具有影响的决定性因素？怎样把跨国活动的价值和意义表达出来才能为当地人所理解？文化产品流通的渠道是什么？研究问题的设计和移民在跨国迁徙过程中所经过的地理环境，均可能影响移民的跨国活动，那么这些因素又是如何影响了他们的跨国活动？拉贾拉姆（N. Rajaram）和瓦沙里·扎拉里阿（Vaishali Zararia）发现，在印度妇女中间，人们对同一个全球化的语汇之翻译看法不同。有些人使用了道德或伦理的语言来翻译，亦即他们所说的甘地方式（Gandhian approach），因为这种看法在古吉拉特（Gujarati）的语境下反响很大；另外一些人则强调妇女权利话语所具有的国际根源及跨国联系，因为跨国活动为她们提供了在当地社会无法获取的资源和工具。② 以特殊的方式来设计一些特定的议题，这样做或较有优势，那么这种优势是什么?

三、跨国主义研究的前景

比起大多数的传统学术研究，从跨国主义视角展开的研究，其动力显然是来自于一系列对于世界的不同设想和对知识的不同期待。既然核心的前提是没有任

---

① 按照波拉尼（Polyani）学派的观点，由于根植于地方社会，地方性的企业有可能会承担更大的社会责任，而跨国企业因为相对来说没有那么深入地方乡土社会，所以跨国企业可能属于理想型的追求利益最大化的企业。

② Rajaram，N. and Vaishali Zararia. Reducing Gender Injustice in a Globalizing World：Challenges in Translation of Women's Human Rights in Baroda，India，paper presented at Wellesley College conference，August 2006.

何一种理论可以解释所有的现象，而且，富有创造性的洞察往往来自于不同理论的结合与比较，那么，跨国主义研究的目标就是去揭示这些理论相互影响所产生的具有启迪意义的力量。事实上，研究的主要关切点之一，就是必须理解各种不同的关系、视角、宇宙观在不同层面的交叉和碰撞。

因此，跨国主义的视角允许不同的知识学派（从实证主义到后现代主义，从解释主义到建构主义）之间进行创造性的互动，这恰好与以追求单一形式的理论解释为目标而造成的过于普遍的两极分化且毫无价值的学术研究困境形成了鲜明的对照。对于那些有兴趣建构可检验的理论假设的学者来说，他们会从跨国主义这一研究视角中发现广阔的空间。但是，也有人支持和鼓励用后现代主义理论来批评掩盖不平等权力关系的“真理政权”（regimes of truth）之学说。人们对社会世界和现实本质的期待，以及我们对揭示这种本质的学术研究的期待，都说明了学术交流能够做些什么，以及学术研究必须做些什么。跨国主义的研究视角不会人为地去遏制或减少事物的复杂性和建设性的冲突，而是去拥抱、支持并且促进其发展。

这种研究方法若要想取得成功，最终取决于社会科学的跨国化。显然，各国学者之间已经进行了大量的交流。但是，在许多方面，就像场域建设受到泾渭分明的学科边界严格限制那样，美国和欧洲的学术研究也因为其自身对时间和地点的选择性限制受到阻碍。例如，参与跨国主义理论研究的主要是西方学者，来自南方或东方的学者即便加入，通常也只能充当资历较浅的学术搭档。因为英语在学术界占据着支配性的地位，非西方学者获得资源和机会的途径是有限的，合法化过程也不平等。当研究跨国主义的学者自身也成为跨国的学者，那么，跨国主义的研究将更加硕果累累，相关的学术研究也就更加成功。这就要求我们将跨国主义研究的学术网络撒得更广，鼓励学者们在更为平等的基础上和更大的范围内结成合作伙伴关系。实际上，从大家所关注的跨国现象的研究中，我们将学习怎样才能达到此目的。

海外华人研究

魂归何处：中印海外侨民比较研究*

黄绍伦

19 世纪至 20 世纪初，海外移民迁徙大潮中有两支主要力量，即中国和印度的侨民。他们人数众多，遍布四海，成员混杂，历史悠久。他们到底有多少人?各种估算莫衷一是。经济学家刘易斯（Arthur W. Lewis）粗略估计两国侨民总数为 5 000 多万人①，但恐失之偏高。1934 年，国民政府公布的中国海外华人总数接近 1 000 万②，而到了“二战”结束时，这个数目肯定要增加几百万。印度方面，截至 2005 年，该国政府估计海外印侨有 2 000 万③，如果考虑到 1947 年印度独立和印巴分治后的第二波移居潮，似应减少几百万。当然，无论如何估算，这个数字都大得令人咋舌。

印侨无所不在，1980 年加尔各答大报《政治家》就声称，印度人的足迹几乎遍布全球各国，只是没有涉足毛里塔尼亚、朝鲜、罗马尼亚、几内亚比绍和佛得角这五个国家④。海外华侨更是如此。20 世纪 30 年代日本学者对海外华人所涉足的地域之广曾大为赞叹：“就算华人在当地人口中只占很小的比例，他们在外侨中却总是占多数。例如中国人只占法属印度支那总人口的 2%，但那里几乎所有的外国人都是中国人；而在荷属东印度群岛和菲律宾，80% 的外来人口都是中国人。”⑤

---

* 本文原稿为英文“Soul-searching in the Chinese and Indian Diasporas”，是作者为香港社会学学会的年会所做的主题演讲，于 2015 年 12 月 5 日在香港树仁大学宣读。作者：黄绍伦，原香港大学副校长、社会学系讲座教授、亚洲研究中心主任；译者：孙文彬；审校：钱江。

① Arthur W. Lewis, *The Evolution of the International Economic Order*, Princeton, New Jersey: Princeton University Press, 1978, p. 14.

② George L. Hicks, *Overseas Chinese Remittances from Southeast Asia*, Singapore: Select Books, 1993, pp. 121 - 122.

③ Brij V. Lal, *The Encyclopedia of the Indian Diaspora*, Singapore: Editions Didier Millet in association with National University of Singapore, 2006, p. 10.

④ Brij V. Lal, *The Encyclopedia of the Indian Diaspora*, Singapore: Editions Didier Millet in association with National University of Singapore, 2006, p. 10.

⑤ George L. Hicks, *Overseas Chinese Remittances from Southeast Asia* , Singapore: Select Books, 1993, p. 124.

中印两国人口外迁的历史虽然久远，但在之前漫长的岁月，两国移民人数都很零星，像水滴一般。直到 19 世纪初奴隶制结束，这两股涓涓细流才逐渐汇集成廉价劳工的大潮。从那时起，西方殖民列强开始盯上了中印两国取之不竭的劳动力，利用这些契约劳工和苦力来开发其在热带地区及其他地方不断扩张的种植园经济。伴随着英国及其他西方帝国主义的殖民扩张，中印的劳工移民潮分散到全球各地，推动了刘易斯所称的新“国际经济秩序”的形成[①]。这些国际移民潮并非像骤发的洪水那样涨落无常，而是持续不断，直到第二次世界大战之后，才渐渐地消退。在长达一个多世纪的岁月里，中印移民一批批地闯荡海外，并在海外形成了为数众多、成熟稳定且根深叶茂的移民社区。

这些移民人数众多，成分自然混杂且多元，不仅有反叛者、罪犯、商人、工匠和教师，也有通晓宗教并熟知各种礼俗的人。总的来说，这些人从事繁重的体力劳动，谋生于甘蔗园、橡胶园、锡矿或其他矿厂。在那个历史时点上，他们实际上就是海外苦力。

乍看起来，这两股庞大的海外侨民群体好像有不少相似之处，但奇怪的是他们很少被放到一起进行比较。两国都有很多学者关注各自的海外移民群体，而且研究的题材广泛、分析深入，都积累了不少的成果，近年分别出版了各自的百科全书进行成果展示[②]。但问题是，这两大领域的研究很少有交叉之处，既没有直接查寻对方的成果，也没有进行系统的比较。就以这两大移民群体最为集中的东南亚地区为例，我们知道，帕赛尔（Victor Purcell）在 1965 年出版了其权威性的学术著作《东南亚华人》（*The Chinese in Southeast Asia*），辛格（I. J. Bahadur Singh）于 1982 年也出版了同样重要的著作《东南亚的印度人》（*Indians in Southeast Asia*）一书。然而，这些研究的目光仅仅局限在各自的移民群体之内。倘若能够对这两大移民群体进行交叉比较研究，则能更立体地认识其间的异同。

当然，学术界并非没有只言片语的比较研究，我们偶尔会看到一些评论和观察，讨论这两大海外移民群体发展中的差异。从比较的视野切入而引发的这些评论，往往令人浮想联翩，引发更加深入的探讨。最直观的比较是，类似海外华人身上所具有的企业家精神，在印度海外移民身上却不常见。这个现象引发了杰米·麦基（Jamie Mackie）的疑问：“到底是什么原因令这些贫穷的海外华人群体，从地位颇低的苦力或者小贩，转变成为今天东南亚区域内常见的富商群体?”此类疑问颇为普遍，连印度政客也常拿中印两国的海外侨民进行对比，善班丹（V. T. Sambantan）就是其中的一个例子。1960 年在对种植园中的印度劳工讲话

---

① Arthur W. Lewis, *The Evolution of the International Economic Order*, Princeton, New Jersey: Princeton University Press, 1978, p. 14.

② Brij V. Lal, *The Encyclopedia of the Indian Diaspora*, Singapore: Editions Didier Millet in association with National University of Singapore, 2006, 和 Lynn Pan, ed., *The Encyclopedia of the Chinese Overseas*, Richmond, Surrey: Curzon Press, 1999。

时，他说："我们的祖先，像中国人一样，是身无分文、作为苦力来到马来亚的。但是看看今天的中国人，他们经济上取得了巨大的成就，而我们却还是老样子，仍旧身无分文。"① 那些老移民就像是被榨干的柠檬，被世人遗忘，他们从未得到过家庭和家乡种姓联系的支持，从而无法舒缓困窘。

除了企业家动力不同之外，两大侨民在社会整合上的表现也相差甚远，长期研究印度裔契约劳工并就此问题出版了权威性的三部曲研究论著的汀客（Hugh Tinker）特别强调这一点。他说："人数众多的海外印度人，组织上涣散、杂乱无章，族群文化的特色衰退……不论在哪里，他们都像一盘散沙，没人起领头作用。…… 和那些比较团结的犹太人和华人社群相比，海外印度人内部分裂，而且不能自立。"② 持相同观点的历史学家阿拉萨拉南（S. Arasaratnam）也以工会活动为例说明了这一点："直到'二战'之后，在马来亚的印度劳工的历史中，几乎找不到工会一类的组织；而在马来亚的华人却成立了很多社团组织，来改善他们的工作条件。"

第三个差异表现在海外侨民与家乡的联系纽带上。汀客注意到海外印度移民与家乡的关系疏离，"多数（那些在特立尼达甘蔗园的）印度农村苦力都还记得父亲或祖父来自于印度哪个邦，例如比哈尔，也许还能记得家乡所属的地区，甚至村庄的名字。但是，自祖父离开家乡后，与家乡就基本断了往来。"③ 这些印侨与故乡亲人之间没有书信往来。后辈偶尔出于好奇，会返回故乡探望，带回海外亲属的消息。然而，后辈们对家乡的想象往往也都在现实面前破灭了。海外华人对家乡的态度则大相径庭，如帕赛尔所观察到的那样："几乎每个海外华人的愿望都是……只要攒的钱足够过舒适生活了，就荣归故里。当然，只有部分人能够实现这样的夙愿，其他的移民就只好留在当地生活，偶尔回乡探望。"④ 不过，他们中的大多数人不仅会想方设法维持与家乡的联系，而且还依靠书信的频繁往来、汇款及回乡探访，来强化这些联系。

企业家精神的动力、社会整合及对待家乡的态度这三个因素，彼此相互关联，似乎显示着某种行为模式。如果真是这样，那么该如何描述这两大海外侨民群体自 19 世纪到 20 世纪初不断演进所形成的不同模式呢？很明显，对于这样复杂的大问题，不会有简单的答案，因为这其中涉及太多的因素。本文中，我将只

---

① *Straits Times*, 13 December 1960, quoted in Hugh Tinker, *The Banyan Tree: Overseas Emigrants from India, Pakistan, and Bangladesh*, Oxford: Oxford University Press, 1977, p. 112.

② Hugh Tinker, *Separate and Unequal: India and the Indians in the British Commonwealth*, 1920-1950, London: C. Hurst, 1976, p. 8.

③ *Straits Times*, 13 December 1960, quoted in Hugh Tinker, *The Banyan Tree: Overseas Emigrants from India, Pakistan, and Bangladesh*, Oxford: Oxford University Press, 1977, p. 94.

④ Victor Purcell, *The Chinese in Malaya*, London: Geoffrey Cumberlege, Oxford University Press, 1948, p. 85.

讨论其中一个因素，即对死亡的关注，特别是这些移民如何面对游魂的问题，我认为这是一把能够解开中印海外侨民异同谜团的关键钥匙。通过探讨这两个族群移民对待死亡的态度，可以破解构成中印侨民不同迁徙体验的因素。

在深入论述之前，先说明一下，当提到中国侨民和印度侨民时，我如何界定何为“中国”、何为“印度”。由于死亡和丧葬仪式与宗教世界观密切相关，因此我将从宗教联系的角度来定义这两种移民。对于海外华侨，我将参考那些对20世纪40年代南洋华人经济做过全面研究的日本学者所采用的定义：“任何从中国迁徙海外而其后代仍在海外的人，就定义为海外华人，其中包括已经取得外国公民权但仍保持华人的生活方式的那些人。”这里，“华人的生活方式”是个关键词，我认为它主要指汉人的生活方式，也就是那些把儒、释、道作为生活主要信仰的人。至于“印度人”，则包括了19世纪信奉三大宗教（印度教、伊斯兰教和锡克教）的信徒①。在本文所讨论的那个历史阶段中，那些从印度次大陆迁移到海外的人绝大多数都是印度教的教徒。根据阿拉萨拉南的研究，“马来亚的印侨约80%都是印度教教徒”。因此，本文所说的“印度”侨民，主要指印度教的信徒。

一、遗骸与骨灰

对中国移民来说，他们最害怕的就是孤苦伶仃地客死他乡，最大的夙愿就是遗骨和灵魂能够落叶归根，安葬在祖先身边。为达此目的，许多人竭尽全力、费尽心机。相反，对印度教徒而言，身体的存留本身并没有太大的意义，因此也就没有无论如何都要把骨灰送回故里的迫切感。他们最在意的是人死后，如何通过宗教仪式来净化灵魂，使之得以在神圣的梵天身边与祖先的灵魂团聚。对海外华人而言，遗骨本身庄严神圣；而印侨却不这样认为，他们一般进行火葬，如果有可能，他们还会把遗骨压成骨灰，像是在表露他们的信仰：万物皆尘埃。

中印苦力的生活都十分艰辛难耐，他们过着非人的日子，有些早早地就丢了性命。首先，踏往海外的旅程本身就充满了凶险，丧命者众多。例如，“1856年到1857年间，到西印度群岛的12艘船只，平均死亡率是17.3%。其中一艘名为‘商人’的船，死亡率高达31.2%。”② 这只是记载印度移民悲惨境遇的一份记录。但据汀客的研究，华裔移民的经历更为悲惨。“面对海上航行的痛苦和危险，印度人对其社会地位和宿命的认可，竟变为那些穷人应对苦难的力量，他们的反应与中国劳工相差甚远。那些签了契约的（其实是被拐骗的）中国苦力，将被运到秘鲁钦查群岛去开采鸟粪或者到古巴种植甘蔗。华人在船上的死亡率比印度

① Robin Cohen, *Global Diasporas: An Introduction*, London: Routledge, 2008, p. 80.

② Brij V. Lal, *The Encyclopedia of the Indian Diaspora*, Singapore: Editions Didier Millet in association with National University of Singapore, 2006, p. 10.

苦力高出许多。……与印度人不同，华人不认命。从上船的那刻起，他们就在盘算着如何能掌控它，否则就同归于尽。①”

其次，就算到达了目的地，很多华工也很快就客死他乡。“从 1891 年特立尼达人口统计的数据可以清楚地看出，那些 19 世纪 50 年代至 60 年代来的契约华工，至少 60% 甚至更多的人都孤单地丧命于异乡，没有家人在身边，这个数字还是包括了那些普通法形式的婚姻。”② 其实，印度苦力的情况也好不到哪儿去。卡特（Marina Carter）分析了大约 7 000 个移民入境时的档案样本，发现在毛里求斯的印度移民中，“14% 的男性、12% 的女性和 13% 的儿童都活不过头 5 年。过了这段时间后，生存率才大幅提升。”③

中印移民都可能英年早逝或客死他乡。尽管如此，他们仍坚守着自己的心愿，那就是如果死，也要死得风光，葬礼要体面。当然，要实现这一愿望不容易。大多数人在弥留之际，都没有亲人陪伴，只能依赖同乡或工友，代家人为他们操办后事。更糟糕的是，在当地的官员眼中，中、印民族的殡葬习俗实属异端邪教，普遍遭到严禁制止。

海外华侨的二次拾骨葬就是一例。那些来自广东的移民有二次拾骨葬的习俗。对此，与这些华侨居住在同一个区的美国基督徒看在眼里，痛恨万分。一份写于 1897 年的有关华侨在加州沙斯塔县（Shasta county）的报告是这样写的：

> （华人）从污浊的坟墓中挖出那些病尸，摆在镇上的藏骸所里，高温下那些引发死亡的病菌就在尸首上繁殖……他们的墓穴都挖得很浅，从暴露在外的棺材上可以看到，苍蝇飞来飞去，蚂蚁爬进爬出。墓地中散落着那些裹尸的脏衣和腐烂的尸首，孩子们和那些常去墓地的人很容易染上疾病。

在民众强烈的抗议下，美国很多小镇严禁华侨把他们死去的同伴葬在本地的墓地中。“1878 年，加利福尼亚州甚至通过了一个名为‘防止因掘尸或迁遗骨而引发传染病的保护公共卫生法例’。从此，挖掘尸首必须要先取得当地负责健康事务的官员发出的掘尸令，而且，每挖掘一具尸体的许可费为 10 美金。”④ 其他海外华人散居的地方，也普遍禁止或限制华人类似的丧葬习俗。南洋海峡殖民地

---

① Hugh Tinker, *A New System of Slavery: The Export of Indian Labour Overseas*, 1830 - 1920, London: published for the Institute of Race Relations by Oxford University Press, 1974, p. 168.

② Walton Look Lai, *Indentured Labor, Caribbean Sugar: Chinese and Indian Migrants to the British West Indies*, 1838 - 1918, Baltimore & London: Johns Hopkins University Press, 1993, p. 210.

③ Marina Carter, *Voices from Indenture: Experiences of Indian Migrants in the British Empire*, London & New York: Leicester University Press, 1996, p. 51.

④ Sue Fawn Chung and Priscilla Wegars, eds., *Chinese American Death Rituals: Respecting the Ancestors*, Lanham Md.; Oxford: AltaMira Press, 2005, p. 38.

的华侨因此非常罕有地采取了集体行动，向海峡殖民地政府的宗主国及更高的权威机构递交陈情书。第一次是在 1850 年，华人希望政府能够对他们在婚礼和葬礼中表现出的与宗教信仰相关的习俗予以同情对待。第二次是在 1887 年，他们再次递交请愿信，反对英殖民政府通过的丧葬条例。

试图得到“善终”的海外印度教徒，同样遇到极大的阻碍。火葬，这个在印度教眼里完美的人生终结，在很多地方都受到法律的禁止。定居在殖民地的西方人认为，印度人把尸体放在柴堆上露天火葬的习俗简直是太“野蛮”了。斐济、特立尼达、圭亚那和其他的殖民地都严厉禁止印度教徒进行火葬。[①] 印度教传统的葬礼是由逝者的长子点燃在城门外火葬场架好的柴堆，他们把父亲的尸体当作牺牲品，献给火神。根据费利佩（G. G. Phlippi）的记载，点火后的情形是这样的：

> 由于高温，点火不久尸首的头颅就爆裂了。倘若头颅未能如期爆裂，那么他的儿子则必须用金斧头把头颅砸碎。所谓金斧头是书上讲的，实际上最有可能用的是竹竿，这样做的原因是让死者体内的最后一点气也释放出来。这个砸碎头颅的仪式，可能最让西方人不寒而栗，但对印度教徒而言，这却是最安详的。而且他们都明白，人死后，留下的尸首就不再是亲朋好友了。

欧洲的移民和殖民地的官员们却无论如何也不能把这个仪式和“安详”联系在一起。因此，在斐济、特立尼达、圭亚那和其他殖民地，印度教的火葬严遭禁止。

面对丧葬仪式的种种清规戒律，中印两国海外侨民群体的反应迥然不同。海外华人恪守着丧葬传统，成立了各种社团组织，齐心协力，力保逝世同胞的后事办得像样得体。“目前已知在檀香山成立的最早的非商业华人社团，是 1854 年成立于马诺阿的联谊会，该联谊会负责殡葬仪式和料理那些客死他乡海外华侨的后事。”[②] 1864 年，荷印时期的甲必丹郑文喜和几个兄弟在印尼泗水建立了福建功德祠，希望以此复兴华人习俗。“古往今来，建立祖庙和成立善堂的目的，都是

---

① 参见：Adrian C. Mayer, *Peasants in the Pacific*: *A Study of Fiji Indians Rural Society*, London: Routledge & Kegan Paul, second edition, 1973, p. 81; Steven Vertovec, *Hindu Trinidad*: *Religion*, *Ethnicity and Socio-economic Change*, London: Macmillan Education, 1992, p. 227; Paul Younger, *New Homelands*: *Hindu Communities in Mauritius*, *Guyana*, *Trinidad*, *South Africa*, *Fiji*, *and East Africa*, Oxford & New York: Oxford University Press, 2010, p. 80; and C. Kondapi, *Indians Overseas* 1838 – 1949, New Delhi: Indian Council of World Affairs, 1951, pp. 382 – 383。

② Adam McKeown, “Conceptualizing the Chinese Diaspora, 1842 to 1949”, paper presented at the Association of Asian Studies Conference, Washington D. C. , March 27, 1998. 同时，也请参考 Claudine Salmon, “Ancestral Halls, Funeral Associations, and Attempts at Resinicization in Nineteenth-Century Netherlands India”, in Anthony Reid, ed. , *Sojourners and Settlers*: *Histories of Southeast Asia and the Chinese* (Sydney: Asian Studies Association of Australia in association with Allen and Unwin, 1996), pp. 183 – 202。

为了教导后人遵从华人的习俗和礼仪，同时也确保所有的华人，就算很贫困，都能葬得有尊严、得体。”这些团体或机构不仅建立起自己的墓地，安葬逝者，而且也非常重视传统的原籍归葬，实行掘墓开棺和二次拾骨葬。掘墓开棺时，他们非常细致小心，一一捡拾遗骨，确保完整。1885 年，旧金山市警方惊奇地发现，有间地下室里摆满了准备运回中国的遗骨。当时的报纸如此报道：“那些大骨头都拿油布仔细包裹着，小骨头则分开包裹，都放在一个大盒子中。”作家孙敏祺（Sylvia Sun Minnich）对此进行了更详细的解释：“每副遗骨都有专门的记录，倘若哪块骨头遗失了，则要在那些挖出的墓土中再仔细地筛查一遍，直到找回遗失的骨头。每只手的手腕骨、掌骨和指骨都放在一个小盒子里。脚的骨头也如此，分别包裹并放在一起。”

捡拾起来的这些遗骸会送回死者的故乡，再次安葬。遗骨运输的费用自然不菲。据 Chung Sue Fawn 与 Wegars 的研究，19 世纪 70 年代，美国的“州、县或者市政府每次掘棺会收取 10 美元的公共卫生费。其他可能收取的费用还包括每个盛放遗骨盒子 5 美元的运输费，在中国每个墓地的办理和安葬费 7 美元，另外还有各类杂费，包括在家乡筹划和再葬的费用，第一次和第二次丧葬的费用等等”。

由于运费高昂，遗骸能完整地返回故土的，实属少数。据估计，“仅 1913 年当年，就有上万盒遗骸自美国运送回中国”①。海外华人的遗骸先从世界各地运到香港，之后再送回故里。因此香港东华医院变成了栖灵返乡的中转枢纽站，协助亡者灵魂安归故里。②

海外华人这般将遗骸送返故乡的习俗，以及华人对传统丧葬礼仪的坚持，在印度教移民群体中鲜有见到。殖民政府禁止印度火葬传统后，印侨只能放弃最向往的解脱和轮回方式，采取最现实的埋葬方式。正如人类学家梅耶（Adrian C. Mayer）注意到的那样，“不同于印度一般的习惯，大多数斐济的印度教徒的丧礼都是采用土葬而非火葬”③。在特立尼达和其他殖民地，印度教徒也采用了类似的方式。不过，在印度教习俗中，土葬这种背离传统的做法并非罕见。在印度本土，那些属“贱民”种姓的人一律采取土葬。兰德里亚（Shalini Randeria）在印度古吉拉特邦看到的情形就是这样的。

在古吉拉特邦的农村，大多数贱民都是以土葬的方式埋葬死者。如果村子周

---

① Sue Fawn Chung and Priscilla Wegars, eds., *Chinese American Death Rituals: Respecting the Ancestors*, Lanham Md.; Oxford: AltaMira Press, 2005, p. 38 引用的 S. Lydon 1985 年著作第 132 页。

② 参见：Elizabeth Sinn, *Pacific Crossing: California Gold, Chinese Migration, and the Making of Hong Kong*, Hong Kong: Hong Kong University Press, 2013；叶汉明：《东华义庄与环球慈善网络：档案文献资料印证与启示》，香港：三联书店，2009 年。

③ Adrian C. Mayer, *Peasants in the Pacific: A Study of Fiji Indians Rural Society*, London: Routledge & Kegan Paul, second edition, 1973, p. 81.

围有穆斯林的墓地，他们也不被允许葬在那里。每个贱民种姓在自己村界外没人管的地方安葬逝者。他们往往被家人或亲戚草草地掩埋在一个没有标志的墓里。尸首是向南摆放的，因为南方是印度教中与死亡相联系的方向。死者的亲属（死者的儿子或兄弟的儿子）从家里的灶火中带出火种，碰碰死者的脚趾，然后亲属就把尸首埋了，还在墓上放些石头，以防动物把尸体刨出来。[1]

至于那些死在马来亚橡胶园的印度苦力，其死后的葬法相同。一个西方种植园经理在回忆录中曾记录了死于疟疾的年轻印度妈妈和她孩子是怎样下葬的："两具尸首放在一个担架上，四个当地的男人把他们掩埋在一个像是在草地里事先挖好的浅坑中。入夜后，野猪就会把尸首刨出吃掉 ——这也是橡胶园苦力一般的结局。"[2]

在相当长的一段时间里，海外印度教徒因没有选择，只能按家乡下等种姓的办法来掩埋逝者，但他们从没放弃最渴望的仪式和习俗。在海外侨居地安顿下来并慢慢独立之后，他们一直希望恢复最向往的火葬，不过这可能要耗上经年累月的努力。如沃特维克（Steve Vertovec）所记载的那样，在特立尼达，火葬直到20 世纪 30 年代中期才变得合法，而直到 20 世纪 60 年代才有了正式的火葬场。不过，很多印度教徒都对这个最终由联合会建立的火葬场极为不满。20 世纪 70 年代中期，由印度人主导的委员会才在圣派崔克县（county St. Patrick）新建立一个更为气派的火葬场，很快就使得火葬恢复到最传统的礼仪。

二、鬼魂与祖先

中印海外侨民对待逝者抱着相同的慎重态度。他们依照礼俗处理后事，生怕逝者的灵魂在往生的路上因为迷失而无法安息，从而变成"厉鬼"。因此，他们都竭尽全力，守护和指引逝者的灵魂，促其转变为吉祥的祖先。然而，海外散居的处境，往往令他们没有条件按照自己的心愿办事。他们受到的阻挠可能是因为缺少通晓当地礼俗之人或没有财力，但更重要的是没有家人和亲人的陪伴。很多海外侨民都是孑然一身，离世时没有子嗣陪伴左右，很可能无法安息，落得在异地游荡、成了孤魂野鬼的悲惨下场。为了安抚这些"饥饿、痛苦、不祥的鬼魂"[3]，海外印度教徒一直遵守着排灯节（即每年印度历 8 月的满月后第 15 天）

---

① Shalini Randeria, "Mourning, Mortuary Exchange and Memorialization: The Creation of Local Communities among Delits in Gujarat", in Elizabeth Schombucher and Claus Peter Zoller, eds., *Ways of Dying: Death and Its Meanings in South Asia* (New Dehli: Manohar Publishers and Distributors, 1999), pp. 90 – 91.

② Shanthini Pillai, *Colonial Visions, Postcolonial Revisions: Images of the Indian Diaspora in Malaysia* (Newcastle: Cambridge Scholars, 2007) 中引用的 Bush 文第 177 页。

③ Steven Vertovec, Hindu Trinidad: Religion, Ethnicity and Socio-economic Change (London: Macmillan Education, 1992) 第 9 页引用 W. Crooke 1897 年著作第 326 页。

的习俗。在英属马来亚，所有的印度教徒都举办祭祀活动，成为“真正的全国性印度文化的节日”，并因此成为公众假期。阿拉萨拉南记录了在英属马来亚的印度教侨民是如何过排灯节的情形：

据说，快到排灯节时，那些游魂就纷纷回到人间，在排灯节当天接受亲属准备好的祭品，然后连夜就回到原漂游处。因此，有时这些祭品像是盛宴，往往都是死者生前最渴望吃到的食物。除美食外，人们还放些其他礼物。那一排排点亮的油灯，是为了照亮那些接受了祭品游魂返回的夜路。[①]

海外华人也保留着类似的祭奠习俗，那是在每年农历七月十五日的盂兰盆节（也称“鬼节”）。以下详细记载了英属马来亚时期海外华人过盂兰盆节的情形：

对马来亚华人而言，不论他们信仰佛教或是道教，盂兰盆节是他们祖先灵魂或者那些缺乏照料的无主游魂受到慰藉的日子。相传在那一天，地狱之门大开，孤魂野鬼从阴间来到人间寻找食物……在马来亚，这天的盛宴一般都要包括鸡、猪肉、青菜、水果、豆腐和白米饭。这些食物常常摆放在街角或路边。这明显是希望把游魂挡在家外，恐怕它们为祸人间。人们点上红蜡烛、供上香，还会烧些纸衣和纸钱（纸钱分成金纸和银纸，前者给神明，后者给鬼魂）。有时候，也会把一些小额的硬币扔在路上，供应阴间使用。[②]

印度的排灯节和中国的盂兰盆节说明，中印海外侨民对于孤魂野鬼有着同样的恐惧和担忧心理，他们都会想尽办法安抚厉鬼。不过，在如何令某些鬼魂轮回转为祖先这个十分令人关切的问题上，二者在如下的两方面表现出显著的不同：一是印度没有冥婚；二是印度不“供奉”祖先。

海外华人冥婚的习俗相当普遍。华侨非常在意死去的人，甚至会为其筹办冥婚，尤其是很小就夭折的孩子。20 世纪 50 年代人类学家特普丽（Marjorie Topley）在新加坡曾参加了一场冥婚。那是一对广东籍父母为儿子办的冥婚，他们儿子死时大约 14 岁，本来是送到中国去读书的，突然就死在那里了。孩子的妈妈不久梦到儿子，说想和马来亚怡保一个刚死去的客家女孩结婚。这对父母请教过通灵的媒人后，就为他们的儿子举办了婚礼。[③] 据特普丽的研究，举办冥婚是

---

① Sinnappah Arasaratnam, *Indian Festivals in Malaya*, Kuala Lumpur: Department of India Studies, University of Malaya, 1966, p. 39.

② Dorothy Lo and Leon Comber, *Chinese Festivals in Malaya*, Singapore: Eastern Universities Press, 1958, pp. 34 – 35 & 40.

③ Marjorie Topley, *Cantonese Society in Hong Kong and Singapore: Gender, Religion, Medicine and Money*, Hong Kong: Hong Kong University Press, 2011, pp. 101 – 103.

出于各种各样的考虑：

失掉儿子的家庭因此而获得孙子；如果弟弟要成亲但哥哥却未婚先亡，就以这个方式娶入订了婚的儿媳；防止死去的儿子、女儿或定了亲的人，因在阴间找不到伴侣而惨遭不幸，并以此来报复自家或定亲的家庭，为祸人间；再者，这样做会令两个家庭的友情更加牢固。

这个习俗背后的理念是，婚姻是家族延续繁衍最重要的制度。一个在家族中没有得到确切地位，或者没有以任何方式融入家族亲属谱系中的成员，很不正常且令人不安，这样的人死后很可能变成厉鬼。但是，印度教徒的移民并不认同这样的理念，也没有为死者联姻的风俗。中印侨民对待死者表现出的习俗上的差异，似是回应了人类学家许烺光（Francis Hsu）的观察："在中国，人即便死了，他与家庭的关系也不因此被切断，依然是大家庭的一个成员。…… 与此相对照，在印度教家庭中，他与家庭成员的联系就几乎完全断绝了。"①

中印侨民的这种差异对比还表现在二者对待祖宗的态度上。对华人而言，最大的罪过就是忘记了祖宗先人。② 他们都知晓自己的祖先安息在家乡的祖坟中，孝敬祖先的观念也很强，时刻提醒自己要通过书信、汇款和探访等方式，承担起对家庭的责任。尽管身在海外，他们会确保家乡的亲人，尤其是原配能遵守孝道，维持家族的延续，直到他们最终归来。无论活着回来，还是魂归故里，迟早有一天，他们会和祖先一样安息在祖坟，享受后世每年祭祀时对他们的供奉和追思。这个模式和梅里纳人（the Merina）很像，活着的时候，他们的足迹遍及五大洲。布劳克（Maurice Bloch）和佩里（Jonathan Parry）这样描述他们：

不论如何，梅里纳侨民死后都会回"家"，埋入梅里纳人集体的陵墓，这种把逝者重新组合的方式是其文化的核心标志，也突出了再葬所带来的欣慰。这个集体陵墓使得逝者可以重逢，象征着完整且生生不息的梅里纳族群，也意味着对后世的祝福，子孙繁盛。

与梅里纳侨民一样，海外华人大都叶落归根，葬在家族的墓地，成为被后世祭拜的先人。海外华人死后，仍会载入故乡的家族谱系，返乡归葬并成为家族先人的新成员，从而使得"香火不断的家族"延绵万世。③ 印度教徒则完全不同，

① 许烺光著，薛刚译：《宗族·种姓·俱乐部》，北京：华夏出版社，1990 年，第 44 页。

② Wang Gunwu, *The Chinese Overseas*: *From Earthbound China to the Quest for Autonomy*, Cambridge, MA: Harvard University Press, 2000, p. 69.

③ Maurice Bloch and Jonathan Parry, eds., *Death and the Regeneration of Life*, Cambridge: Cambridge University Press, 1982, p. 34.

在经过了正规仪式的葬礼后，死者就变成了精神上的祖先，他们不像华人的祖先固定在某个地方，印度祖先不受地域限制，也不会通过融入“香火不断的家族”而获得社会意义上的永生。印度教徒追求的是精神上的永生，“通过与伟大的、内在的‘梵我’，即不可规范的宇宙之魂融为一体”①，他们的灵魂就获得了解放。正如麦克斯（Axel Michaels）所言，在印度和其邻国尼泊尔，死亡是神圣的，从婆罗门的观念来看，就没有来世这回事，没有负面形式的鬼神崇拜，也没有正面意义的英雄崇拜。没有陵墓、没有纪念碑，也没有纪念逝者的追悼或默哀的仪式。梅耶发现，斐济的印度教徒，为死者的灵魂举办一种名为“信”（Sraddha）的祭礼，但人死一年后，大多就不再举办了。不仅如此，印度教的祭奠“没有出现死者后裔集体祭祀的现象，来的家人也都是迫不得已才参加”②。在中国人看来，印度教侍奉祖先的方式，实在太不可思议了。

三、金钱与功德

海外华人最忧心的事情，就是因为怠慢了祖先而失去在家族中的地位。正所谓“百善孝为先”，在这个意义上，金钱的作用十分重要。有了钱，长辈活着的时候能够保证他们物质上的舒适，死后其亡灵也能得到良好的照料。虽说金钱并非万能，但至少是子孙修成孝敬功德的必要前提。然而，对海外印度教徒而言，金钱并不是获取功德的有效工具，他们最惧怕的是自己和祖先失掉了种姓地位。种姓制度以圣洁程度来排列，所以婆罗门这个以宗教为专业的种姓，便享有崇高的地位。每个种姓都尽力追求圣洁，避免污染，而金钱在这方面的效用有限。因此，印度侨民并不像我们经常看到的海外华人那样热衷于往家乡汇款和普遍善于理财。③

海外华人的侨汇是笔大生意，而且很早就开始了。华人移民一旦在侨居地站住脚，就开始往家乡汇钱。按照帕赛尔的说法，最早有记录可查的是新加坡的华人侨领佘有进（Siah U Chin）。1847 年，佘有进还发表文章，描述新加坡的华侨每年如何向家乡汇款。他写道：“商人们多以百元为单位汇款回家，苦力则只汇几元或几十元。”“每年汇款总量相差甚远，有些年份总量达 7 万元，有些年份则降到 3 万或 4 万。”初看起来，这个数额不大，但当来自华人侨居各地的那些不起眼的钱汇集在一起时，就变成中国巨大的海外收入。据估算，1931 年侨汇高达 4. 21 亿，而当年中国对外贸易的逆差也不过 6. 55 亿。也就是说，侨汇的数量

---

① Hsu，Francis L. K.，*Clan*，*Caste and Club*，Princeton：N. J.：Van Nostrand，1963，p. 44.

② Adrian C. Mayer，*Peasants in the Pacific*：*A Study of Fiji Indians Rural Society*，London：Routledge & Kegan Paul，second edition，1973，p. 81.

③ Maurice Freedman，“The Handling of Money：A Note on the Background to the Economic Sophistication of Overseas Chinese”，in M. Freedman，*The Study of Chinese Society*：*Essays*，Stanford：Stanford University Press，1979，pp. 22 – 26.

可填补中国64%的贸易逆差。到了1936年，侨汇和贸易逆差都有所减少，分别是3.22亿和2.35亿，侨汇的总额实际上超过了中国的贸易逆差。①

数量和规模都如此巨大的侨汇生意，意味着各式各样的金融机构的参与，以及相当娴熟的财经技能的运作。一个层层相扣、无远弗届的侨汇运输渠道在华人散居的世界各个角落和他们的家乡之间冒起。它由大批代理及机构组成，其中包括众多的行商和水客、无数的私人邮差、传统华资的钱庄和银号，以及数量不少的西方现代银行。这些人和机构编织出一张绵密的金融网络，把海外华人团体和他们的故乡村庄连接起来。由于汇款来自使用不同货币的各个侨居地，办理这些侨汇不是件简单的事情，因为涉及复杂的汇率折算。例如，1914年通过邮寄而转换汇率的侨汇涉及9种纸币（诸如英属海峡币或马尼拉币）、28种银币（如新加坡银币或马尼拉银币），以及6种金币（如英国金币和美国金币）。不同地区的海外华人因此要应对不同的汇差，需要了解何时何地换汇最划算，由此练就了一身换汇的本领。

海外寄回的侨汇都用来支撑家乡的生计及供奉祖先。这些汇款是海外华侨对夫妻恩爱、对子女的抚养之情和对先人的孝顺心意最直接的表现。金钱和情感是交织在一起的。一般情况下，华侨给家人寄信的同时也捎上钱，“因为没有捎钱的信普遍被看成是收信人的不祥之兆”。传统华资的钱庄或银号还保存着一些曾经手的家书兼汇款单，称之为“侨批”。这些侨批一般都是在信封上写几句简短的问候语和汇款的银码。有时，侨批中也会问起亲戚的下落，甚至具体到他们的姓名，表现出海外华侨有意识地更新对家乡的记忆，以保持密切的亲属关系。

在海外华人看来，有钱自然好办事，不仅现世如此，阴间也得靠钱来疏通运作。人们因此焚烧冥币——另类的汇款，以供阴间祖先之灵享用。特普丽较详细地记录下了她对那些侨居在新加坡和马来亚华人行为的观察。

> 对中国人而言，亡灵能否适应阴间陌生而复杂的环境，是生活中的头等大事。从管理的角度看，阴间就像是在地下运作的另一个中国，有着类似而详尽的奖惩制度，以及亡灵对阴曹地府应承担的经济责任。在转世时，为了保证来生的成功和富足，亡灵也要向阴间的主宰阎王支付赎金；此外，还得给其他阎罗判官馈赠“通融”所需的礼金。给饿鬼×××，家人烧的指路图可帮助他们渡过难关。若没有得到人间的经济支持，那些在阴间的亡灵，其处境必然十分尴尬。那些烧给他们的纸扎的宅院、轿子、电器、一沓沓衣服和其他舒适生活必需品，以及大量冥币，目的是为其在阴间的安稳生活提供保障；而没有这些冥币供品的亡

---

① George L. Hicks, *Overseas Chinese Remittances from Southeast Asia*, Singapore: Select Books, 1993, p. 173.

灵，则只能徘徊在十八层地狱的无尽折磨之中。①

然而，对印度教的移民来讲，金钱在现世和另一个世界远非那么重要。他们最畏惧的是失掉种姓，在这一点上，财富几乎起不到任何救赎的作用。与海外华人靠汇款来维持或提高家族在家乡的地位不同，印度侨民无法用钱来恢复在家乡原有的种姓地位。即便是少数几个人如此幸运地做到了，代价也是不得了的。一位名为桂森（George A. Grierson）的殖民官记录过两个印度契约劳工在拓荒时代获得成功的例子："像帕特克（Gobhardan Pathak）那样的劳工，在德梅拉拉十年后回到家乡，挣的 1 500 卢比，要花去 300 到 400 卢比赎回其原有的种姓，再去购置宅第和花园。回乡后他和族人一起从事相当成功的甘蔗种植。还有像南宏（Nankhun）那样从毛里求斯回乡的，他挣了 500 到 600 卢比，其中有 100 卢比赎回种姓，后来以务农为生。"这两人都是返乡的苦力，要花掉五分之一的财富才能恢复他们的种姓。② 不过，从甘地的遭遇我们就能想象，恢复种姓是件多么困难的事情。1888 年，甘地到伦敦读法律，"离家去国的长途跋涉被当成是污秽的事情，而且在旅途中，不得已吃那些非婆罗门煮的食品，还很可能是当着英国人的面吃饭。为了取悦他妈妈，甘地发誓在英期间禁酒、禁欲和禁食肉。尽管如此，种姓中的长老还是把他逐出了种姓团体。即便他回国后，举办了净化仪式，在他家乡那些正统族人眼中，他仍未能赎回地位"③。

因此，总体而言，金钱在应对失去种姓地位的问题上用途有限。不过，也有特例，就是"齐提人"（the Chettyar or Chettiar），这个特殊的种姓，主要从事开设钱庄和放贷等生意。对他们而言，成功放贷、扩大生意就强化了自身种姓的地位。他们跟着移民同胞外移，但不属契约劳工，而是以提供财经服务为专长，从而在海外保持着特殊身份。海外华人理财的技能在其群体中广为普及流行，而齐提人在海外印度教徒移民社会中却逐渐成为专门经营放贷生意的副种姓。"无论到了哪里，那些齐提人都有双重地方属性，也就是在移居的国家设立机构并购置房产，同时也在老家拥有永久的居所。"④ 他们在缅甸和英属马来亚都提供卓有成效的金融服务，"锡矿的华工苦力、欧洲的种植园主，有时甚至马来亚的皇室都要依赖齐提人提供的贷款"。他们的生意非常成功，有些抵押人丧失赎回的权

---

① Marjorie Topley, *Cantonese Society in Hong Kong and Singapore: Gender, Religion, Medicine and Money*, Hong Kong: Hong Kong University Press, 2011, p. 57.

② Hugh Tinker, *A New System of Slavery: The Export of Indian labour Overseas, 1830-1920*, London: published for the Institute of Race Relations by Oxford University Press, 1974, p. 268.

③ Lizzie Collingham, *Curry: A Tale of Cooks and Conquers*（London: Vintage Books, 2006）第 178 页中引 J. D. Hunt 1993 年著作第 18 页。

④ Sinnappah Arasaratnam, *Indians in Malaysia and Singapore*, Kuala Lumpur: Oxford University Press, revised edition, 1979, p. 82.

力，土地就慢慢地落入齐提人之手。不过，齐提人的成功也引起反弹。1933 年马来亚通过了“马来亚保护条例”，阻止非马来亚人拥有土地。齐提人虽对此提出了抗议，但于事无补。阿拉萨拉南这样评论此事：“齐提人反对条例的抗争并没有得到其他印度团体的支持，这本身就意味深长。齐提人变得愈发内向，带着区隔的眼光，其组织和宗教系统都透着排外的倾向，令他们过着与世隔绝的社会生活。”

齐提人经营放贷生意为海外印度教移民提供金融服务，在协助同胞往家乡汇款上起着不可或缺的重要作用。① 与华人汇款的情况相比，印度教徒的侨汇在数额上明显小，在组织上也弱很多。正如卡特观察到的那样：“那些返乡的侨民带回的积蓄和曾给家乡的汇款，无疑给家乡人的生活带来了改变，特别是有些村庄相当多的年轻人被送到各个殖民地去当苦力，但是我们却找不到任何证据显示，有这样一笔资金带回家乡，或者这些钱所用之处。”目前，已经很难找到印侨汇款的档案或汇款信件的记录，也没有款项汇到家乡后的收据。因此在印度很难找到侨民带来财富的显著证据，不像华南的碉楼，那些靠侨汇建起的具有防御性的建筑，处处都在表现着经济上的实力。② 海外印度教徒汇款回乡的总量明显偏少，因此并没有引起印度殖民政府的注意，也没有引起印度独立运动政治领袖的关注。战前的印度政治家从不认为，有采取措施保护汇回的款项的需要。他们没有像中国国民政府那样，1937 年受到日本入侵后，特意在香港设立邮政储蓄机构来处理那些寄往仍未被日军占领的华南地区的侨汇。

有几个原因解释了为什么印度的侨汇数额少而组织弱。首先，“识字率低是个问题，那些家书的地址都写得不全，亲属对那些海外侨民的具体地点也不甚清楚”。最主要的是这些汇款在保持侨民与家乡的联系上起不到作用。其次，这些侨汇也无法洗去他们因漂洋过海（Kala Pani 或“黑水”禁忌）或者与其他种姓及信徒混杂在一起时，所沾染的污秽。这些人离开后，精神上与家乡连接的桥梁随之坍塌，很难再翻转回头。无论如何努力回乡，他们也难以再恢复在家乡的种姓地位。也就是说，海外华人通过侨汇与家乡成功建立起的移民“走廊”③，却没有能够在海外印侨与其家乡之间搭建起来。某个“屡教不改”的印度教流浪汉在其 1838 年的移民口述中，痛苦地喊道：“我失掉了我的种姓。”1922 年，安德鲁（C. F. Andrew）这样记载了斐济印侨返回乡间故里的经历：

---

① Takeshi Hamashita, “A Comparison of the Home Remittance Systems of the Indian and Chinese Migrants in Southeast Asia: Nineteenth and Twentieth Centuries”, in Jayati Bhattacharya and Coonoor Kripalani, eds., *Indian and Chinese Immigrant Communities: Comparative Perspectives*, London and New York: Institute of Southeast Asian Studies / Anthem Press, 2015, pp. 55 – 75。

② 参见：樊炎冰：《开平碉楼与村落》，北京：中国建筑工业出版社，2008 年。

③ 参见：Philip Kuhn, *Chinese among Others: Emigration in Modern Times*, Lanham: Rowman Littlefield Publishers, 2008。

村里的族亲并不欢迎他们，没人愿意把自己的孩子许配给他们的儿子或女儿。为免遭玷污，甚至村里的水井也不让他们用（这是最可怜的事情了），或者也不许他们晚间在公共场所吸烟。他们过去的好伙伴，现在的一举一动、一言一行都一致地表达着这样的意思："躲开，别和我们在一起，回到斐济去。"①

如此，我们也就不难理解 1931 年有人这样形容那些印度教的移民，"他带着自己所有的一切离开，到新地方去闯荡"②。他无法回首，好像从此失去了曾经的依托，变成了海外的流浪汉。他随身带着家里供奉的神和偶像。金钱和财富对他和他的家庭意义不大。如果可能，他更希望能展开自己的朝圣之旅，找到他可以净化灵魂的圣洁之地。否则，他也许会以自戕的方式来寻求解脱，以死来摆脱愧疚。造成这些愧疚是多方面的，"除了感觉被抛弃和离弃的痛苦外，离开家乡及其意味着的宇宙联系本身，就是背离了神圣的规条和家乡宇宙的圣洁；也因此失去了在生命轮回中的位置"。那些好像在社会和精神层面都断了牵挂的印度侨民，给他们散居所在地的殖民管治者带来不少麻烦。为了把印度苦力固定在种植园，殖民统治专门订立了管理印侨游荡和弃逃的法律。就像 1851 年特立尼达的移民长官弥晨（Henry Mitchell）所写的关于那里印侨的报告中描述的那样：

除非受到控制，不然那些亚洲人一被送到政府指派的庄园，普遍都会离开，找个他自己选择的地方住下。他们挑选地方也没什么固定的标准，因为这些人在哪里都待不长。以最典型的苦力为例，他们已经把全岛所有庄园都转遍了，很少有人不这样。③

四、地缘与网络

印度教徒不仅在特立尼达岛内游荡，甚至跑到更远的地方："那些在留尼汪岛完成契约的劳工又去了毛里求斯，而在毛里求斯的老移民则迁到纳塔尔和马达加斯加；西印度群岛的印侨则在群岛之间穿来跑去；一些海外印度人甚至从毛里求斯长途跋涉到巴西和中国。"④ 乍一看，海外印侨的迁移和海外华人好像非常

---

① Marina Carter, *Voices from Indenture*: *Experiences of Indian Migrants in the British Empire*, London & New York: Leicester University Press, 1996, p. 214.

② Sinnappah Arasaratnam, *Indians in Malaysia and Singapore*, Kuala Lumpur: Oxford University Press, revised edition, 1979, p. 82 引用 Census of India, 1931, Vol. XIV, "Madras", Part 1, p. 92.

③ Walton Look Lai, *Indentured Labor*, *Caribbean Sugar*: *Chinese and Indian Migrants to the British West Indies*, *1838 –1918*, Baltimore & London: Johns Hopkins University Press, 1993, p. 112.

④ Marina Carter, *Voices from Indenture*: *Experiences of Indian Migrants in the British Empire*, London & New York: Leicester University Press, 1996, p. 56.

相似。“很多早期到达毛里求斯的华侨，都是从中国以外的港口城市和沿海殖民定居点——印度尼西亚、新加坡、加尔各答等，然后辗转而去的；还有些人在中国和毛里求斯之间多次往返、跑生意。为了寻找生机或生意伙伴，这些在印度洋上飘来荡去的人，让人觉得对他们而言，这些旅程并非如此令人心寒和畏惧。”① 契约劳工盛行的那段时期，中印两国侨民好像表现出相同的倾向，即都喜欢在印度洋上来来往往。然而，仔细考察的结果表明，在一个很关键的问题上他们非常不同。正如卡特指出的那样，这个关键“就是移民中网络的作用，特别是那些以家庭和亲戚为基础构成的网络”②。

散居在海外的华人本质上都是旅居者。“旅居在外依靠着与祖国经常的联系，或至少经常能收到家乡的消息和物品。”③ 无论他们在外漂流到了何处，都不会忘掉地缘和血缘的关系。这些关系是其赖以生存的基本条件。假如客死他乡，他们的墓碑上会记载这些关键的地缘和血缘信息：墓碑的上端会横着刻写家乡的地名，如南海或番禺；墓碑中间竖着写下他们的名字和家庭关系。相反，印度教移民本质上就是流浪者，与家乡的关系很淡薄，就算与家乡关系断绝也是常有的事情。我们几乎看不到他们与家乡的地缘和血缘关系，他们自己也很少提起来。如果客死异乡，一般也被葬在没有标记的墓地中，没有任何关于其家乡或亲属的印记，好像与家乡永诀了，就这样在人生的终点扎下根来。一位印度裔斐济人说：“一个人的根就是他脐带埋放的地方，我的埋在（斐济的）马特尼围（Mateniwai）了，一旦有天离开了那片土地，我自己的一部分也就逝去了。”

当审视中印两国海外侨民所建立起的横贯大陆的移民网络时，蒂利（Charles Tilly）对向外移民网络（sending networks）和接纳移民网络（receiving networks）的区分，有助于我们对此问题的认识。“在起始点形成的那些人们之间联系的网络，就构成了向外移民的网络；而那些在目的地形成的人际关系，就是接纳移民的网络。而把起始点和目的地两个网络勾连在一起就创造出了新的网络。”④ 我们权且称这个新构建的网络为“衔接网络”（bridging networks）。如果我们从这三个不同网络的角度来分析中印移民，我们就能看出为什么对华人而言，地缘关系是那样充满生机，而对印度侨民却无足轻重。

海外华人向外移民的网络有两个锚，很牢固地拴在两个故乡的组织上：一个

---

① Marian Carter and James Ng Foong kwong, *Abacus and Mah Jong*: *Sino-Mauritian Settlement and Economic Consolidation*, Leiden and Boston: Brill, 2009, p. 120.

② Marian Carter and James Ng Foong kwong, *Abacus and Mah Jong*: *Sino-Mauritian Settlement and Economic Consolidation*, Leiden and Boston: Brill, 2009, p. 7.

③ Wang Gunwu, *The Chinese Overseas*: *From Earthbound China to the Quest for Autonomy*, Cambridge, MA: Harvard University Press, 2000, p. 51.

④ Charles Tilly, “Transplanted Networks”, in Virginia Yans-McLaughlin, ed., *Immigration Reconsidered*: *History*, *Sociology and Politics*, New York and Oxford: Oxford University Press, 1990, p. 87.

是华南地区建诸于父系血缘关系的宗族结构[①]；另一个是由不同层级农村集市所促成的商业活动以及形成的地域性的组群[②]。虽然两者分别是血缘关系和地缘联系的基础，但它们也是相辅相成的：倘若某人是某个宗族的成员，那么他就可以在宗族那里获得在农村集市中进行交易的信用；他从市场交易中获得的利润，又回馈给宗族，成为宗族的信托基金。不仅如此，建基于这两个组织的社会关系很灵活，具伸缩性。家族谱系可以从一个家族延伸到族群，最终延伸到同姓同宗。市场的网络也如此，可以从乡间集市，扩展到更高一级的城镇集市，最终体现在省级资源，即以地缘为主的会馆。

与海外华侨不同，印侨的向外移民网络只有一个锚，只能拴在种姓制度之上，其与地缘和血缘的联系相对要弱许多。种姓是个等级制度，由同种姓内婚姻和自给自足的社会团体组成。不同种姓或副种姓依据礼仪上的纯洁程度而排列等级。[③] 这个制度的特点是不平等和单向依赖。当然，它也有其内在的活力，就如许烺光指出的那样，在这样的制度中，个人决不会满足于现状。“他们或者想改变自己种姓的名称，或者想发明新的种姓，或者从混沌不清的神话、民间故事、圣典中寻找提高自己种姓地位的根据。”[④] 但是，由于种姓内婚姻已设定了明确的边界，因此他们不会靠着亲属构建灵活的社会关系网来网罗族亲，也不会动员地域关系。印度教徒认为，地域是“变动不居和脆弱的社会建构”，其中充斥着各个副种姓为了提升和竞争地位而结下的怨怼。[⑤] 古吉拉特邦贱民丧葬行为的一个研究显示：“社区丧葬礼俗的往来受地缘空间的影响。丧宴往往能表现出种姓（paragnu）的历史，标志着他们在时空上的同性。种姓是个处于不断变动的综合体，其中不断有团体的分裂、重组和融合。这种种姓的丧宴仪式既带有竞争意味，也是种姓内各种地位和政治权威角逐的平台。”

上述研究表明，从向外的移民网络来看，地缘关系对海外华人起着重要的作用，但在海外印侨那里则无足轻重。如果我们换用衔接网络来分析，地缘联系在两组侨民中不同程度的重要作用就更为明显。这是因为，对海外华人而言，衔接网络是自我构建的，而海外印侨的连接网络都是“国家出资和国家支持”的。[⑥]

---

① Maurice Freedman, *Lineage Organization in Southeastern China*, London: University of London, Athlone Press, 1958.

② William G. Skinner, “Marketing and Social Structure in Rural China”, Part 1, *Journal of Asian Studies*, Vol. 24, No. 1, 1964, pp. 3 - 43.

③ Louis Dumont, Homo Hierarchicus: *The Caste System and Its Implications*, translated by Mark Sainsbury, London: Weidenfeld and Nicolson, 1970.

④ 许烺光著，薛刚译：《宗族·种姓·俱乐部》，北京：华夏出版社，1990 年，第 193 页。

⑤ Shalini Randeria, “ Mourning, Mortuary Exchange and Memorialization: The Creation of Local Communities among Delits in Gujarat”, in Elizabeth Schombucher and Claus Peter Zoller, eds., *Ways of Dying: Death and Its Meanings in South Asia*, New Dehli: Manohar Publishers and Distributors, 1999, p. 104.

⑥ Robin Cohen, *Global Diasporas: An Introduction* (London: Routledge, 2008) 第85 页引王赓武的著述。

根据田汝康的研究，“到海外去闯荡的华人都风险自负，并没有官方的保护”，因此，“他们只能依靠自己，靠着自己的能力组织起来保护自己的利益”①。他们中的大多数人都要为筹措盘缠而借贷，经常是找邻居和同乡帮忙。在到达目的地的路途上，他们所需的各种援手和支持，也都靠动用地缘关系来满足。② 例如，20 世纪 30 年代，香港的金山庄联系着美国和广东台山的百余间商铺和钱庄，处理中国大陆与海外进口商之间的货物往来，分发信件和侨汇到乡下。那些海外进口商则向当地居民贩卖古董珍品和茶叶，同时也向华侨兜售食品。

海外印度侨民的情形完全不同。作为契约劳工，他们出国的旅程都由官方管理和指导。印度政府在出航港口专门任命了“移民机构”，在不同的殖民地的目的地还设立了“移民保护员”。所有的船只都要取得政府发放的牌照，符合政府制定的标准。③ 劳工的基本待遇和条件也经官方准许才写入契约。④ 那些劳工“住在种植园，没有许可证不允许离开，且工时不定，不允许再受雇于他人。如果行为不端，就会受到经济和身体的双重惩罚。作为回报，则享有基本工资、无偿住宿、定量食物和部分或者全部返回印度的旅费”。

印侨不用自己安排到海外的行程，也无须找邻居和同乡帮忙，他们像是从本村的种姓中被直接连根“拔”出来一般送往海外。在这个移民的过程中，他们与其他不同种姓的同胞混在一起，不得不忍受各种各样的玷污。到达目的地后，他们已经被污染得体无完肤，其在家乡种姓制度中建立起的社会归属感和安稳感，已完全支离破碎了。

不论是海外印侨还是海外华侨，到达目的地后，都要与接纳移民网络建立起联系，这些网络很少能直接从家乡移植过来。考虑到目的地不同的社会背景，他们很难按照在家乡环境下建立向外移民网络的经验而去搭建在海外社会的接纳移民网络。这时，就需要从其文化工具箱中挑选合适的文化元素方面想办法了。海外华侨对创造性地重构其关系网络非常在行。这里我引用两个例子来展示华人的这个特点。第一个例子展示了血缘和地缘关系的灵活伸缩性，田汝康记录了沙捞越两个田姓的家族是如何构建关系网络的。两个家族虽然同姓，却来自中国广东两个不同的地方，一个是惠来，一个是潮安。来自惠来的田家希望能与富裕且有影响力的潮安田家结盟，但是他们不是源于一个共同的祖先。“困难不是不可逾

---

① Tien Ju-kang, *The Chinese of Sarawak: A Study of Social Structure*, London: Department of Anthropology, London School of Economics and Political Science, 1953, p. 5.

② Adam McKeown, "Conceptualizing the Chinese Diaspora, 1842 to 1949", paper presented at the Association of Asian Studies Conference, Washington D. C., March 27, 1998. p. 18.

③ Brij V. Lal, *The Encyclopedia of the Indian Diaspora*, Singapore: Editions Didier Millet in association with National University of Singapore, 2006, p. 48.

④ Robin Cohen, *Global Diasporas: An Introduction* (London: Routledge, 2008) 第 64 页引用 B. Parekh 1994 著作第 605 页。

越的。1925 年，他们在潮安墓地建造了一个特殊的衣冠冢，当然其中没有尸骨。墓碑上专门提到了中国田姓家族的起源，并表达了‘所有在此祭拜祖先和于 1923 年农历七月二十五日在此立碑的人’[①]，对家族持续兴旺发达的期望。”

第二个例子表明的是，那些华裔移民女性如何模仿血缘和地缘关系，来解决没有子嗣的问题。有些到新加坡和马来亚打住家工的女佣，矢志不嫁。当她们衰老时，仍需人照料，却无家人陪伴。不过，正像上面提到过的沙捞越田家，困难也并非不能克服。在南洋，她们可以加入斋堂，得到终身的照顾，包括身后事。斋堂的设立就是针对这些没有家庭可以依赖的女佣，一般参加进来的是来自中国同一个村庄或邻近地方的人。有些斋堂还组织了殡葬互助会，其运作方式与流行于荷属东印度和其他华侨居住地的姓氏宗亲会和同乡会基本相同。新入会的人必须有会员介绍和其他会员的认同。如果入会申请得到批准，则需支付入会费，并且每个月都要支付会费，并需交到一定的年限。会员临终时，享有一定数额的费用。殡葬互助会“安排葬礼，并负责安排尼姑或者斋堂其他人参与仪式，安排吊唁的人以及下葬的地方，会员身后的灵牌会放到斋堂侧室的神龛上”。和同乡同宗会一样，这些斋堂一般也都拥有一块自己的墓地，埋葬其成员。每到清明节，“就是为逝者扫墓和供奉的时节，斋堂成员或几个斋堂姊妹就会聚在一起，诵经祭祖，追念逝者”。

海外华人到达目的地后，能够迅速重建网络关系，是因为他们的“文化工具箱”并未因长途跋涉而受到破坏。相反，海外印侨在到达新的地方后，很难再建其社会关系，在文化上通往海外的旅程是破坏性的，令原来的社会关系分解和断裂。在他们身后，回乡的路坍塌了，不得不捡拾那些损毁和散乱的“文化工具”，希望它还能起作用。但是，事实表明，重建社会关系是件曲折和耗时的事。海外印侨脑子里对如何重建社会关系网络毫无概念。万不得已的时候，只能通过本国庞大丰富的神话资源来寻求安慰和动力。因此，他们在重建社会关系时表现出颇为矛盾的特点：家乡联系的弱化和国族神话的强化。

两个例子分别来自斐济和圭亚那，它们突出地表现出上述的自相矛盾的特点。斐济的印度教移民与祖国联系之紧密，令梅耶印象深刻：“1951 年当地印度移民中，至少有 5% 到 10% 的人出生于印度，因此年轻一代总该有机会听到关于家乡，也就是祖辈离家出走地方的描述。然而，实际上几乎没有关于家乡的交谈或承传家史的意思，如果询问起印度本土习俗与其在斐济有何变异时，人们几乎毫无反应，或者干脆回应，他们是斐济印度人，对印度本土人如何行事根本不感兴趣。”不过，梅耶也观察到斐济和印度另一个层面的关联，即在想象的领域，印度的大众传媒令斐济印度移民着迷。“关于宗教题材的电影最能吸引各个阶层

---

① Tien Ju-kang, *The Chinese of Sarawak: A Study of Social Structure*, London: Department of Anthropology, London School of Economics and Political Science, 1953, p. 26.

的观众，例如每次放映电影《罗摩王朝》，都吸引男女老少成群结队地去观看，且持续好几个礼拜。”

另一个类似例子就是圭亚那的印侨。当十年契约劳动期满时，虽然回乡的旅程是免费的，但“在圭亚那的印侨却很少人选择回乡”①。因此，那里的印度移民和印度本土几乎就再无联系，正如席查然（Clem Seecharan）所观察的那样：“因为留下来的人已经失去了和印度的直接联系，他们对印度的理解更多诉诸于传说的成分：那些英雄的、缥缈的、田园的雅利安—印度的印度教史诗般的黄金时代，深深地印在印度—圭亚那人的心灵里。在那个几乎没有人胆敢挑战欧洲人定下的生存条件的社会里，一个神圣的、梦一般的印度为海外印侨提供了自我保护和种族尊严的强大和好用的工具。”② 从对印度想象中汲取的力量，令在圭亚那的印度教徒能够再造他们的宗教传统。学者杨格（P. Younger）指出：“新的传统虽然在内容上以祖国的神话为基础，但在宗教团体的结构上，却是全新的，完全以所在地相关的社会分类来确定。”③ 新的宗教团体仍需要婆罗门来运作，随着时间的推移，圭亚那婆罗门的人数增长迅速。“很多出生时不是婆罗门种姓的人，也取得了这样的称号，因为这个社会需要他们。”④ 这些婆罗门组成了专家委员会，这令他们可以主持有法律效力的婚礼。最后，他们还说服圭亚那殖民政府，允许火葬，不过那已经是20世纪20年代的事情了。⑤

五、结语

散居在世界各地的海外华人和海外印度教徒无时无刻不在经历着死亡，他们面对死亡和办理丧事的不同方式，带出了很不一样的再生模式——海外华人重视魂归故里，追求的是社会层面的永续；印度侨民盼望魂归梵天，寻觅的是精神层面的永生。这两种模式之间的巨大分歧掩盖了这样一个事实，即19世纪初这两大移民群体还在家乡时，他们曾拥有很多共同的特征。寇恩（Robin Cohen）在其对全球侨民的综述中，曾将国际移民分为不同的类型。在该分类中，首先区分的就是劳工和商贸的侨民。论及劳工侨民，寇恩给出的典型案例是“自1830年

---

① Paul Younger, *New Homelands: Hindu Communities in Mauritius, Guyana, Trinidad, South Africa, Fiji, and East Africa*, Oxford & New York: Oxford University Press, 2010, p. 58.

② Shanthini Pillai, *Colonial Visions, Postcolonial Revisions: Images of the Indian Diaspora in Malaysia* (Newcastle: Cambridge Scholars, 2007) 第73页引用Clem Seecharan1993年著作第10页。

③ Paul Younger, *New Homelands: Hindu Communities in Mauritius, Guyana, Trinidad, South Africa, Fiji, and East Africa*, Oxford & New York: Oxford University Press, 2010, p. 8.

④ Paul Younger, *New Homelands: Hindu Communities in Mauritius, Guyana, Trinidad, South Africa, Fiji, and East Africa*, Oxford & New York: Oxford University Press, 2010, p. 77.

⑤ Paul Younger, *New Homelands: Hindu Communities in Mauritius, Guyana, Trinidad, South Africa, Fiji, and East Africa*, Oxford & New York: Oxford University Press, 2010, p. 80.

代到1920年期间运到英属、荷属和法属殖民地热带种植园的印度契约劳工”[①]。然而，他并没有把同时期的海外华人也放到这个案例中，而是把海外华人和黎巴嫩人等一起放到商业和贸易类型的侨民中。他是这样解释的：“我特意把华人放到贸易侨民类”[②]，“但历史事实是，华人移民可以被分成完全不同的三类移民：契约劳工（即‘苦力’）、自由工匠和生意人”。寇恩认为，若从理想的类型来推演，中印海外侨民各自表现出了不同的发展潜力。但是，20世纪中叶的历史事件猝然打断他们的发展路向。1947年印度次大陆的“印巴分治”和1949年中华人民共和国的成立，打乱了两国与其海外侨民的关系。如此的关系断裂，对这两大海外侨民群体而言，其生存和死亡的意义与之前变得大为不同。到底有哪些不同，那就有待后续研究了。

① Robin Cohen, *Global Diasporas: An Introduction*, London: Routledge, 2008, p. 61.

② Robin Cohen, *Global Diasporas: An Introduction*, London: Routledge, 2008, p. 89.

“边缘人”的历史与历史书写：两个民族国家夹缝中的日本华人华侨*

王 柯

日本神户地区的老华人华侨和华侨社团，一直都有出版自传和社团史的传统。随着岁月的流逝，人们自然会产生对忘却历史的担心，而历史更加悠久者的担心自然又会更加强烈。所以，出版自传和社团史的一般都是老华人华侨和具有悠久历史的老华人华侨的社团组织。[①] 然而，出版自传和社团史的动机仅仅就是为了“记忆”吗？之所以提出这样的疑问，是因为在这种对于历史记忆的关心之中有这样一种倾向：实际上神户华侨（也许世界上大多数华侨均是如此）更加愿意由自己来“书写”自己的历史，也就是说自己动手制作有关自己的“历史记忆”。著名旅日华侨领袖林同春就是这样的一个例子。1997 年，中国华侨出版社已经出版了由他人执笔的传记《旅日华侨林同春传》[②]。十年后，他又出版了本人书写的自传《两个故乡——走过艰难岁月的在日华侨》（神户：EPIC，2007 年）。2013 年 12 月神户中华会馆史《落地生根——神户华侨与神阪中华会馆的百年》增补版的出版，似乎也能证明这种倾向。该书原由数位中日华侨研究学者执笔（研文出版，2000 年），此次再版虽然没有更换作者，但是根据神户华侨们的意见，原作者们“更加正确地表达并充实了内容”（会馆理事长语）[③]，做了很多补充和订正，书的篇幅也由原版的 482 页增加到了 525 页。

引起关注历史记忆的契机有很多，其中之一就是遇到一个值得纪念的年份。2013 年，为纪念神户中华会馆建立 120 周年，增订出版了会馆历史《落地生根——神户华侨与神阪中华会馆的百年》；旅日福建同乡恳亲会也在 2013 年迎来成立 50 周年的日子，于是在年底前编辑出版了长达 520 页、16 开的纪念文集

---

* 本文为日本平成二十八年（2016）研究项目《社区再生与日欧亚间的移住·多文化·福祉政策研究》成果之一部分。作者：王柯，日本神户大学国际文化学研究科教授。

① 例如，林同春《两个故乡——走过艰难岁月的在日华侨》（神户：EPIC，2007 年）；爱新觉罗·恒翼（即爱新翼）《路漫漫，海外皇裔的中华情》（北京：新华出版社，2009 年）；吴柏林《福建公所今昔录》（神户：财团法人福建会馆事务局，2000 年）；《神户三江会馆简史，1912—2007》（神户：财团法人之汇会馆，2007 年）；中华会馆编《落地生根——神户华侨与神阪中华会馆的百年》（东京：研文出版，原版 2000 年，增补版 2013 年）；旅日福建同乡恳亲会编《半个世纪的历程》（2013 年）等。

② 旻子：《旅日华侨林同春传》，北京：中国华侨出版社，1997 年。

③ 财团法人中华会馆理事长马文璧：《增補版に寄せて》。

《半个世纪的历程》。无疑，两个甲子，半个世纪，都可以成为历史记忆的关键时刻。但是笔者关心的是，老华侨们为什么更加热衷由自己进行历史书写、自己来制作有关自己的历史记忆的问题。换言之，华侨关注有关自己的历史书写、自己动手制造有关自己的历史记忆这一现象的背后，究竟隐藏了一个什么样的社会情境，会让他们感觉自己的典范“历史”可能是为其他人所无法准确书写完成的呢？笔者从探讨日本神户地区华人华侨关于历史书写和历史记忆的认识入手，进而考察在日华人华侨与近代民族主义如何相处的历史，从而尝试解读处于两个民族国家之间的边缘人群的行为模式及其形成原因。

一、当代华侨的历史书写

《半个世纪的历程》的“编辑后记”（日语）中的一段话，可以用来作为说明老华侨们为什么希望由自己亲自来进行历史书写和制造历史记忆的文本例子：“每届恳亲会的记录，都充分传达出来当时参加恳亲会的人们的心情，那是对祖国的、对故乡的、对同胞的深厚情感。这种情感决不轻易被放弃，正是因为这种情感，支撑着我们在异国之地，经过几个时代、战胜种种歧视、跨越各种障碍，保证了自我生存和尊严。落地生根：我们在重视自己的根和认同的同时，又与周围的日本民众密切交往，在各地社会深深扎根，并为振兴当地经济和文化而尽力。我们的前人为了祖国和日本之间的友好竭尽了全力，我们要继承前人的坚毅努力和睿智，并将这种精神传达给后代。本书就是这种努力的一步。”①

从逻辑上来看，这段文字无疑有一些值得推敲的地方。首先，对祖国的、对故乡的深厚情感，为什么能够变成支撑在异国之地战胜歧视、跨越障碍、保证尊严的动力呢？其次，既然认为自己的“根”在中国，为什么又能够深深扎在日本的大地上呢？对于第二点，“编辑后记”的执笔者显然也意识到了这个问题，所以在谈到“根”在中国时用了日语片假名的“ルーツ”（日语外来语借词，root 的复数 roots，意为根、始祖或祖先——笔者），而在谈到在日本落地生根（“根を下ろす”）的部分时用了“根”这一汉字。但是，植物学上的 root 之所以会被用于描写人类社会，是以人类“寻根”愿望为背景的。而“寻根”，却是一个在自己的现实生活的场域中找不到归属感的人们所乐意使用来向现实的政府、政策、政治进行抗议和反抗的手段。当年亚历山大·玛瑞·帕尔默·哈利（Alexander Murray Palmer Haley）写作《根》（*Roots: The Saga of an American Family*）的一个重要目的，就是要通过对原乡非洲和原乡民族文化 roots 的追溯，批判美国现实社会中的种族歧视。然而，“编辑后记”的目的显然不在批判日本，两条“根”的同时出现，其实就是老华侨们的复杂心情的真实写照：他们既不愿被“祖国”和“同胞”指责数典忘祖，又不愿被居住国和自己生活的地域社会

---

① 旅日福建同乡恳亲会编：《半个世纪的历程》，神户，2013 年，第 519 页。

怀疑自己不认同当地的社会。

2007年出版的林同春自传《两个故乡——走过艰难岁月的在日华侨》中几个标志符号更加耐人寻味。首先是书名中所使用的"故乡"一词。很明显，这里的"故乡"可以巧妙地避开"国家"层次上的问题，这种处理无疑比上述"编辑后记"中的处理要高明许多。其次是在使用语言上，该自传原文为日文，但是同时附上了中文和英文（翻译者为其女）的译文。也就是说，作自传者同时希望向中日两个社会传达由自己书写和审定的关于自己的典范历史的记忆。事实上，华侨自身制作的传记大多具备一些与其他文类作品不同的符号，而从其性质中可以看出，这些传记大多具备向两个国家和社会同时传达自己典范历史的动机。因此，在内容上，大多描写如何处理主人公与中国社会的关系和主人公与居住国社会的关系。但值得注意的是，与其他许多国家的华人华侨社会不同，对于在日华人、华侨来说，他们还将无可避免地遇到如何处理以上两种关系之间的问题。其原因在于，他们身临和面对的是政治上至今不愿放弃民族主义的国家，中日两国民众之间的对立情绪成为一个越来越难以解开的心结。因此，在日本的华人华侨是更加重视其与中国之关系，还是更加重视其与居住国社会之关系？其中的优先排序问题，事实上是中日两国的政界和民众都在关心着的一个问题。

然而，能够在"祖国""民族"和"同胞"的"大义名分"之下不分是非曲直地拥护同类的民族主义的可怕之处，在于它同样可以无原则地攻击异类，而且恨不得一击而置对方于死地。当年深受日本民族主义（军国主义）之残酷迫害，使得今天在信息畅通的日本社会中的在日华人华侨无疑明白，任何一种"选边站"，都有可能让自己再次变为民族主义的牺牲品。因此，神户的老华人华侨在讨论自己与中日两国关系时决不抑此扬彼（如"编辑后记"中关于两条"根"之记述），拒绝外人用民族主义的眼光打量自己。老华人华侨本来就把向中日两个社会传递这一思想作为通过历史书写制造历史记忆的目的。这种心情自然难以为他人所察觉、所理解，更是让今天受到民族主义影响的文人们难以通过文字来进行合理化的表述。于是，制造最为适合日本华人华侨当今社会生活情境的"典范历史"[①] 的任务，就只能由生活在日本的老华人华侨们自己来承担了。

上述的简述说明，日本的老华人华侨关于历史书写和历史记忆的思想，是一种力图突破民族国家历史观之束缚的淳朴、自然的思想。事实上，即使今天仍然生存于夹缝之间，日本的老华人华侨还是更愿意强调自己的双重性质。生活在日本的老华人华侨，无疑已经蜕变为一个超越以民族国家为母体之民族主义的、既认同"祖国"（也许称为"故国"更为合适）也认同居住国的群体。[②] 当然，这

---

① "典范历史"的概念，借自王明珂《反思史学与史学反思——文本与表征分析》（台北：允晨文化，2015年；上海：上海人民出版社，2016年），详见该书第二章《典范与边缘》。

② 对于日本乃至世界各国的新华人华侨来说，出现类似现象也只是一个时间上的问题。但因笔者讨论主题在于说明日本的老华人华侨对当地社会的适应过程，故而使用"老华人华侨"一词作为特指。

两种认同的性质不同。同时，各自的认同程度也因人而异。这如实地反映了近代以后的东亚世界一直没有摆脱民族主义束缚的历史事实；在以民族国家为单位而建构的东亚国际政治秩序中，日本的老华人华侨社会一直都是一个处于两个民族国家夹缝中的“边缘”群体。

二、历史上的华商领袖与日本国籍

接受居住国的国民统合，是华侨摆脱“边缘人”困境的选项之一。国籍的改变，固然无法立即改变文化认同，但国家认同与文化认同之关系，最终还是一个能够用是否彻底完成了“通过仪式”、是否仍旧处于“过渡”阶段的视点就可以分析、解答的问题。毫无疑问，与居住在其他国家的华侨相比，今天，在日本的华人华侨在是否选择所在国国籍时，往往会表现出更多的犹豫。出现这一现象的原因就是日本当年发动的侵华战争，它让华侨在考虑是否选择日本国籍时必然加入民族主义因素的考量。但是，值得注意的是，在20世纪初的在日华人华侨社会中，这种倾向却并不存在。

中国人移居日本的历史可以追溯到很早以前。[①] 但是因为移居人数有限，加之当时不存在国籍问题，随着岁月的流逝，选择居住在日本（以长崎地区为主）的商人、文人以及僧人，其后代都逐渐地融入了日本社会。当时，这些人都被称为“归化人”。日本安政元年（1854），日本与美国签订《神奈川条约》，开始实行开国政策。至安政五年（1858），日本先后与美、俄、荷、英、法等国签订了条约，向他们开放箱馆（今函馆）、神奈川（今横滨）、长崎、兵库（今神户）、新潟5港，并许可这些国家的公民享有居住、通商和领事裁判权。此时的日本与清国之间不存在“条约关系”，故中国人直到两国于1871年签订《修好条约》、建立了外交关系之后，才开始享有在日本贸易和居住的权利。然而，近代日本政府对来到日本的中国人并不友好，于明治七年（1874）4月10日颁布了《在留清国人民籍牌规则》（以下简称《规则》）。《规则》规定：清国人必须于登陆3日之内进行登记，于30天以内取得“籍牌”，并须每年进行更换手续。籍牌最初分为上、中、下三等，“上等为独立开店者，中等为番所手代者（因档案为草书，此处汉字难免判读有误，意思估计即为“买办”），下等为干活养马之人”。《规则》颁布之后，华侨进一步被分为上、下两等，除独立开店者以外均为下等。[②] 1894年8月，日本政府在发布了《日清战争宣言》后，继而发布第137号敕令《关于帝国内居住清国人的文件》。战争结束后，又于1899年8月发布第

---

① 参见罗晃朝《日本华侨史》（广州：广东高等教育出版社，1994年）。

② 太政官日誌明治七年第51号「JACAR（アジア歴史資料センター）Ref. C07040172300、明治七年「太政官日誌　自第41号3月20日至第76号5月29日」（防衛省防衛研究所）」；「在留清国人民籍牌規則」「JACAR（アジア歴史資料センター）Ref. A01000003800、太政類典・第二編・明治四年～明治十年・第七十七巻・外国交際二十・開港市一（国立公文書館）」。

352号敕令《关于依据条约或习惯没有居住自由之外国人的居住与营业的文件》。后者虽然没有明确指出"清国"名称，但是文中明确记载为替代第137号敕令，由此可知，这也是为了防止中国人大量流入日本以及在日开展经济活动而制定的。①

在这种处境下，当时的在日华人华侨会做出什么样的反应呢？很遗憾，我们在各种档案中，不仅没有看到"哪里有压迫，哪里就有反抗"的记录，而是看到了很早就有华侨申请加入日本国籍（日语称为"归化"②）的事实。最早的"清国人归化"，发生在1874年神奈川县，但这次申请"归化"的个案好像没有得到日本政府的批准。③ 到了1879年，日本政府又遇到了两名北海道开拓使清国人范永吉（中国山东省蓬莱县辛店集南泊子村人）和许士恭（山东省沂州府莒州散州人）申请"归化"的个案。因为是否批准申请可能会对劝诱日本人移民北海道产生影响，北海道开拓长官黑田清隆和内务卿伊藤博文向太政大臣三条实美提出请求实行"特别之议"，即开特例，并得到了批准。④ 大约在范永吉和许士恭"归化"个案发生的同时，当年12月24日，长崎县知事内海忠胜也向内务卿伊藤博文提交了关于在日本居住已达二十年的清国人福岛品藏（出生于中国常州府无锡县姚付上村，父名鲍大，本人原名アルン，即"阿龙"之音译，16岁时到日本，与日本人福岛千代结婚）申请"归化入籍"的报告。⑤ 按照伊藤博文的意见，明治六年（1873）的第103号通知中已有"外国人与日本人之婚嫁须经日本政府同意"一项，即政府既然已经"批准"了与日本人结婚，所以批准"归化"也就不成问题，这份申请报告被作为个案批准处理。⑥

通过对范永吉和许士恭申请"归化"事件的处理，当时日本外务卿寺岛宗

---

① 关于以上过程，详见许淑真：《日本における労働移民禁止法の成立——勅令第三五二号を巡って》，《東アジアの法と社会：布目潮渢博士古稀記念論集》，东京：汲古书院，1990年。

② "归化"虽为法律用语，但无疑具有鲜明的民族歧视思想，且至今一直使用。但因篇幅问题，本文中不做深究。

③ 「太戸第七十三號、開拓使伺清国人帰化ノ義ニ付答議」「傭清国人范永吉外二名帰化願ノ件」「JACAR（アジア歴史資料センター）Ref. A01100190800、公文録・明治十二年・第百五十六巻・明治十二年四月～六月・開拓使（国立公文書館）」。

④ 「法制局第四号 甲第二号 傭清国人帰化ノ義ニ付伺」「傭清国人范永吉外二名帰化願ノ件」「JACAR（アジア歴史資料センター）Ref. A01100190800、公文録・明治十二年・第百五十六巻・明治十二年四月～六月・開拓使（国立公文書館）」；「乙第六十八號、当使元雇清国人へ資本金給与ノ義上申」「元傭清国人范永吉外一名へ産業資本金給与ノ件」「JACAR（アジア歴史資料センター）Ref. A01100190900、公文録・明治十二年・第百五十六巻・明治十二年四月～六月・開拓使（国立公文書館）」。

⑤ 「外国人入籍之儀伺」「清国人帰化入籍ノ件」「JACAR（アジア歴史資料センター）Ref. A01100210300、公文録・明治十三年・第二百二十二巻・明治十三年三月・内務省三（国立公文書館）」。

⑥ 「清国人福島品蔵元名アルン帰化入籍ヲ許ス」「清国人福島品蔵・元名アルン・帰化入籍」「JACAR（アジア歴史資料センター）Ref. A01000063600、太政類典・第四編・明治十三年・第二十巻・保民・戸籍（国立公文書館）」。

意识到有必要“对清国人设立可以简易归化法”。[①] 但是，值得注意的是，直到1889年时，日本政府才开始讨论《帝国臣民身份法》。[②] 日本政府之所以没有急于制定统一的法律，是因为即使其间有在日华人华侨申请“归化”事例，但人数肯定有限，这应该与当时清日两国之间的力量对比有关。然而，必须承认的是，部分在日华人华侨的“归化”历史，甚至比日本1899年颁布《国籍法》还早了25年。

1899年日本《国籍法》的颁布，肯定与在日华人华侨要求“归化”有关。因为12月颁布《国籍法》的同时，日本政府即命令驻清国公使小村寿太郎调查清国政府关于“清国臣民欲归化外国时，清国政府允许或默许该臣民归化外国，以及由于其臣民归化外国而能够脱离清国国籍的明文或惯例”。[③] 小村从清国外务部侍郎徐寿朋等人处得知，清国并没有关于中国人取得外国国籍时的具体规定：“一切任其自便，并不禁止，也没有一旦取得外国国籍时是否丧失清国国籍的具体规定。”[④] 此次调查一事源自于长崎县政府的请求，所以它应该是当时居住于长崎的华侨提出加入日本国籍的申请。虽然没有材料能够进一步确认这是否与此事有关，但是，我们从日本外务省的档案中可以看到一封清国驻长崎正领事官于光绪三十二年（1906）闰四月六日就华商申请“归化”一事提交给日本方面的回信。《敝国商人陈世望等八名愿入贵国籍》一信中如此写道：“查依敝国法，如我国商民苟有愿入他国籍者，须先由该商将其原籍住址报明中国领事，由领事行文到其本籍地方官查询，如查明该商无讼案牵连财产轇轕等事，方准出籍之后入籍他国。”[⑤]

陈世望是长崎著名的华侨商人，出身于福建省金门县，幼年时即来日本，1901年与其父陈国梁（字瑞椿）创立了著名的华侨商社“泰益号”。其父归国后，他留在长崎独自经营并获得成功，1905年日俄战争期间向日本提供捐助而获得长崎县知事的表彰。当然，他同时也积极地向中国的各种慈善事业捐款。1907年，陈世望成为长崎中华总商会副会长，翌年，被推举为福建会馆会长，成为当地华侨社会的领袖。[⑥] 长崎为近代在日华人华侨的发祥地，神户华侨代表

---

① 「開拓使伺清国人ノ儀ニ付上答」「傭清国人范永吉外二名帰化願ノ件」「JACAR（アジア歴史資料センター）Ref. A01100190800、公文録・明治十二年・第百五十六巻・明治十二年四月～六月・開拓使（国立公文書館）」。

② 「帝国臣民身分法日本国籍法」「JACAR（アジア歴史資料センター）Ref. A06050155800、枢密院文書・枢密院上奏撤回書類一（国立公文書館）」。

③ 「崎甲第二七五号」外務省記録『清國々籍法並清国人外国帰化関係雜件』。

④ 「本公第弐五号、清国臣民カ外国ヘ帰化スル場合ニ於テ同国政府ノ取扱方取調回答申進ノ件」外務省記録『清國々籍法並清国人外国帰化関係雜件』。

⑤ 「大清駐剳長崎正領事官下、為照覆事」外務省記録『清國々籍法並清国人外国帰化関係雜件』

⑥ 廖赤阳：《長崎華商と東アジア交易網の形成》，东京：汲古书院，2000年，第85－86页。

人物吴锦堂日后之所以能够事业成功，就是因为得到了长崎华人巨商陈国梁的扶持。①

如果将吴锦堂与陈世望放在一起进行比较就能发现一个有趣的现象，那就是：这一时代在日华人华侨社会中的著名人物必定是当地最有经济实力的华商，而这些华商领袖又都"归化"了日本，即取得了日本国籍。20世纪初，在日华人华侨社会中有三大势力，即福建帮（又称闽帮，以闽南人为主）、广东帮（又称广帮）和三江（浙江、江苏和江西）帮。神户华侨社会的情况也是如此，在此基础上，神户华侨分别设立了福建公所、广东公所和三江公所。进入20世纪后，神户的这三个华人帮群中的最杰出人物分别是：王敬祥（1871—1922，福建泉州府金门人）、麦少彭（1861—1910，广东南海县人）和吴锦堂（1855—1926，浙江宁波府慈溪人）。与长崎的陈世望一样，这三位神户华侨的领袖人物也都加入了日本国籍。从时间上来说，以15岁时赴日，29岁时继承家业（复兴号）的王敬祥为最早，他于1900年4月11日取得了日本国籍，时年31岁。② 麦少彭加入日本国籍是1901年10月。根据山口政子的研究，吴锦堂应该是三人中加入日本国籍时间最晚的，具体时间是在1904年11月25日。③

然而，吴锦堂加入日本国籍一事颇有逆风而上的性质。当时清朝政府曾对日本的华商提出非常明确的要求，希望他们慎重考虑"归化"日籍一事将给他们带来的严重后果。光绪三十年（1904）11月17日，一张"奏派驻扎神户兼管大阪正领事官宗室长，为出示晓谕事本月十六日奉钦差出使大臣杨（枢）"的"晓谕"被"实贴（在神户）广业公所"的墙头上："外洋各埠华商近年来改入洋籍者逐渐增多，访查其故，或因既有货财恐被本籍官绅寻事勒索，或因往来货物恐各处关卡籍端留难，遂改入洋籍，以冀外人保护。""凡属华商，均应各安本业，岂可过生疑虑，顿忘祖国，况一经改入洋籍，照例不得在中国地方置买产业，于生计有何裨益？本大臣现拟一认真查办之法，嗣后遇有华商欲入洋籍者，中国领事官总领者务须对以上事理剀切劝导，慎勿轻忽行事，如不见听，即将该商改籍缘由据实上详，以凭咨明该省督抚，转饬地方官，将该商籍贯革除，一面查明该商在内地有无产业，照例办理。如此彻底根究，庶可籍挽颓风等，因奉此为此示谕商民人等知悉。尔等须知，一经改入洋籍，即系异国之人，不得在中国置买产

① 中村哲夫：《呉錦堂、寧波幇の主導した実業愛国の革命》，神户华侨华人研究会编：《神戸と華僑：この150年の歩み》，神户：神户新闻综合出版中心，2004年，第14－15页。

② 王敬祥来日和继承家业时间根据金门大学江柏炜教授的介绍，参见江柏炜：《晚清时期的华侨家族与侨资聚落：山后中堡的案例》，氏著：《金门建筑史研究论文集》（1），金门：县立文化中心，2003年，第91页。

③ 山口政子：《在神華僑呉錦堂（一八五四——一九二六）について》，见山口折夫编：《日本華僑と文化摩擦》（东京：岩南堂书店，1983年）第267页。山口论文史料来源详实，分析视野广阔，视点深刻犀利，笔者认为是至今吴锦堂研究中的最优秀作品。

业，不能享受本国子民之利益。望勿顿忘祖国，轻弃家乡，置祖宗坟墓于不顾，各宜凛遵毋违，切切特谕。”①

尽管直到1909年清朝才正式颁布了《国籍法》，但是，这张“实贴（在神户）广业公所”的晓谕，已经清楚地表明了清朝政府在1904年末对于国民放弃清朝国籍和取得外国国籍的态度。当然这也可以被解释为是恐吓，但更多的是表现出对那些忘国、忘乡、忘祖者的鄙视。联想到当时日、俄两国正在中国领土上进行的战争给中国东北民众带来的灾难，② 清朝政府在此节点上明确反对海外华侨加入日本国籍的心情并非不可理解。但是，在这种时机之下，清朝政府对华商“归化”日本的禁令，反倒是提高了“归化”的含金量，加重了“归化”者向日本政府输诚的砝码。就在仅仅8天之后的11月25日，吴锦堂就加入了日本国籍。“归化”的申请过程固然需要一定时间，但是也难以想象，吴锦堂是在公使杨枢的告示贴到广业公所的墙上之后，才知道清朝政府反对海外华商取得日本国籍之态度。

三、“边缘人”的“中心”情结

其实，吴锦堂违抗清朝政府的旨意已经不是第一次。1894年甲午战争爆发之后，清国驻神户大阪领事向“在留清国人”发出了《归国劝告》，吴锦堂却毅然决定留在日本，并趁机接手了许多归国华侨的生意。这次抉择是吴锦堂积攒财富走向豪商的重要一步，同时也可能是一个让他领悟到利用国际政治局势来发展个人经济势力的契机。

甲午战争（日本称“日清战争”）改变了中日两国之间的传统关系。日本学者松本三之介从文化、军事和近代化三个层面进行分析后指出：“日清战争中日本的胜利，对于日本的中国认识也具有重大转折点的意义。如上所述，直到日清战争之前，日本的中国观里，既有从文明开化的角度而来的蔑视，还有对于文化大国的敬畏和军事视点上的恐惧，是一种由相互矛盾的因素构成的具有多重性的扭曲意识。但是，日清战争的胜利将日本从军事的恐惧中解放出来，在确认了维新以来日本近代化成果的基础上，将中国视为传统文化大国的敬畏也大大减退。”“与过去认为中国顽固不化、固守陋习、不愿理解和接受新时代潮流和文明相比，日清战争之后日本对中国的歧视在内容上发生了转变，认为中国问题的关键是缺乏建设国家的能力。”③ 身在日本的华侨，当然更能够感受到这种两国关系的逆

---

① 鸿山俊雄：《神戸大阪の華僑：在日華僑百年史》，神户：华侨问题研究所，1979年，第41页。

② 王柯：《民族主义与近代中日关系：“民族国家”“边疆”与历史认识》（第一章），香港：香港中文大学出版社，2015年。

③ 松本三之介：《近代日本の中国認識：徳川期儒学から東亜協同体論まで》，东京：以文社，2012年，第125页。本文根据中岛隆博书评：《中国認識と資本主義》，《UP》2012年9期，东京大学出版会，第63页。

转，以及由此而来的日本社会对中国认识的变化。我们注意到，正是在此之后，申请加入日本国籍的华商们逐渐增多。1904 年日俄战争爆发后，也就是在取得日本国籍的那段时间，吴锦堂向日本政府捐款 2 000 元，同时购买了 10 万元的军事国债，并利用自己在中国国内的关系为日方运送战争物资。因此，在战后的 1906 年，他获得了日本政府颁发的勋六等瑞宝章。当时的日本政府授勋纪念照至今依然作为吴锦堂的标准照之一，张贴于各种仪式上。利用日俄战争拉近与日本政府关系的在日华人华侨绝对不在少数，吴锦堂只是其中一例。例如长崎的陈世望，同样是在 1905 年向处于日俄战争中的日本政府捐款，从而得到了长崎县知事的表彰。[①]

利用中日两国关系上发生的一些事件，通过主动参与并利用契机来拉近自己与日本政府之间的关系，这是神户三位华商领袖身上都具有的特征。1908 年发生了“第二辰丸事件”，中国民众开始了第一次全国性的抵制日货运动。7 月 15 日，神户广东帮的领袖人物麦少彭由神户来到抵制日货运动中心的港澳和广东地区。当时，日本驻香港副领事船津辰一郎在给日本外务省的密电中报告说，麦于 7 月 17 日主动来到日本驻香港领事馆进行接洽并说明来意：“尽管对是否能够成功没有把握，但不论结果如何，都愿与贵国政府约定，为使抵制日货运动消火而尽力。”这里的“贵国”应该不是麦少彭的原话，因为他已经在 1901 年 10 月加入了日本国籍。由此我们可以看到，日本政府并没有把麦少彭看作一个真正的“日本人”。

7 月，麦少彭看到香港当地商人抵制日货的意志十分坚决，遂告知领事馆，自己可以亲自到运动发生的源头广东省去进行调查，以便帮助日本政府找到尽早平息抵制日货运动的方法。之后，麦少彭往返于广东香港之间，并多次向香港日本领事馆报告民众抵制日货运动的动态和他本人的活动情况。麦少彭肯定明白，他的这些活动一旦暴露，就会遭到中国人民的唾弃。因此，他和日本驻香港领事馆一直将接头地点选定在驻香港的日本“（横滨）正金银行及邮船会社”的支店里。然而，尽管麦少彭如此卖力地为日本政府效劳，他此行的目的却仍然遭到了日方的怀疑。船津辰一郎密报日本外务省的报告中指出：“尽管麦少彭如此所言，但我认为不免有为取得自己的利益而更加夸大抵制势力的成分。正如我在上月 6 日的第 12 号密报中所报告的那样，麦少彭有煽动抵制日货运动的嫌疑。如果真是如此，上述事情就难保证。他所说的为平息抵制日货运动不惜粉身碎骨的话语，根本不值得相信。”[②] 终于，有一天，麦少彭接到了神户方面的来电，告诉他日本政府可能对他并不信任，甚至怀疑他在借机煽动运动一事。这让麦少彭十

① 廖赤阳：《長崎華商と東アジア交易網の形成》，东京：汲古书院，2000 年，第 85 页。

② 「機密第二五号　麦少彭ノ挙止ニ関スル件」分割 1「JACAR（アジア歴史資料センター）Ref. B11090241900、清国ニ於テ日本商品同盟排斥一件　第三巻（B－3－3－8－1_003）（外務省外交史料館）」。

分沮丧，他拿着电报向船津辰一郎诉说，自己为了日本四处奔走，没想到却受到日本政府如此怀疑，不由地感到“迷惑万千”，失落至极。①

华商领袖即使加入日本国籍也得不到日本政府的完全信任，这在当时应该是一个普遍的现象。横滨正金银行是一家受日本政府特别照顾和保护的具有半官方性质的外汇专业银行，曾在日本对中国的经济侵略中发挥过重要的作用。我们注意到，神户华侨社会中的福建帮领袖王敬祥在 1913 年担任了横滨正金银行神户支店的买办，由此，我们可知当时他不仅在当地商界树立了一定的威信，而且在某种程度上也得到了日本政府的信赖。② 有一份材料证实，1915 年在长崎发生“日支商人纷扰事件”（因为日本商人不给华商批发海产品，长崎的华商开始移居到门司、横滨和神户等地经商）时，“作为归化人而在支那人中最有名望者”（帰化人ニシテ支那人間ニ最モ名望アル者）的王敬祥积极出面，帮助日本政府解决难题。但是，日本政府却认为王敬祥这样做是出于私心：“当然，也有其商业上的利益在内。已经有过数次解决此类纠纷之经验的王敬祥认为，如果事件余波涉及神户、大阪、横滨等地，对于一直具有亲日倾向的自己来说，也是一件十分遗憾、不堪忍耐之事，故决定自己出面为商人们进行调停。他于 9 月 22 日上午 9 点 11 分从三宫坐上火车由高山（日本商人）伴随向长崎出发。”③ 由此可知，当时的“归化人”无论如何也难以完全摆脱不被日本政府信任和被歧视的命运。

尽管如此不被信任和受到歧视，华商领袖仍然热衷于向日本政府表达忠诚，究其原因，当然是华商希望得到日本政府的保护。1906 年 11 月 16 日，吴锦堂拥有的汽船（货轮）锦生丸（登记吨位 1 024 吨）在从日本九州运送煤炭到中国烟台的途中，因为遇到风浪，在紧急避难时于朝鲜大黑山岛附近触礁沉没。当时，船上共有 38 人（36 名船员全部为日本人，另有两名搭乘旅客），货物为煤 1 655 吨，燃料炭 200 吨。当时有 13 人得到救助，25 人下落不明（之后 17 人自救登上济州岛）。日本驻牛庄领事馆警部桥本清慎向外务省详细报告了船只沉没和人员营救的经过。④ 锦生丸能够得到日方积极营救和关心的原因有很多，例如，船上

---

① 「機密第二九号　麦少彭其後ノ動静ニ関スル件」分割 2「JACAR（アジア歴史資料センター）Ref. B11090242000、清国ニ於テ日本商品同盟排斥一件　第三巻（B－3－3－8－1_003）（外務省外交史料館）」。

② 江柏炜：《晚清时期的华侨家族与侨资聚落：山后中堡的案例》，氏著：《金门建筑史研究论文集》（1），金门：县立文化中心，2003 年，第 91 页。

③ 「兵発秘第一一〇六号，大正四年九月二十五日」「25. 長崎ニ於ケル日支商人紛擾事件」「JACAR（アジア歴史資料センター）Ref. B11090136900、取引事故雑件，第一巻（B－3－3－7－40_001）（外務省外交史料館）」。

④ 「明治三十九年十一月 錦生丸沈没ニ関シ在牛荘領事電報之件 No. 3804 平」「32. 錦生丸　同「JACAR（アジア歴史資料センター）Ref. B12081718000、困難船及漂民救助雑件/帝国之部　第二十四巻（B－3－6－7－1_3_024）（外務省外交史料館）」。

的船员全部都是日本人，船只在日本注册登记（船舶号9215号，船籍港为神户港），船主吴锦堂已于两年前归化日本。因此，从广义上来说，锦生丸属于日本国家的财产。[①]

可见，20世纪初期居住在日本的华侨即使已加入了日本国籍，如果想向日本政府输诚，还要在经济上甚至是精神上做出远远超越一般日本国民的牺牲。华商领袖之所以愿意做出这种牺牲，原因就在于日本政府占据着日本政治和社会的中心，而他们则处于日本政治和社会的边缘。“中心”之所以能够对人们产生吸引力，是因为“中心或中心部是价值和信仰领域的现象，是社会普遍认可的象征的秩序、价值以及信仰的中心”[②]。因此，一个人与象征着秩序“中心”的距离与其社会地位高低之间形成正比关系，于是，愈是处于边缘的人们，其接近中心的欲望就愈加强烈。关于这一点，日本著名的人类学家山口昌男曾引用爱德华·希尔斯（Edwards Shils）的表述进行说明：“人类具有比自己身体更大的扩张性，比起平淡的日常生活来，他们在现实的构造中，具有接触更加中心的象征的欲望。”[③]

在日华人华侨之所以产生这种接触、接近“中心”的欲望，是因为他们自身所具有的“构造上的劣性”[④]，这就是在日华人华侨基本上没有被当局允许参与日本建设近代国家和近代社会进程的原因。如果与东南亚地区的华侨社会进行比较，就能够清楚地看出这种由历史所造成的“构造上的劣性”给在日华人华侨社会造成的伤害。在日华人华侨一直未能直接进入日本的政治中心，他们要想摆脱“边缘人”的困境，就必须从各个方面做出各种努力。

一位研究在日华人华侨的日本学者注意到：“在日华商中，给日本红十字会捐款者之多，超出意外，这也是明治时代以来的社会习惯。具有公共卫生知识的孙文，曾经写过关于急救治疗法的红十字方面的论文。”他认为华商之所以踊跃捐款，与当时中日两国人士在上海成立了上海亚洲协会并推动红十字运动有关，和孙文的医学背景也有关。[⑤] 然而，事情似乎并非如此简单。除了社会责任感的驱动之外，华侨和华商积极参加和支持日本红十字会的活动，应该是觉察到了这是一条从“边缘”接近“中心”的捷径。

红十字会是日本步入近代“文明”国家的标志。日本红十字会的前身是

---

① 「船難顛末書」「32. 錦生丸　同「JACAR（アジア歴史資料センター）Ref. B12081718000、困難船及漂民救助雑件/帝国之部　第二十四卷（B-3-6-7-1_3_024）（外務省外交史料館）」。

② 山口昌男：《文化と両義性》，东京：岩波书店，1975年，第225页。

③ 山口昌男：《文化と両義性》，东京：岩波书店，1975年，第226页。

④ 山口昌男借用维克多·特纳在 *Dramas, Fields, and Metaphors: Symbolic Action in Human Society* (1974)（Cornell University Press，1975）中使用的这一概念，来说明边缘性象征可能发生的场域之一。参见山口昌男：《文化と両義性》，东京：岩波书店，1975年版，第233页。

⑤ 中村哲夫：《呉錦堂、寧波幇の主導した実業愛国の革命》，神户华侨华人研究会编：《神戸と華僑——この150年の歩み》，神户：神户新闻综合出版中心，2004年，第26页。

1877 年成立的博爱社，正如“博爱”（caritas）一词所具有的西方基督教文化背景一样，红十字会的建立是接受和进入西方主导的近代国际社会体系的标志。1886 年，日本政府加入《日内瓦公约》后，1887 年将博爱社改名为“日本赤十字社”。因为当时西欧的王室、皇室都积极参加红十字会活动，努力建设近代化国家的日本皇室也积极仿效。明治天皇和皇后亲自指导、设计了日本红十字会的徽章，贵族（“华族”）和有名望的家族成为红十字会下属各种和各级组织的负责人。会章中明确规定，不许因为国际、性别、门第有别而进行歧视，并规定成为会员后每年必须缴纳一定的会费，对连续多年缴纳会费的会员进行表彰，赠送特别社员和名誉社员的名誉。因此，在当时成为日本红十字会会员，尤其是成为特别会员和名誉会员（具体表现方式为在门口钉上会员、特别社员和名誉社员的标示），既是一种“文明”程度的象征，也是一种经济地位、社会地位的象征。由于红十字会和日本皇室、日本军部之间存在着密切的关系，因此它更是一种认同日本国家的政治象征。①

四、社会地位的折射现象

人类的社会活动是多方面的。事实上，一个人在某个社会领域中的活动能量以及因此而获得的地位，一定会被人们用来判断他在其他社会领域中的活动能量和地位。也就是说，各种人类的活动都会与其他各个社会领域的活动之间发生折射（refraction）的作用，这种折射影响到一个人是否能够更多地得到周围社会关系的信赖，并决定他是否能够更加顺利地进行各种政治或经济方面的活动。社会活动可以在不同社会领域之间折射个人形象，从而促使人们更加愿意参加各种社会活动。某些社会领域中的活动之所以能够更加强烈地折射出个人形象，就是因为这个社会领域本身就具有更高和更为普遍的公共性和公益性。当时的日本华商之所以能够积极支持日本红十字会的活动，显然是因为他们注意到了红十字会活动就属于这样的一个社会领域。②

神户的华商领袖们同样热心于各种公益活动。例如，吴锦堂在 1908 年 3 月就开始在神户市垂水区小東野地区为当地农民无偿建设水利设施；1909 年向宫

① 立川京一、宿久晴彦：《政府及び軍とICRC 等との関係？日清戦争から太平洋戦争まで》（前编），《防衛研究所紀要第 11 巻第 1 号》（研究ノート）2008 年 11 月，第 75 页。

② 因为先行研究基本没有注意到这个问题，所以无法找到吴锦堂、王敬祥和麦少彭三人加入日本红十字会的直接证据，但是长崎的陈世望为红十字会特别赞助会员（廖赤阳：《長崎華商と東アジア交易編の形成》：汲古书院，2000 年，第 85 页），麦少彭因为给日本红十字会捐助巨款而得到了日本政府颁发勋六等瑞宝章（久保田昌洋：《日本近代化进程中的华侨——以神户的火柴贸易和流通为例》，王柯编：《东亚共同体与共同文化认知——中日韩三国学者对话》，北京：人民出版社，2007 年，第 234 页），捐助的王敬祥的遗物中也有民国二年初他成为中国红十字会（名誉总裁袁世凯大总统）特别会员和名誉赞助员的“凭照”（王柏林、蒋海波、董群廉编：《王敬祥关系档案选录》，金门：金门县政府，2012 年，第 158－161 页）。

城县捐赈灾款 1 200 元；1914 年北海道粮食歉收，他捐款 500 元；1916 年日本全国粮食歉收出现“大米暴动”，他再次向政府捐款 15 000 元。[①] 不同社会领域中的折射关系在吴锦堂身上得到了充分体现。1919 年，正在关西地区“巡幸”的大正天皇专门接见了他和其他 29 位当地著名的工商业人士。当年，他又向恩赐济生会捐款 5 万元，并在 1921 年被日本政府授予绀绶勋章。

值得注意的是，神户的华商领袖同样热心于华人华侨社会内部的公益活动。1898 年，麦少彭接待了戊戌变法失败后亡命日本的康有为和梁启超，并且听从他们的劝说，于 1899 年发起设立了神户同文学校（今名为神户中华同文学校），并且自己担任了第一代总理（理事长）；1900 年，吴锦堂为成立不久的神户同文学校捐款一万余元，1902 年又任神阪中华会馆理事长（两个任期共六年），1904 年为神阪中华会馆实现法人化捐出了 2 万元（尽管当年他已经为日俄战争向日本政府捐款 2 000 元，并购买了军事国债 10 万元，也就是在这一年的 11 月 25 日，他加入了日本国籍），1905 年他就任华侨同文学校协理（副理事长）后，他曾多次向学校捐款。1909 年设立的神户中华商务总会，也是由吴锦堂出任总理（理事长）。

正如日本政府将王敬祥描述为“作为归化人而在支那人中最有名望者”那样，其在华人华侨社会中的活动和地位同样可以折射到日本社会中。换言之，正因为他在日本华人华侨社会中的领袖地位，王敬祥才受到日本政府的重视，这是根本原因。早期研究吴锦堂的山口政子注意到：日后成为全日本著名华商的吴锦堂的发迹过程，也是从他对神户华人华侨社会的贡献开始起步的。

由于“构造上的劣性”，处于边缘的人们往往具有构成强烈情绪的共同体甚至宗教共同体的可能性。[②] 各种华人华侨的社会团体甚至华人华侨社会自身，都有这种共同体的性质。他们对个人社会地位的评价标准，自然也是依据对于华人华侨社会的贡献度而定的。1890 年，三江帮、广东帮和福建帮共同建设神阪中华会馆时，以清国驻日公使为首，神户大阪地区、横滨、长崎和函馆的华商都为此捐款，在当时神阪地区的 660 名捐款人中，吴锦堂名列第 40 位，捐款数额仅为 100 元。然而，在两年后的 1892 年，神户建设关帝庙时，吴锦堂已在捐款名单中名列前茅，“被作为捐款的中心人物记录下来，可以认为他从这时开始受到神户华侨社会的瞩目”[③]。也就是说，根据捐款数额而拟出的捐款名单上的次序，与捐款人在共同体社会中的地位之间存在着一种正相关关系。由此可以看出，作为公益活动的华人华侨社会中的记名式的“捐款”活动，同时也是对参与者进

---

① 此据山口政子：《在神華僑呉錦堂（一八五四——九二六）について》。但时间似乎有误：日本 20 世纪初轰动一时的“米骚动”，即由于粮食歉收，民众因为买不到大米而发生暴动，应该是发生在 1908 年。

② 山口昌男：《文化と両義性》，东京：岩波书店，1975 年，第 223 页。

③ 山口政子：《在神華僑呉錦堂（一八五四——九二六）について》，山口折夫编：《日本華侨と文化摩擦》，东京：岩南堂书店，1983 年，第 284 页。

行社会评价的衡量标准：每个参与者都可以根据自己的付出而得到同质量的社会评价，而这种社会评价，自然可以向各个社会领域反映或折射出他的社会权威和社会地位。

从上述吴锦堂、麦少彭和王敬祥三人与日本政府之间的互动关系中可以发现，他们之所以有接近日本政治中心的机会，在很大程度上是因为他们在日本华人华侨社会中所拥有的领袖地位，以及因此而得以与中国建立亲密的关系。日本政府期待通过这些华人华侨社会领袖来对在日华人华侨社会和中国社会施加影响。无疑，在华人华侨社会中和中国社会中所拥有的地位，与能够得到日本政府重视的程度（即拉近与日本政治中心之间的距离）之间，同样是一种正相关的关系。有趣的是，今天我们仍然可以从日本华人华侨社会中看到同样的关系图谱。或许这种围绕华人华侨社会而出现的国际政治关系图谱从来就没有消失过。

1900 年，吴锦堂向清政府捐银 2 万两，为当时只有 7 岁的长子买了个“举人”，同时为自己买了个二品花翎，义和团运动后，他再次向清政府捐款 1 万两以充军费。1902 年，吴锦堂为国内赈灾捐款 3 万余两，同年又拿出大约 25 万元在故乡慈溪建设水利设施；1907 年，他向宁波师范学校捐款 3 000 元，并拿出 7 万元在故乡设立锦堂学校，于当年获得清朝政府御赐匾额；1911 年，中国发生水灾，他再次捐款 38 000 余元，同时向国内各地军队（原资料未有记录是“清军”还是“革命军”——笔者）提供资金 32 000 元。1912 年，他就任中国国民党神户支部长；1913 年，迎接孙文来神户；1914 年，他获得民国勋五等嘉禾章；1921 年，他在上海组织三北赈灾会，并于 1924 年获得民国勋二等嘉禾章。① 向清朝捐官和就任国民党的支部长，两件本来意识形态上针锋相对的现象却能够发生在同一个人身上，这说明什么是革命、什么是反革命之类的问题原本就不在他的视野中。吴锦堂之所以能够这样做，其理由之一可能就是这些行为和这些头衔能够说明自己在中国社会中的地位。

麦少彭当年曾经庇护因为戊戌变法失败而逃到日本的康有为和梁启超。因为他去世较早（1910 年），我们无法看到他与中华民国各派势力之间的关系。王敬祥在辛亥革命发生之后（尤其是民国建立以后）积极地参与中国国内的政治活动，多次捐款或借款给陈其美和孙文等人，② 并于民国四年（1915）2 月 11 日被孙文亲自任命为中国革命党（前身为“国民党”）大阪神户支部长。③ 加上吴锦堂，神户出现了两位国民党的海外支部长。有趣的是，从国籍上来看，当时这二人其实都已经取得了日本国籍。那么，他们积极参与中国的政治活动的意义究竟

① 山口政子：《在神華僑呉錦堂：（一八五四——一九二六）について》，山口折夫编：《日本華侨と文化摩擦》，东京：岩南堂书店，1983 年，第 284 – 285 页。

② 王柏林、蒋海波、董群廉编：《王敬祥关系档案选录》，金门：金门县政府，2012 年，第 32 – 60，171，178，210，265 页等。

③ 王柏林、蒋海波、董群廉编：《王敬祥关系档案选录》，金门：金门县政府，2012 年，第 248 页。

何在呢？对此，我们不妨看看山口政子对吴锦堂所做的分析："他的上升志向，首先对准了本国清朝的社会理念，随着地位的安定，又转向了在日华人华侨社会，这也是同时发生的现象，本国的价值观大大地影响了华侨社会，而这又投影于日本社会，关系到了他在日本社会中的地位的上升。"① 不管这个相互顺序是否准确，山口政子关于某个华人在日本国内的社会地位、在日本华人华侨社会中的地位，以及在中国国内的社会地位三者之间互相产生影响的分析，不能不说是洞察到了华商领袖在营造三方的社会地位并编织起三者之间关系网络的实质。

五、"边缘性"的价值

但是，日本的华商领袖为何愿意如此费尽心机地在中日两国积极营造自己的社会地位和编织关系网络？根本的原因当然还是在于当时的日本政府和日本社会对他们的歧视。当年日本官方各种历史文件的书写中，即使加入了日本国籍的在日华人（"归化人"），仍然被看作一个神秘的、不可信赖的、需要密切监视其动向的、危险的群体。在这样一种险恶的环境中，他们必须想方设法地保护自己和自己的利益。然而，值得注意的是，华商领袖保护自己的方法，除了积极接近日本的政治中心之外，利用自己处于两个民族国家边缘的位置，有时也会成为其选择之一。换而言之，华商领袖之所以在中日两国之间积极地营造自己的社会地位和编织关系网络，说明他们看到了"边缘性"同样具有利用的价值。从 1906 年麦少彭和吴锦堂等人领导的反对《火柴专卖法》的运动中，就能看到这种成分。

神户是日本最早生产火柴的地区（1877 年），到了 19 世纪 80 年代后期，当地形成了日本人生产火柴，由华商向中国出口的国际贸易分工体系。② 但是，日本生产商鼓动日本政府制定火柴专卖制度，并于 1906 年推出了只有取得销售商资格的厂家才拥有销售权的《火柴专卖法》，以此独占火柴销售的利益。此法一旦付诸实施，必将使神户大阪地区的华商遭受巨大的打击。于是，麦少彭、吴锦堂等人向清国驻日公使馆提出《陈情书》，要求清朝与日本政府交涉，以维护在日华商的利益。值得注意的是，这份给清朝政府派驻日本公使馆的《陈情书》却是以日文写就的。也就是说，这份《陈情书》只是让清政府看看而已；其真实的目的，是想让日本政府明白怎样才能保障日本火柴市场的发展前景："日本业者各自努力于制造，清商等一意专心从事销售，他日隆昌为今日之倍，东洋市

---

① 山口政子：《在神華僑呉錦堂（一八五四——九二六）について》，山口折夫编：《日本華僑と文化摩擦》，东京：岩南堂书店，1983 年，第 272 页。

② 久保田昌洋：《日本近代化进程中的华侨——以神户的火柴贸易和流通为例》，王柯编：《东亚共同体与共同文化认知——中日韩三国学者对话》，北京：人民出版社，2007 年，第 232 页。

场成日清两国实业家之势力范围，足可以待。”①

《陈情书》是以广东商总代表麦少彭、三江商总代表吴锦堂、福建商总代表林清志、大阪北清商业会议所总代表丛良弼四人的名义联合提出，并且直接指明要求清国公使馆传呈给日本政府外务大臣加藤高明。事实上，此时的麦少彭和吴锦堂从法律上都已经取得了日本国籍。如果从这个角度上来看，清朝政府本来无须也无权出面维护他们的利益。而麦少彭和吴锦堂等人之所以这样做，肯定是认为比起他们作为日本国民向日本政府直接上书“陈情”，通过清国公使馆的外交途径提出的“陈情”更能获得日本政府的重视。因此，这一事件与其说是证明了华人华侨作为两个国家之间“边缘人”的困窘，还不如说是进一步证明了华人华侨的“边缘性”并非只有负面的意义。

事实上，由于当时缺乏明确的国籍制度和管理手段，当时许多华商在取得日本国籍之后仍然得以保持“清国”的国籍。这种游走于两个民族国家之间的“边缘人”的性质，也的确可以为华商带来一定的利益。例如，1910 年 12 月，驻南京领事井原真澄在向外务大臣发出的 35508 号密电中，专门谈到了吴锦堂利用双重国籍在两国之间开展经济商业活动的问题：“本领馆管辖区内的镇江为扬子江口岸中进口日本火柴的重要港口，如表所示，大约占本国向清国出口的七分之一。如译文所述，浙江咨议局参议员吴作镆通过劝业公所向清国政府农工商部申请在本地金山河下建设义生火柴制造厂生产火柴之特权。然据记忆，该称为吴作镆者本名为吴锦堂，为已于明治三十七年中归化日本的清国人。如果该记忆不错，该人应为归化人中具有日清两国国籍者，作为日本人不仅有数处火柴工厂且有很多不动产，享受与帝国臣民一样的保护和利益。但是另一面为了自己的利益，回到清国却作为清国人经营事业。如果他计划中的火柴生产工厂能够拿到期待的特权，未来我国在扬子江流域的出口贸易将会遭到很大的打击。”②

其实，在民族主义思潮上升的时代，在日华人华侨在中日两国双方都无法得到信任。1903 年，40 余名横滨华侨申请加入日本国籍，此事在当时的清国留日学生社会中引起了极大反响：“噫！我民族其亡也！!”他们不仅对此事所反映的“民族”衰落的现状表示担心，而且对这些申请加入日本国籍的华人华侨大加嘲

① 「37．燐寸専売業ニ関スル陳情ノ件　明治三十九年二月」「JACAR（アジア歴史資料センター）Ref. B11100709900、燐寸関係雜件第二巻（B－3－5－4－1_002）（外務省外交史料館）」以下为该件中当时清国驻日公使杨枢送交日本外务省时的信函：“敬啓者，現据神戸大阪華商麦少彭、呉錦堂、林清志、叢良弼等公禀火柴營業縁由，並附呈陳情書四冊，懇請転送貴大臣暨総理大臣、大蔵大臣、農商務大臣等情前来，相應将該商等陳情書函送貴大臣，請煩査照分咨迅賜施行。窃維中日両国素敦睦誼，華商旅居貴国，極誠愛護至深紉佩，火柴一案定荷秉公辦理，俾兩国商人均沾利益、各無損失，是所盼祷専布，順頌時祉，大日本外務大臣加藤高明閣下，楊枢謹具第百九十四号。”

② 「12．鎮江ニ於テ義生燐寸製造工場開設計画ニ関スル件　明治四十三年十二月、機密第二五號」「JACAR（アジア歴史資料センター）Ref. B11100712100、燐寸関係雜件第三巻（B－3－5－4－1_003）（外務省外交史料館）」。

讽。清国留日学生无疑受到了当时流行的民族国家思想的影响，同时，“种族、文化和利益认同纠缠在一起，这也或多或少显示海外华侨民族国家身份认同的复杂性”①。而以维护帝国利益为使命的日本领事井原真澄，更是从人格上对游走于中日两国之间的日本华人华侨表示怀疑。“作为帝国政府，对于这些为了营造自己的私利而不断变换国籍的人物，为何要作为帝国臣民进行保护呢？”②

但是，清国留日学生对“华侨”的失望，日本外交官对“华商”人格的怀疑，无疑都忽视了一个基本的事实：“华侨”原本只是一个为了追求具体的生活而自己选择了“边缘性”的存在；作为这样一种存在，“华侨”先天性地无法抛去它的“边缘性”；“华侨”的原理和思想，本来就是对民族、国家、疆界乃至民族国家思想的否定。由于处于一个民族主义思潮上升的时代，作为“边缘人”的在日华商表现出了强烈的接近作为秩序象征和权力源头的中心的欲望，但这都不过是为了保护自己和自己的利益。由于同时处于两个民族国家的边缘，这种欲望也不免具有了双向性，正如山口政子曾经对吴锦堂下过的定义：“他绝不是一位民族主义者，但又绝不是一个汉奸。”③ 这个定义同样可以用来描述整个日本华人华侨社会的性质。

早期神户的华商以及整个日本华人华侨社会对自己处于两个民族国家之“边缘”状态所表现出来的这种态度，让我们想到了维克多·特纳（Victor Witter Turner）在其名著《仪式过程：结构与反结构》中关于处于“阈限”（liminality）状态的人群的描述。特纳认为，从社会结构上来看，处于liminality状态的人群具有以下共同的特点：“①处于社会结构的断裂之处；②处于社会结构的边缘之处；③处于社会结构的底层之处。”④ 很明显，特纳所说的就是边缘人和边缘群体。山口昌男将特纳的观点做了进一步的归纳，指出“边缘”集团包括：“外来移民、移民第二代的市民、混血儿、暴发户、某一阶级的落魄者、移居到城市的农村人、社会变动中扮演非传统角色的妇女等。”⑤ 按照这种分类，华侨当然也是属于“边缘人”的部类。

关于特纳所说的liminality状态，中文译本使用了“阈限”这样一个拗口且意义不甚明了的名词，但在日文中该词被译为“境界性”和“过渡性”，而“境

---

① 许小青：《晚清国人的民族国家认同及其困境——以国籍问题为中心》，《华侨华人历史研究》2003年2期，第54页。

② 「12. 鎮江ニ於テ義生燐寸製造工場開設計画ニ関スル件　明治四十三年十二月、機密第二五號」「JACAR（アジア歴史資料センター）Ref. B11100712100、燐寸関係雑件第三巻（B-3-5-4-1_003）（外務省外交史料館）」。

③ 山口政子：《在神華僑呉錦堂（一八五四——九二六）について》，山口折夫编：《日本華侨と文化摩擦》，东京：岩南堂书店，1983年，第276页。

④ 维克多·特纳著，黄剑波等译：《仪式过程：结构与反结构》，北京：中国人民大学出版社，2006年，第126页。

⑤ 山口昌男：《文化と両義性》，东京：岩波书店，1975年，第232页。

界性”与“边缘性”其实就像是一对孪生的兄弟：“境界性、边缘性、构造中的劣位性，是造成神话、象征、哲学体系、艺术作品频繁出现的各种条件。这些文化形态，为人们提供了在某个层面上对人们与现实以及社会、自然、文化之间关系的形式进行周期性再分类的工具和模型。但是，它们并不仅仅只是一些类型，它们不仅让人们思考，还要让人们采取行动。它们的产物每一个都具有多重的性质，具有众多的含义，而且每一个都能够在多个心理、生理的层次上驱使人们行动。”①

也就是说，对于人类来说，“边缘”（periphery）不是一种最为理想的状态，但是“边缘性”带来的可能并不完全都是负面意义的效应。因为“边缘性”并不仅仅只是一个被动的产物，更是一个提供思维和行为模式，并且主动释放出能量，促使人们进行思维和采取行动的、人类普遍具有的基本心理要素之一。由于社会的多重性质，“边缘”的心理不是某些人或某些集团的特权或特性。但是由于“构造上的劣性”，“边缘性”带来的中间性、过渡性、两重性、不明确性，在部分人或部分集团身上可能会表现得更加明显：“阈限或阈限人（门槛之处的人）的特征不可能是清晰的，因为这种情况和这些人员会从类别（即正常情况下，在文化空间里为状况和位置进行定位的类别）的网状结构中逃避或逃逸出去。阈限的实体既不在这里，也不在那里；他们在法律、习俗、传统和典礼所指定和安排的那些位置之间的地方。作为这样一种存在，他们不清晰、不确定的特点被多种多样的象征手段在众多的社会之中表现了出来。”②

正如前文所述，当年日本驻南京领事井原真澄曾感觉到，华商的“边缘性”所具有的中间性、过渡性、两重性、不安定性、不明确性，在他人看来其实就是不清晰和不确定性，以及由此而来的暧昧性、不纯性、神秘性、外人性、不可信赖性，甚至是危险性。按照山口昌男的说法，如果“中心”为白昼，那么“边缘”就是夜晚，它总是带着一种神秘和不详混沌的性质。③“在我们看来，‘外人性’是‘边缘性’的暗喻表现之一。”“从二者交融的角度出发，特纳首先提出仪式的‘过渡性’，以局外人性为第二义，以此为基础提出边缘人的概念。而我们则以为局外人性和边缘人都包含在外人性中。”④ 因此，边缘人和边缘集团所面临的最大危机，就是难以取得外部社会的信任。

对于许多政权来说，在针对其属民进行统合的过程中，边缘人和边缘集团往往是最被着力的对象。这也给边缘人和边缘集团制造了可以摆脱这种尴尬处境的机会，让他们可以经由某种“通过仪式”（如通过社会流动和社会地位上升得到

---

① 维克多·特纳著，富仓光雄译：《儀礼の過程》，东京：思想社，1976 年，第 176 页。

② 维克多·特纳著，黄剑波等译：《仪式过程：结构与反结构》，北京：中国人民大学出版社，2006 年，第95 页。

③ 山口昌男：《文化と両義性》，东京：岩波书店，1975 年，第 207 页。

④ 山口昌男：《文化と両義性》，东京：岩波书店，1975 年，232 – 233 页。

社会的承认，或通过取得国籍等改变身份等），逐渐“过渡”或“被过渡”到另一种状态中去。但是，在日华人华侨所面临的情况却与其他边缘人、边缘集团有所不同，这是需要特别注意的。他们处于两个国家之间的夹缝中，他们同时面对来自于两个民族国家中心的统合和要求认同的压力。因此，无论他们更加接近哪一方，都会招来另一方的更深的不信任。与此同时，即使他们做出了接近某一方的努力，也无法彻底改变自己先天的民族国家“边缘人”的性质。但是，来自于两个完全不同方向的不信任却可以产生相互弱化的效果。因此，对于华人华侨来说，他们先天所具有的“边缘性”，不仅是他们借以谋生的资源，也是一种在两个民族国家之间保持平衡的政治手段。

六、结论

居住在日本的老华人华侨和华侨社团的自传和社团史是一个特殊的文类，其目的是制造一个最为适合日本华人华侨当今社会情境的“典范历史”，所以它更多是由生活在日本的老华人华侨们自己最后完成的。[①] 这些“典范历史”在内容上有其自己的特点：尽量避开“国家”间政治层次上的问题，稀释历史书写中的民族主义成分，在讨论华侨与中日两国关系时决不抑此扬彼，通过各种符号强调华侨为跨越中日两个民族国家的存在的两重性之性质。

但是，如果通过日本外务省档案来详细解读神户华侨的历史，就会发现真实的历史是完全不同的，呈现出来的是另外一幅情景。以福建帮、广东帮和三江帮的最杰出的代表人物王敬祥、麦少彭和吴锦堂为例，他们不顾清国政府的反对而取得日本国籍、从资金上和行动上支持日俄战争、主动帮助日本政府解决中国抵制日货运动的难题、调停中日两国之间的商业纠纷。他们通过这一系列的输诚活动来主动接近日本的政治中心，同时通过参加红十字会、捐款、修建公益设施等各种社会公益活动来提高自己在日本社会中的地位。在日华人华侨之所以具有强烈的接触、接近日本政治和社会“中心”的欲望，是因为他们被看作具有“构造上的劣性”，而不被允许参与建设日本近代国家和近代社会的进程，因此处于日本社会的“边缘”。尽管如此，这些早期的在日华商仍然希望通过接近日本的政治中心使自己和自身利益得到保护。与此同时，他们还以在日本获得的财力和名声为背景，接近中国的政治中心。这不仅因为社会地位的折射可以超越民族国家的高墙，在中国社会中的地位会影响到他们受日本政府重视的程度；因为他们先天所具有的“边缘性”，这不仅是他们借以谋生的资源，也是一种在两个民族国家之间保持平衡的政治手段。作为一个处于两个民族国家之间的“边缘人”群体，他们必须利用来自于两个完全不同方向的不信任感所产生的相互弱化的效

① 关于“文类”和“社会情境”的定义，同样借鉴于王明珂《反思史学与史学反思——文本与表征分析》（台北：允晨文化，2015 年；上海：上海人民出版社，2016 年）。

果来保护自己。也就是说，与今天老华人华侨主导的历史书写极力避开“国家”间政治层次问题的特点相反，历史的真相是：在日华人华侨具有强烈的接触、接近中日两国的政治和社会“中心”的欲望。

在日华人华侨的历史和历史书写之间之所以会出现这一分裂，原因在于近代以后的东亚世界一直没有彻底摆脱民族主义的束缚，使日本的华人华侨社会依旧作为一个“边缘人”群体生存于中日两个民族国家的夹缝中。但是，“每个社会都是在中心和边缘的有机组成上成立的”①。由于具有神秘性、中间性和中介性性质的“边缘”，常常具有他者无可替代的价值，能够将“边缘”变为资源的人们一般不会轻易地放弃这个独特的位置。尽管他们的这种姿态不会为民族主义者所容忍，但是，由于长期生活在日本的老华人华侨无疑已经蜕变为一个超越了民族主义既认同“祖国”也认同居住国的群体，所以，他们依然愿意强调自己的两重性的性质。为了应对来自于两个民族国家的压力，他们希望自己的“边缘性”能够在中日两国社会合理化，使自己不要成为来自任何一方民族主义的攻击的牺牲品，这就是他们希望突破民族国家历史观之束缚、自己动手来书写有关自身典范历史和重塑关于自己的历史记忆的原始动机。要想真正摆脱民族国家历史观的束缚，自然要等到东亚各国与民族国家制度彻底诀别的那一天。但是，如果理解了作为“边缘人”的在日华人华侨的苦恼，应该可以让我们对民族国家制度和民族主义思想对人类的影响有更深层次的思考。

① 山口昌男：《文化と両義性》，东京：岩波书店，1975 年，224 页。

泰国北部原国民党军人及其后裔的民族志研究*

段 颖

一、前言

1949 年，国民党在中国大陆战败，一部分国民党军队（云南籍官兵）撤退到缅甸。他们最终定居泰国北部，并于 20 世纪 60 年代建立难民村。本文中提到的年轻村民即是这些军人的第三代后裔。如今，这些云南籍华人虽宣誓效忠泰国，但仍视自己为华人。尽管他们现在已成为泰国公民，但泰国政府最初将其定作难民，并与早期华人移民相区别对待。由于历史原因，这批云南人始终与台湾保持友好关系。1978 年中国改革开放后，他们又恢复与中国大陆的联系。

泰国北部的云南人发展、建构出复杂、动态的族群认同和生活方式。这一族群形成的过程受到诸多内外因素的影响，包括社会化、地方化、族群互动、国家权力、文化传统、双语教育、全球化以及与中国大陆、台湾地区和泰国之间的交流。他们在日常生活中既保持云南文化和传统，也吸收泰国文化的某些方面。此一过程塑造出复杂的文化认同。通过对这些云南人的历史变迁和认同变化的描述和分析，本文探讨了大陆东南亚一个特殊华人族群的形成过程。①

二、泰国北部云南人研究

泰国华人社会与文化的研究大多集中于泰国早期的华人移民及其后裔，这些移民来自潮州、福建、海南、广府、客家等地。② 也有一部分学者注意到泰国北部的云南人。早期大多数关于泰国北部华人的研究主要关注云南和泰国边境穆斯

---

* 作者：段颖，中山大学人类学系副教授；译者：陈兆毓、唐文婷；校阅：陈龙；审改：段颖。

① 本文初稿曾在 2004 年美国人类学协会年会宣读，感谢黄树民教授和 Ann Maxwell Hill 教授的宝贵意见。此外，感谢吴科平博士、Matthew West 先生以及文华博士对本文写作的帮助，感谢《海外华人研究》期刊两位匿名评审的评价和建议。最后，谨向陈志明教授的鼓励与建议致以诚挚谢意。

② G. William Skinner, *Chinese Society in Thailand: An Analytical History*, Ithaca: Cornell University, 1957; G. William Skinner, *Leadership and Power in the Chinese Community of Thailand*. Ithaca: Cornell University, 1958; Jennifer W. Cushman, "The Chinese in Thailand", in Leo Suryadinata, ed., *The Ethnic Chinese in the Asian States: Bibliographical Essays*, Singapore: Institute of Southeast Asian Studies, 1989, pp. 221 – 57; Chee Kiong Tong and Kwok Bun Chan, eds., *Alternate Identities: The Chinese of Contemporary Thailand*, Brill: Times Academic Press, 2001.

林马帮的历史，华人与周边其他少数民族的关系等，“钦霍”（chin-ho/haw）的名称即源于此。① 最早对云南人展开民族志研究的是 Ann Hill，她发现泰国北部的云南人与现今云南地区的人仍有着某些共同的文化特征，主要因为他们与中国云南、缅甸、老挝有着频繁的接触，并建立了稳定的关系网络，这些都有助于强化族群关系与商业纽带。他们认为保持传统华人文化更利于他们的商业贸易活动和发展。②

张雯勤对原国民党军人移民、定居泰北状况的分析颇富洞见。通过对原国民党第三军、第五军迁徙历程的描述，她指出，军事制度、自治会和马帮文化等因素对他们在泰北建立及发展难民村以及保存其传统文化具有重大影响。③ 在最近的一篇论文中，她探讨了泰北云南人多样而复杂的移民类型及其对家园的矛盾情感和观念。④ 最近对原国民党军人进行研究的学者主要为黄树民教授⑤和谢世忠教授⑥。本人为黄树民教授研究团队的成员，云南大学的杨慧教授也是团队成员。

---

① Yi－sein Chen，“The Chinese in Upper Burma before A. D. 1700”，*Journal of Southeast Asian Researches*，1966，No. 2，pp. 81－89；F. W. Mote，“The Rural‘Haw’（Yunnanese Chinese）of Northern Thailand”，in P. Kunstadter，ed.，*Southeast Asian Tribes*，*Minorities and Nations*，Princeton：Princeton University Press，1967，Vol. 2，pp. 487－524；William R Geddes，*Migrants of the Mountains*，Oxford：Clarendon Press，1976；Andrew D. W. Forbes，“The‘Chin-ho’（Yunnanese Chinese）Caravan Trade with North Thailand during the Late Nineteenth and Early Twentieth Centuries”，*Asian History*，1987，Vol. 21，No. 2，pp. 1－47.

② Ann Maxwell Hill，“Familiar Strangers：the Yunnanese Chinese in Northern Thailand”，PhD dissertation，Ann Arbor，MI：University Microfilms International，1982；Ann Maxwell Hill，“The Yunnanese：Overland Chinese in Northern Thailand”，in John Mckinnon and Wanat Bhruksasri，eds.，*Highlanders of Thailand.*，New York：Oxford University Press，1983，pp. 123－33；Ann Maxwell Hill，*Merchants and Migrants：Ethnicity and Trade among Yunnanese Chinese in Southeast Asia*，New Haven，CT：Yale University Southeast Asia Studies，1998；Ann Maxwell Hill，“The Chinese in Northern Thailand：A Preliminary Perspective on Kinship and Ethnicity”，in Francis L. K. Hsu and Hendrick Serrie，eds.，*The Overseas Chinese：Ethnicity in National Context.* Lanham，MD：University Press of America，1998，pp. 43－63.

③ Wen-Chin Chang，“From War Refugees to Immigrants：The Case of KMT Yunnanese Chinese in Northern Thailand”，*International Migration Review*，2001，Vol. 35，No. 4，pp. 1086－1105；Wen-Chin Chang，“Identification of Leadership among KMT Yunnanese Chinese in Northern Thailand”，*Journal of Southeast Asian Studies*，2002，Vol. 33，No. 1，pp. 123－46.

④ Wen-Chin Chang，“Home Away From Home：Migrant Yunnanese Chinese in Northern Thailand”，*International Journal of Asian Studies*，2006，Vol. 3，No. 1，pp. 49－76.

⑤ Shu-min Huang，“The Articulation of Culture，Agriculture，and the Environment of Chinese in Northern Thailand”，*Ethnology*，2005，Vol. 44，No. 1，pp. 1－11；Shu-min Huang，“Building a Sustainable Rural Livelihood in Banmai Nongbua：A Chinese Diaspora Community in Northern Thailand”，*Taiwan Journal of Anthropology*，2005，Vol. 3，No. 2，pp. 1－21；Shu-min Huang，“A Chinese Diasporic Community in Northern Thailand：Contested Political Loyalty and Shifting Ethnicity”，in Tan Chee-Beng，ed.，*Chinese Transnational Networks*，London and New York：Routledge，2007，pp. 172－190.

⑥ 谢世忠：《国族—国家的建构、范畴与质变：陆军第九十三师的云南缅泰台湾半世纪》，《台湾大学考古人类学刊》1995 年第 52 卷。

基于田野调查，[①] 本文将探究这些曾为孤军的云南人的族群形成过程，及其如何成为定居泰国的华人族群，将描述他们如何在其人生经历中构建出复杂、多重的族群认同，这些多重认同又如何认知与表现。此外，本文还将探讨历史变迁生存境遇以及不同的政治实体是如何影响他们的文化与族群认同的。他们如何处理与泰国、中国大陆和台湾地区的各种关系？他们在泰国的未来会怎样？他们将来会逐渐融入泰国社会吗？又会面临怎样的新挑战？

（一）新村

本研究以泰国清迈府差巴干县（Chaiprakarn）的新村为主要田野调查地点，该村地处金三角区域，是原国民党军人及其后裔的居住地。1949 年末，国民党从中国大陆败退，驻扎云南边境地区的国民党军余部开始向缅甸南撤，后逐渐撤退至泰国北部，他们的活动经历了四个时期：

（1）反攻大陆时期（1950—1960）。国民党军队撤退到缅甸后进行了重新整编，并在中缅边界几次反攻大陆。在和国民党军队谈判失败后，缅甸向联合国控诉其军事行动。在联合国的判决下，台湾当局不得不下令将大部分军队撤回台湾。没有撤退的军队则遭到中缅联合围剿，被迫逃往金三角地区。

（2）武装贩毒时期（1961—1971）。20 世纪 60 年代，留下来的国民党军队开始在泰缅边境建立难民村。为了谋生，他们开始护送马帮，贩运鸦片。在之后的十余年里，毒品贸易为其主要收入来源。

（3）军事援助泰国时期（1971—1981）。20 世纪 70 年代，泰国政府决定利用国民党军人打击泰国的共产党游击队。为了生存，这些军人选择帮助泰国政府镇压泰国共产党。

（4）解甲归田时期（1981 年至今）。在帮助泰国成功剿灭泰国共产党游击队后，泰国政府承诺只要这些国民党军人交出武装，便给予其泰国公民身份。军队最终接受了泰国政府的提议，在泰国北部定居下来，从此以务农为生。

自 1964 年原国民党军人建立新村起，至今新村占地面积已经超过 10 000 莱，[②] 有 1 000 多户人家，12 000 多人。村民主要由三类人员构成：第一类为原国民党军人及其眷属；第二类是马帮及其后裔；[③] 第三类是来自中国和缅甸的新移民。新村管理十分特殊。在 1997 年泰国政府正式接管之前，新村一直由自治会自行管理。不过，接管后泰国政府也只是向村民收税，而没有对其提供多少经

① 笔者曾 6 次赴泰国北部云南华人社区进行田野调查，分别为 2001 年 1—2 月和 7—8 月、2002 年 12 月、2003 年 6—8 月、2004 年 8 月和 2005 年 10 月。主要考察地点在新村、差巴干县和清迈。本文大部分资料源于笔者的硕士论文 From Wandering Soldiers to Ethnic Chinese：An Ethnographic Study of Ethnic Identity of Kuomintang Soldiers and their Descendants in Northern Thailand（Ying Duan，M. Phil. thesis，Department of Anthropology，the Chinese University of Hong Kong，2004）。

② 1 莱（Rai）=1 600 平方米。

③ 实际上，1990 年以后就见不到马帮了，原马帮商贩大多数都转变为农民和商人。

济援助。村中日常事务仍由自治会处理。村里有泰文学校、华文学校、墓园、荣民之家、商店和市场。

新村村民最初很少与外界交往。20 世纪 80 年代，台湾以抚恤金的形式首次给予这些原国民党军人经济援助。这些村民一开始为附近的泰族打工。经过十多年的辛苦劳作，他们买下了村寨附近绝大多数的土地。如今，超过 80% 的村民有自己的房子，近 70% 的村民拥有汽车，95% 的村民拥有摩托。在过去三十年里，他们尝试过多种谋生渠道，最终发现种植荔枝、橘子和生姜最能赚钱。种植和加工水果、蔬菜已经成为新村村民最重要的生活来源。[①] 除此之外，村中的小本经营也是他们的收入来源之一。而部分村民仍然接受台湾的经济援助。

定居初期，村民没有依靠任何外界援助，建立了自己的华文学校。如今这所学校提供小学、初中和高中教育。学校位于村里最好的地方。台湾向学校捐赠教科书，但近些年，来自台湾方面的捐赠越来越少。村民对华文教育颇感骄傲，认为这对保持其族群认同和文化传统至关紧要。然而，1986 年，泰国政府推行义务教育，要求所有学生必须就读泰文学校，学习泰语和泰国文化。现今，新村的第三代年轻人白天上泰文学校，晚上则去中文学校学习中文。

以下部分，我将描述这些国民党军人及其后裔如何定居泰国。按代际划分，这一族群形成过程大致分为三代；第一代大部分为原国民党军队官兵，现年[②]均在 60 岁以上；第二代为国民党军人子女，或难民村成立后来到泰北的马帮成员，年龄为 30 ~ 50 岁；第三代均为第二代子女，年龄为 10 ~ 20 岁。

1. 第一代：逃离与生存

泰国的国民党军人原先隶属中华民国。1949 年，国民党军队被解放军击败之后，撤退到缅甸。在此时期，他们的一举一动都牵涉到中国大陆、台湾地区、美国、缅甸和泰国的政治利益。

第一，从中国的角度来看，这支军队不断攻击中国边境城镇。这些武力干扰不但对当地生产造成不利影响，甚至还威胁到共产党新政权。因此，中国政府认为有必要清理该地区的国民党军队残余势力；第二，从长远看，台湾的蒋政权想要这支军队成为“光复大陆”的前线力量，认为至少这支军队对共产党政权的破坏性可缓解台湾方面的压力；第三，20 世纪 50 年代，国际政治舞台上共产主义和资本主义两大阵营竞争激烈。美国作为资本主义阵营的主导者，试图用尽一切办法扼杀新中国。因此，美国政府秘密支持这些国民党余部，防止东南亚地区共产主义势力的扩散；第四，因为他们与缅甸反政府武装关系密切，缅甸政府认为这支外国军队对其国家安全构成巨大威胁；第五，泰国政府认为该军队乃抵御

---

① 新村村委会：《差巴干县新村建村史略》（*The Brief History of New Village at Chaiprakarn County*）手稿，泰国清迈府差巴干县，2002 年，第 245 - 246 页。

② 现在指本文初稿完成当年（2004 年）。

共产主义扩张的免费屏障，因此对国民党军队的行动保持沉默，但也谨慎观望其一举一动。[①]

1953年，缅甸政府对国民党军队滞留缅甸提出控诉。1953至1954年，台湾当局不得不将部分军人撤回台湾。第一次撤退后，台湾当局发表声明，与仍然驻扎在缅甸和泰国的国民党军队脱离关系。然而，台湾当局实际上还在秘密资助这些军队，以保留其在中缅边界的反共基地。这些军队被重新整编并命名为"云南人民反共志愿军"第一至五军。缅甸政府为此再次向联合国提出抗议，最终导致1964年的第二次撤台。自此，台湾当局终止援助仍然坚持驻扎在缅甸和泰国的军队。选择留在缅甸和泰国的军人大部分是三军、五军的官兵，这支武装力量从此成为"孤军"。

为避免与缅甸军队发生冲突，孤军撤退到了缅泰边境地区的丛林中。与此同时，他们还须与不同的政治势力进行谈判。这是一个异常艰难的时期。一位老兵回忆道："那段时期，对每个人来说都是非常艰难，我们甚至不知道我们到底在为谁打仗。对于我来说，唯一重要的事就是每天早上醒来的时候，确认自己还活着。"为了生存，三军、五军派出数百名士兵护送马帮。之后，这两支军队开始自己做生意，其贸易大部分与鸦片有关。通常情况下，他们将鸦片和玉石由缅甸销往泰国，再把泰国的服装和商品运回缅甸销售。

国民党军队的存在也引起了泰国公众的焦虑。泰国政府周知三军、五军，要求他们放下武器，否则必须立即离开泰国。但泰国政府的态度实际上十分矛盾，在强迫军队做出决定的同时，也尝试与之谈判并给予其足够的机动空间。其实，泰国政府想要利用这些军队清剿泰国北部的共产党武装，同时迫使其听命于泰国政府，最后使其融入泰国社会。出于生存需要，三军、五军同意向泰国政府提供军事援助，帮助他们剿除泰国共产党武装力量。战争持续了十年（从20世纪70年代到80年代），泰国共产党武装力量最终被击败。国民党军队受到泰国国王的嘉奖，军人获得泰国公民身份，作为交换，他们必须向泰国政府上缴武器。经过深思熟虑，他们决定放下武器，解甲归田。

这些国民党军队的组成非常复杂。早期，许多居于边境地区的云南人逃离村庄，他们中的一部分人在缅甸北部加入国民党军队并受训，其他则在中国的国民党军校受训，军队肩负着"光复大陆"的使命，并相信台湾当局会支援他们。还有一些为伺机反攻的地方武装力量以及在中国受到迫害的人，除此以外还有战争难民跟随军队，且这是他们逃生的最好方式。然而，无论这些人心态、动机多么迥异、复杂，军队建制与作用都使之联合起来，组成了一支团结、高效的部队，这对他们在战争时期的生存而言至关重要。

---

① Martin Smith, *Burma: Insurgency and the Politics of Ethnicity*, New York: Zed Books, 1999, pp. 122–136, 198–219.

1954 年和 1964 年两次撤台之后，剩余的国民党官兵和眷属逐渐成为泰国一个独特的社群，这支武装力量也被称为“云南军”。许多官兵彼此为亲戚或同乡。这些联系和经历对他们之后在泰国北部的生活有着重大影响。这些原国民党军人在中国出生成长，深受华人忠诚、孝顺的传统价值观影响，而军事训练则进一步强化了这些思想。他们将三军、五军视为“大家庭”，对李将军和段将军①绝对服从。② 除了传统道德规范，庇护关系也强化了军队的等级制度。在军队中，李将军和段将军位于顶层，士兵位于底端，而位于中层的军官既是上层军官的“侍从”，又是底层士兵的“庇护人”。

无疑，军事训练和战斗经历强化了这些军人的国家意识，共同记忆则增强了他们的文化认同。然而，他们对自身的认同却是矛盾、复杂的。尽管他们其中部分人已成为泰国公民，但他们更愿意认同台湾方面，因为他们曾经是这一政权下的军人。同时，他们十分感激普密蓬国王恩准其在泰国北部定居。一些村民仍在家中悬挂孙中山先生像；但也有一些村民抱怨国民党将其抛弃在异国他乡。当然，他们并不否认台湾对新村发展给予的经济援助。2000 年，国民党在台湾地区领导人选举中失败，他们颇感失望。他们坚持认为台湾是中国的一部分，并且公开批评陈水扁的“台独”政策。他们对中国大陆的情感同样矛盾、复杂。他们在中国出生成长，眷恋祖国，但无法消除中国大陆的政治运动（如土改运动）所带来的痛苦记忆。不过，他们对如今中国大陆的经济成就大加赞扬。

1978 年，中国实行改革开放政策之后，一部分第一代云南籍华人踏上返乡之旅，回到他们曾经生活过的地方，寻找他们失去联络近半个世纪的亲人。随着时间流逝，他们对家乡的感情也发生了变化。他们在中国的家乡，已经成了一个远离现实的故乡。新村里的一些老人告诉笔者，他们大多数人曾经都有一个共同的心愿，那就是回到中国，与亲人重聚，给先人扫墓。然而，当他们真的重返云南的家乡，却发现那里已经不再是他们能够回去的地方。正如一位老村民对我说的那样：“我回到中国的家乡，看到了姐姐和外甥们，我非常激动。他们对我非常好，把我当作贵宾一样招待。可是，家乡已经不再有‘家乡’的感觉了。对中国的亲人来说，我就像一个‘外人’，像一个熟悉的陌生人。毕竟我离开中国已经五十年了。”

特殊的人生经历，使泰北第一代云南人形成了自身的认同，并深植于他们的自我意识之中。他们长住新村，很少外出。在村里，他们讲云南话，直到最近，他们才开始讲一点点泰语。他们仍然保持着云南的饮食习惯，按照云南风俗庆祝节日。“华人属性”对他们而言，意味着保持云南传统的生活方式。他们轻视泰

---

① 总的来说，在泰国北部，清迈府华人村落属于三军李将军的管辖范围，清莱府的华人村落则属于五军段将军的管辖范围。

② Wen-Chin Chang, “Identification of Leadership among KMT Yunnanese Chinese in Northern Thailand”, *Journal of Southeast Asian Studies*, 2002, Vol. 33, No. 1, pp. 123 -46.

族，将其称为“猓猡”。① 他们认为泰族贪图享乐，不为将来打算。他们很少与当地泰族来往，很清楚自己只是侨居泰国北部的云南人。

2. 第二代：定居与发展

1964 年新村建立时，泰国政府同意村民可暂时在泰国北部居住，但并不允许他们在村寨范围以外活动。村寨由自治会控制和管理，会长由李将军任命。村民与外界几乎没有联系，他们的孩子在军队建立的华文学校上学。在动乱年代，自治会实行的军事管理在保护村民、应对艰难时局与外界压力时发挥了重要作用。同时，自治会还负责村寨建设和发展。

在新村安定下来后，这些原国民党军人开始探索新的谋生之道。他们发现村寨附近的泰族和其他民族种植水稻和果树，如芒果、龙眼等。因此他们中大部分人在当兵之前都是农民，他们开始尝试在新村进行农业生产。20 世纪 80 年代，在取得合法公民身份后，他们努力扩大农业生产。第二代泰北云南人在开拓农业生产中发挥着重要作用，他们开荒辟林，用以种植水稻、番茄、芋头、生姜、荔枝和柑橘。除了种植荔枝和柑橘，满足市场需求之外，村民还种植新的蔬菜品种，如卷心菜、生芋、萝卜、青豆、葫芦等，这些都是他们过去在家乡种植过的农作物。

在这段时间中，村民利用他们在耕种、梯田、灌溉和土壤保持等方面的丰富知识建立起可持续的农业生计。② 他们扩大了山地农业的规模，因此加大了对劳动力的需求。在此区域中，还居住着许多其他人群，如“山地部族”、佤族、掸族、克伦族和孟族等少数民族，其中部分人是为了逃避缅甸的政治动荡和内战。这一切使得新村成为一个复杂的“民族万花筒”。③ 正如 Hill 所言，“云南人本身就生活在文化和语言多样的省份中，从这方面来看，泰国北部并没有太大不同。”④ 这些经历使得村民易于从少数民族和难民中雇用劳动力。

在村里的水果种植中，族群互动特征显著。一些村民告诉我，他们是从万养的潮州人（泰国最大的华人群体）那里获得荔枝树苗，万养距离新村大约十公里。20 世纪 80 年代，村民成功种植荔枝后，潮州商人前来采购，并运输到清迈

---

① 这个称呼暗指落后和野蛮，参见 Ann Maxwell Hill, *Merchants and Migrants: Ethnicity and Trade among Yunnanese Chinese in Southeast Asia*, New Haven, CT: Yale University Southeast Asia Studies, 1998, p. 112。

② Shu-min Huang, “Building a Sustainable Rural Livelihood in Banmai Nongbua: A Chinese Diaspora Community in Northern Thailand”, *Taiwan Journal of Anthropology*, 2005, Vol. 3, No. 2, pp. 1 – 21.

③ Shu-min Huang, “A Chinese Diasporic Community in Northern Thailand: Contested Political Loyalty and Shifting Ethnicity”, in Tan Chee-Beng, ed., *Chinese Transnational Networks*, London and New York: Routledge, 2007, pp. 172 – 190.

④ Ann Maxwell Hill, The Yunnanese: Overland Chinese in Northern Thailand, in John Mckinnon and Wanat Bhruksasri, eds., *Highlanders of Thailand.*, New York: Oxford University Press, 1983, pp. 123 – 33

和曼谷市场销售。之后引入的柑橘种植，也经历了类似的发展模式。① 实际上，潮州商人善于与供应商建立联系，通过帮助生产商建立他们的市场网络，而对于村民来说，这正好是发展山地农业的大好机会。

20 世纪 80 年代，获得泰国公民身份的村民开始和外部世界有了更多的接触，包括与台湾恢复联系。实际上，从 20 世纪 60 年代开始，一些台湾新闻记者就已经造访过这些难民村，并报道了这些原国民党军人及其眷属的艰难生活，② 引发台湾公众对台湾当局的批评。为应对公众的强烈抗议以及来自原国民党军人的诉求，1982 年，台湾当局委托一个半官方组织——“中国大陆灾胞救济总会”（简称“救总”），负责制定对“孤军”的援助计划。

此后，村里的政治也发生着变化。合法身份的获得（泰国公民身份或永久居留权）加速了村民的流动；他们可以在泰国，甚至全世界自由旅行，而不需要任何军事保护。“大家庭”不再是过去战争时期的紧密团体。村民，尤其是年轻一代，现在可以根据个人或家庭利益自由选择自己的生活方式。这也导致了建立在军队等级制度上的庇护关系的衰落。

来自台湾的经济援助对新村建设发挥了重要作用。村里面大部分的基础设施，包括道路、变电站、学校和医院的建设，都得到了救总的援助，对华文教育方面的资助尤值一提。在三军、五军领导与救总的共同努力下，台湾方面承诺给予部分原国民党军人后代免费进入台湾大专院校就读的机会，此外还为新村提供免费教科书以及免费培训教师。因此，一些第二代年轻村民以侨生身份赴台湾学习，其中一些学生毕业后留在台湾工作和生活。令人遗憾的是，1988 年李登辉担任台湾地区领导人后，援助开始减少。而在陈水扁执政期间，年轻一代村民赴台留学更加困难。但无论如何，与泰国、中国大陆和台湾之间的联系极大地影响了村民的日常生活。

第二代村民认为他们与泰族不同，主要表现在：①他们更娴熟地掌握农业技能，拥有更丰富的农业生产经验；②他们珍视土地，视其为生存基础，辛勤耕作；③他们重视建立以家庭和族群为基础的人际关系，并将之视为社会资本。我在田野研究中经常在村里听到这样的说法：

> 20 年前，我们给泰国人和一些少数民族打工，租种他们的田地。20 年后，我们买下了村庄周围几乎所有的土地。现在，泰国人和少数民族来给我们打工。他们不看重土地，贪图享乐，不为将来做打算，和那些山地民族一样。

---

① Shu-min Huang, “Building a Sustainable Rural Livelihood in Banmai Nongbua: A Chinese Diaspora Community in Northern Thailand”, *Taiwan Journal of Anthropology*, 2005, Vol. 3, No. 2, pp. 1 – 21.

② 曾艺：《滇缅边区游击战史》，台北：史政编译局，1964 年；柏杨：《金三角·边区·荒城》，台北：时报文化出版事业有限公司，1982 年；赵滋蕃主编：《神秘金三角风云》，台北：采风出版社，1982 年。

另一方面，与泰族的交往和互动也使村民意识到，尽管他们效忠泰王，也在泰国生活得不错，但没有真正融入泰国社会中。由于泰北云南人过去曾为军人且从事贩毒活动，泰国政府仍然对他们怀有戒心。村民依旧担忧他们在泰国的生活，称其为“借土养命”。万先生，曾任自治会会长，在新村经营食品加工厂，生意蒸蒸日上。然而，2002 年，泰国政府以怀疑他的生意与毒品贸易有关为由，查封他的工厂，调查持续两个半月，没有得出任何结果。最后，泰国政府不得不将万先生的财产还给他。但由于调查期间工厂无法运转，错过了销售旺季。万先生因此损失 3 000 000 铢（合 75 000 美元）。以下为我就此事对他的采访：

笔者：政府为什么会怀疑你？

万先生：我也不清楚，可能是因为我的生意越做越大，招人嫉妒吧。还有，我的工厂建在金三角。

笔者：政府有赔偿你的损失吗？

万先生：怎么可能和政府谈赔偿，在这种情况下，能够拿回我的财产已经是最好的结果了。（沉默片刻之后）我们现在住在泰国北部，虽然发展得不错，但只是借土养命而已。由于我们特殊的历史背景，泰国政府总是怀疑我们的忠诚。

简而言之，第二代华人大多出生于缅甸和泰国。他们在战火纷飞的岁月中成长，最后在泰国北部安顿下来。军事管制下的生活、华人传统文化以及对当地环境的适应都影响着他们的社会化历程。在早期，身份不合法与不断迁移的危险使之难以融入泰国社会。直到 20 世纪 80 年代获得泰国公民身份后，他们的生活方式与认同构建才发生较大转变。这也源于泰国地方政治的改革，及其与外部世界建立起的联系。

第二代村民知道他们不可能回到中国发展。军队建制传统及在泰国的生活经历使其认同复杂、多样。新村的第二代云南人如今已是泰国公民，效忠泰王，但他们仍视自己为生活在泰国北部的云南人。他们既坚持华人传统观念，又积极适应当地环境；他们非常重视孩子的双语教育，期望下一代可以在泰国拥有美好的前程。这种态度也影响了第三代的社会化过程，尤其在其孩提时代。

3. 第三代：留守或出走

现在新村的年轻人已是第三代，他们出生于泰国，生活环境与前两代人完全不同。他们成长于和平年代，双语教育影响着他们的文化认同。首先，泰国政府要求他们必须学习泰语和泰国文化。泰文学校的管理依据泰国政府的相关政策规定进行，在法定节日，学校会放假庆祝，如佛诞、泰王及泰王后生日等；其次，他们晚上在中文学校念中文，诵读中国古典文学，学习传统美德，如诚信、友善和孝顺等；第三，他们在日常生活中讲云南话。他们从父母和祖父母那里知道祖先来自何处，知道他们在中国有一个“想象”的家乡，在那里还有一些仍然在世的亲戚。他们庆祝春节、中秋节和华人其他的传统节日。新村的年轻一代在泰国与华人文化的环境中逐渐成长。

20 世纪 90 年代初，台湾当局停止向“孤军”提供经济援助，同时，台湾大专院校的录取要求也变得非常严格，结果导致许多年轻村民无法赴台继续深造。不仅如此，受 1997 年开始的亚洲金融危机影响，毕业于台湾各大学的年轻村民也不像以前那么容易找到工作。不过，现在许多村民在台湾都有亲戚，所以他们不断往返于泰国和中国台湾之间，做生意或探亲访友。这样一来，他们就仍然怀有去台湾寻找更好机遇的梦想。

进入 21 世纪后，泰国经济逐渐复苏，泰国政府积极引进外资，而中国台湾、香港和大陆成为外资的重要来源。如今，泰国成为中国人热衷的旅游地，因而需要大量的翻译人才充当文秘和导游。泰汉双语人才的收入是普通人的两倍，这就是如今新村年轻人热衷学习中文的重要原因：

学生 A（男）：“村里没有什么好机会。我之前想去台湾，但家里经济不允许。现在我准备毕业后去曼谷找工作。据说当翻译的工资很高。”

学生 B（女）：“我有三个兄弟、三个姐妹，只有一个还在家里，其他都去了曼谷和泰国南部。我父母希望我努力学习，然后去曼谷上大学，跟哥哥姐姐们住在一起。”

高同学现今 20 岁，刚从新村中文学校毕业，在曼谷一家公司上班：

如果你会说汉语和泰语，就很好找工作，工资也很高。我老板是台湾人，我们公司有一名泰国女员工，她毕业于泰国一所大学，但不会说中文，因此她每个月工资只有 6 000 铢，因为我会说两种语言，工资是 12 000 铢。

大多数年轻村民会去清迈和曼谷寻找机遇，因为那里“更加有趣”。泰语流利且熟悉泰国文化乃其优势所在，有时候他们认为自己就是泰国人。他们的价值观念也在发生变化，比如，他们对华人民间信仰和传统节日不再感兴趣。尽管如此，家庭生活和中文教育仍使一些华人传统得以传承。在华人心里，赡养父母的观念根深蒂固，在外工作的年轻村民会给父母寄钱。他们普遍与新村保持着联系，尤其是父母仍居住在那里的人。然而他们对未来的期望却是远离泰国北部的乡村生活。如下为对叶女士的访谈：

我丈夫和孩子住在曼谷，我以前也在那里工作。现在我回到村里是为了照顾父母。父母过世后，我们就不会经常回来了。有些人在父母过世后就卖掉房子。

在城里工作，我们很少有时间回来。我们想接父母到城里跟我们一起住，但他们不愿意。

随着地方化进程不断继续，年轻村民对中国大陆和台湾的认识与想象也发生着转变。他们倾向于将泰国视作自己的祖国。因此，中国就成了想象的家园，甚至是外国。他们心目中的中国是一个经济高速发展的国家。事实上，他们从电视和报纸上知道故宫、长城和台北夜市，这些对他们更有吸引力，而不是那仅存于想象中的、从未踏足过的故乡。他们对中国大陆和台湾的认识更多是通过大众媒体和朋友讲述建立起来的。

并非每位离开新村到城市里寻求财富的年轻村民的奋斗之路都一帆风顺。在城市里，他们从事职员、翻译、导游、服务员和售货员等工作。一些年轻村民告诉我，新村外面的生活和他们期待的完全不同。一位年轻村民说："一年前我在曼谷找到第一份工作，我很兴奋，时常在周末到处闲逛。而现在，我每周必须工作六天甚至更多，才能跟得上市场的激烈竞争。我感到很累，不工作的时候只想睡觉。"一位在曼谷工作了三年的女士怀疑自己在这里是否具有归属感。首先，她知道虽然自己会说泰语，但并不是泰国人；其次，她感到自己和其他华人，如潮州人、广府人、客家人在方言、生活方式和移民模式上都有不同。然而，当她回到新村时，却发现再也不能适应那里的乡村生活。尽管如此，很多在城里工作的年轻村民还是经常在公共假日——尤其在华人节日期间回到新村，因为那是他们生长的故乡，在那里他们度过了无忧无虑的童年。他们感到自己属于那里，尤其是跟冷酷而陌生的外部世界相比的话。

"霍"① (Haw) 所蕴含的消极意义也成为年轻村民融入泰国主流社会的障碍。"霍"原指行走于云南和东南亚之间的中国马帮。② 在泰国北部，该词带有侮辱的含义，意为"粗鲁的华人"。Hill 指出，过去三十年间，尽管云南籍华人努力争取泰国社会认可他们为华人，而非"霍"，并通过各种方式建立他们在泰国的合法地位，③ 但泰族和其他华人依然对云南籍华人持有偏见，后者因此有时会刻意隐瞒他们的云南人身份。笔者曾与一些云南富商有过交往，他们都是从新村迁徙到曼谷。笔者留意到，他们通常讲泰语，偶尔说中文，很少谈及他们的出生地，而喜欢谈论教育背景、生意、事业以及与其他华人结交的好处等话题。公司经理杨先生讲述了他的感受：

---

① 泰国人把居住在泰国北部清迈、清莱和南邦府的华人叫做"和" (Haw) 或"秦和" (Chin-Haw)。大多数"钦霍"人说云南话或中国普通话，也夹杂一些泰北地区的方言。

② Ann Maxwell Hill, *Merchants and Migrants: Ethnicity and Trade among Yunnanese Chinese in Southeast Asia*, New Haven, CT: Yale University Southeast Asia Studies, 1998, pp. 33－62.

③ Ann Maxwell Hill, *Merchants and Migrants: Ethnicity and Trade among Yunnanese Chinese in Southeast Asia*, New Haven, CT: Yale University Southeast Asia Studies, 1998, pp. 130－141.

一开始，泰国人和其他华人并不信任我，一部分原因是我的军人背景。再有就是一些人仍把云南人看作冒险者，他们觉得大多数云南商人是通过玉石，甚至毒品生意富起来的。这种观点显然有偏见，也很荒唐。我们当然知道做玉石和毒品生意非常危险，即便个别人从这种生意中赚了钱，但对他而言最好的做法还是尽快转向合法生意。

新村现在发展很好，第三代年轻人已无法想象其父辈和祖辈如何度过那战火纷飞的年代。对他们而言，国民党军队、马帮和贩毒只不过是祖辈的传说而已。如今，大多数村里的年轻人会去外面寻找机遇，谋求更好的生活。新村的个人经历和共同记忆、在外界经历过并将继续面对的艰难困苦、与各族群之间的交往与互动等，一起塑造着他们的自我意识和族群认同。

（二）族群形成中的文化与认同

以上阐述了原国民党军人及其后裔形成云南人社群的过程，对其中的年轻人而言，他们归属泰国，同时视自己为华人。华人认同的变化不仅体现在他们的情感里，也反映在可察的文化实践中，陈志明将其称之为认同建构的客观层面。① 这些文化实践根植于他们的日常生活中，通过各类与宗教相关的象征与活动、教育和民众生活方式体现出来。该族群中的每一代人都经历了不同的社会环境，都有自己的生活方式和认同感知。接下来，笔者将讨论新村云南人与认同表达相关的仪式与教育活动。

1. 婚丧礼仪

新村的婚礼融合了多种社会文化元素，总的来说，主要为滇西一带的风俗——“打歌”，这种风俗是为了让新人和来宾在享受欢乐气氛的同时，感受他们自身的文化，即“我们云南的风俗”。事实上，基于各自经历，不同代际的村民在婚礼中的关注点亦有所不同。

一些老年村民能背诵很多打歌歌词。这些歌词往往强调传统美德和规训，如新娘应孝敬公婆，夫妻应彼此相爱、勤俭持家等。此外，老人通常更在意婚礼仪式中的细节，如新人应按照家庭成员长幼顺序给双方亲戚磕头献茶，双方亲戚则会以礼物回赠新人（通常是红包）。这些仪式也确立了新人在日常家庭生活中的角色和地位。

实际上，新人和其他年轻人都不熟悉传统仪式，他们只是按照老一辈的指导行事。他们大多数人虽然随着歌声跳舞，但并不明白歌词所表达的确切含义。没

---

① Chee-Beng Tan, *The Baba of Melaka: Culture and Identity of a Chinese Peranakan Community in Malaysia*, Petaling Jaya (Malaysia): Pelanduk Publications, 1988, p. 4.

有多少年轻人想学习弹奏传统乐器，或向老一辈村民学习打歌。打歌结束后，他们就把音乐换成中国的流行歌曲。年轻人更喜欢谈论新人穿着的西式婚服，以及讲述他们的爱情故事。

与婚礼的欢快气氛相比，葬礼则显得沉静肃穆。葬礼通常由老人和宗教专家（泰国和尚、道士和占卜者）主持。人们会祭天、祭祖和祭亡灵，伴以相关的象征仪式，让参加葬礼者感受到过去和现在之间的联系。因此，葬礼可以强化社会秩序，确定个体身份。即便年轻村民不明白仪式意义，但参加葬礼的过程实际上巩固了该族群的集体认同。

不过，很难期望年轻村民（第三代）尤其是那些已经移居城市的年轻人，能坚持这些文化实践。如果没有宗教专家的指导，他们就无法举行这些复杂的仪式。一些年轻村民表示，一旦离开新村就会放弃这些习俗。尽管如此，这些仪式已然成为一种影响其认同形成的社会记忆。

2. 岁时节庆

华人属性充分体现在依照农历举行的岁时节庆中。例如，村民供奉华人传统神灵——观音和关帝；过春节和中元节等传统节日，同时会祭拜祖先。同样，这些节日由老一辈村民组织并主持，大部分年轻村民只是参与但并不理解其中的意义。不过，对于后者而言，至少他们能模糊地认识到这些仪式乃云南传统习俗，自己有责任将其代代相传。

新村建立后，村民就建起一座观音庙，此庙很快就成为村民们举行宗教仪式和集会的公共场所。庙里有座神龛，据说供奉的神灵是一位军人。神龛的建立显然是为了宣传中华文化最重要的美德——孝道。据传，当年国民党军队撤退至中国大陆边境时，这位军人不得不奉命离开家乡，离开家里年迈的老母亲。在泰国北部安定下来后，他只身返回云南，把母亲接到泰国，为其养老送终。如今，老一辈村民讲起这个故事，依旧讲得活灵活现。

这个故事真实与否并不重要，它之所以被村民传颂，是为了强调华人的传统道德，共享其对战争苦难的集体记忆。有趣的是，年轻村民几乎没人听说过这个故事。当我向他们讲述这个从老一辈村民那里听来的故事时，他们反应冷淡，甚至觉得荒唐。对于这些没有当过兵，没有在异乡闯荡过的第三代年轻村民而言，想要让他们理解这样的故事，的确比较困难。

对国民党阵亡将士悼念活动的日益减少也体现了文化习惯的变化及华人认同的淡化。在重建家园初期，李将军规定每年都要悼念阵亡将士，他修建了忠烈祠，用来安放阵亡将士灵位，此举的目的在于强化群体的归属感与凝聚力，以及李将军自己的权威。然而，随着以军队为基础的庇护关系逐渐减弱，村民逐渐将去忠烈祠悼念视作李将军博取支持的手段。现在，几乎没有村民去祭拜那些逝去的军人。一些年轻村民甚至从没去过那里，在他们眼里，那只是一座远离自己生活的历史遗迹而已。

3. 教育与认同

教育对泰北云南人的认同形成也有很大影响。正如陈志明所言，"有不同的华人文化类型，因而就有不同的华人认同。对具备中文读写能力的华人而言，能说会写中文对于保持华人文化和族群认同至关紧要"。[①] 我在新村期间常听到这样的说法，"哪里有军队，哪里就有中文学校"。村民们对中文学校深感自豪，并把中文教育视作生活的重要组成部分。然而，随着社会的变迁，不同代际的人们对中文学校的态度也发生了变化。

在中国大陆成长的第一代云南人高度重视中文教育。他们认为这不仅可以传授中文语言和文学知识，还能薪传诚实、守信和孝顺等价值观。这些观念也深刻地影响了第二代云南人，他们把学习中文视为加强社群团结，应对外部挑战的方式。此外，在20世纪80年代初，他们有机会赴台深造，因此，这一代村民学习中文的动机更加明确。即便在泰国政府为推广同化政策而关闭中文学校时，他们也没有放弃学习中文。但是，随着台湾停止教育援助，这些年轻人赴台求学的梦想也随之破灭。

然而，随着泰国经济复苏，越来越多的中国商人开始考虑在泰国投资，同时前往泰国旅游的中国游客数量急速增长。由于泰国劳动力市场对双语翻译和导游的需求增长，因此泰国政府放松了对中文教育的限制，这对泰国的中文教育产生了有益的影响。

如今，年轻人普遍接受双语教育，白天学习泰语，晚上学习中文。如上所述，村民们已充分认识到双语教育的好处。第三代云南人身处泰国文化和中华文化之中，所以他们从小就开始接受双语教育。一方面，他们生长在华人家庭，从中文课本里学习华人的价道德伦理与价值观念；另一方面，泰文学校里各种各样的国民礼仪，如唱国歌、庆祝法定节日等，已将年轻一代云南人纳入泰国"想象的共同体族群"。在地方化和社会化进程中，这一代人结合了不同的社会文化影响，形成了更加多元、复杂的认同，所以他们的选择也更加灵活多样。

三、结语：构建多重认同

本文探讨了泰北云南人从国民党"孤军"逐渐发展成扎根泰国的华人族群的过程。他们在日常生活中构建起一种复杂、多层次的认同。他们在不同的社会环境中选择并呈现不同的认同特征。正如 Coughlin 所言，他们在不同层面认为自己既是华人又是泰人。[②] 对于成长在多元文化背景下的新一代，在其生活和族群

---

① Chee-Beng Tan, *The Baba of Melaka: Culture and Identity of a Chinese Peranakan Community in Malaysia*, Petaling Jaya (Malaysia): Pelanduk Publications, 1988, p. 41.

② Richard Coughlin, *Double Identity: The Chinese in Modern Thailand*, Hong Kong: Hong Kong University Press, 1960.

属性方面，他们拥有更加灵活和情景性的选择，这也使其主体性与认同建构变得更为模糊。作为受益于全球文化流动与跨国连接的寓居群体（diaspora），他们热衷于寻找到他们自己的、新的生活方式。对他们而言，城市和乡村、文化和地域、民族国家和疆界之间的界线已变得模糊。①

族群形成具有历时性维度，为我们提供了理解族群认同变迁的路径。这尤其适用于整合根基论与工具论——既强调文化既定资赋（culturalgivens）的影响，又突出自我利益的理性选择，以此剖析族群主体认知的复杂性。基于他们在居住国各自不同的生活经验，族群成员会根据不同的社会文化背景彰显或隐匿其认同。而这一切都根植于个体的社会化过程中。

总而言之，如今泰北云南人的新生代生活于泰国社会，不难理解他们的自我认知将有别于父辈或祖辈。他们不再像从前的国民党军人那样怀念在云南的故乡，也不会对如今台湾的国民党产生情愫。他们是出生于泰国的华人，将在泰国以及中国大陆与中国台湾的更大的空间中寻找发展机遇。

---

① Akhil Gupta and James Ferguson, “Beyond ‘Culture’: Space, Identity, and the Politics of Difference”, in Jonathan Xavier Inda and Renato Rosaldao, eds., *The Anthropology of Globalization*, Malden, MA: Blackwell Publishers, 2002, pp. 68 - 69.

海外华社与中外文化交流：角色、实践与路径思考*

文　峰

一、引 言

文化作为一个国家或民族精神力量的集中反映，是物质力量的一种折射和体现，也是一个国家综合国力的重要标志。其战略地位已随着国际竞争重点的变化而进一步凸显，不同文化之间的比较和竞争也日益成为国际竞争的重要内容。冷战期间，两极对抗，东西方国家之间的文化交流受阻，相互之间缺乏理解，产生了许多误会。20 世纪 90 年代以后，随着冷战结束，意识形态的斗争退居次位。同时，全球化、一体化进程加速，各国文化交流日益增多。国际间文化软实力的竞争日趋激烈，文化因素日益成为经济发展的重要引擎和支柱。在国际竞争大环境中，广大发展中国家总体上处于弱势地位，在文化发展上也面临严峻挑战。保持和发展本民族文化的优秀传统，大力弘扬民族精神，积极汲取世界其他民族的优秀文化成果，实现文化的与时俱进，是关系广大发展中国家前途命运的重大问题。

2007 年，党的十七大报告提出，要加强对外文化交流，吸收各国优秀文明成果，增强中华文化国际影响力。① 2011 年，党的十七届六中全会通过了《中共中央关于深化文化体制改革推动社会主义文化大发展大繁荣若干重大问题的决定》，制定了“推动中华文化走向世界”的发展战略。2012 年，党的十八大报告进一步提出，发挥市场在文化资源配置中的积极作用，创新文化走出去模式，推动中华文化走向世界。开展多渠道多形式多层次对外文化交流，支持海外侨胞积极开展中外人文交流，广泛参与世界文明对话，促进文化相互借鉴，增强中华文化在世界上的感召力和影响力，共同维护文化多样性。

为国家大局服务和为侨胞服务，推动党和国家事业以及侨胞事业又好又快发展，是侨务工作科学发展的根本目标。2013 年，现任全国政协副主席、原国务

---

* 本文是国家社科基金重大项目“海外华人社区文化传承机制研究”（16ZDA220）的阶段性研究成果。作者：文峰，暨南大学华侨华人研究院副研究员。

① 胡锦涛：《党的十七大报告》，新华网，2007 年 10 月 24 日。

院侨办主任李海峰在《求是》上撰文指出，坚持把发展华文教育、促进侨团团结、加强华文媒体宣传作为基础工作，增强中华儿女的凝聚力和向心力，引导广大侨胞在融入当地社会的同时，积极弘扬中华文化，加深同各国人民的友谊。要深化对侨务工作发展任务的认识，适应新形势新任务新变化，重视在维护和促进祖国统一、拓展侨务公共外交、增强国家文化软实力等方面服务，而广大的海外华侨华人无疑将在推进实施侨务工作目标中发挥不可替代的独特作用。[①] 近年来，国家进一步认识到海外侨胞在中外交流中的独特作用。国务院在《国家侨务工作发展纲要（2011—2015）》中，把拓展侨务公共外交列为中国侨务工作的重要任务之一，并特别提到要重视海外华人社团的作用。[②]

长期以来，华人社团、华文教育、华文媒体被称为海外华社“三宝”，其中海外华人社团是华人社会最重要的组织。它对帮助华侨华人融入当地社会，加强合作团结，维系各种关系，保护自身权益等方面发挥了积极重要作用。随着海外华人经济向本地化、集团化、国际化发展，各地华人社团也开始了大联合。华人社团组织和活动日趋国际化，出现了跨国华人宗亲和同业组织，频繁举办全球性的联谊活动。敦睦乡谊，弘扬中华文化，推动与当地社会交流等，是很多海外华人社团的重要宗旨。它已经成为开展中外文化交流的重要组织、实现文化传播的有效平台、培养文化传播骨干的主要摇篮和国际文化交流的有力中介。与此同时，随着海外华侨华人人数增多，社团数量也急剧增加，种类更加繁多。但部分社团之间关系复杂，甚至互相争斗，破坏团结，严重影响了中国的海外形象，阻碍了文化软实力的进一步提升。

因此，在当前国家文化战略调整的大背景下，加强对海外华人社团在中外文化交流中的研究具有时代紧迫性。针对其实践经验、困难、问题及路径建构等方面的研究对推进中外文化交流战略的实施具有重要的现实意义。

二、海外华人社团参与中外文化交流：理论依据和角色优势

（一）理论依据

1. 文化与对外文化交流

据不完全统计，关于文化的定义有 400 多种，仅在英美著作中出现的就达 150 多种。[③]

我国著名学者张岱年教授认为：“文化是人类在处理人和世界关系中所采取的精神活动与实践活动的方式及其所创造出来的物质和精神成果的总和，是活动

① 李海峰：《谱写侨务工作新篇章》，《求是》2013 年第 6 期。

② 全国侨务工作会议首提“侨务公共外交”，http：//www.chinanews.com/zgqj/2011/10 - 21/3406592.shtml。

③ John Tomlinson, *Cultural Imperialism : A Critical Introduction*, Baltimore , 1991, p. 4.

方式和活动成果的辩证统一。"[①]"交流"指人与人之间的互动与沟通。对外文化交流指的是在文学、艺术、宗教、教育、科学、卫生、新闻、出版、体育、旅游等诸多具有文化性质的领域内所进行的国际交流活动。[②] 广义的文化交流体现为国家与国家不同主流文化之间的交流、同一国家内主流文化与亚文化之间的交流、同一国家亚文化之间的交流等。狭义的文化交流是指国际间不同文化的交流与往来。本文倾向于采用狭义的文化交流的概念。

对外文化交流按照组织和参与者的不同大致可分为政府对外文化交流和民间对外文化交流。政府对外文化交流完全由政府组织、策划、参与，其鲜明特征是政府主导；民间对外文化交流则由人民团体、社会组织和民间力量共同或单独实施。这种文化交流具有先行性、相互性、长期性等特点，旨在推动国家之间和人民之间的长期信任，以维护国家的长远利益。[③] 在当今全球化背景下，文化交流应该是平等的、双向的交流过程。哈贝马斯曾经指出："不同的文化类型应当超越各自传统和生活形式的基本价值的局限，作为平等的对话伙伴相互尊重，并在一种和谐友好的气氛中消除误解，摈弃成见，以便共同探讨与人类和世界的未来有关的重大问题，寻求解决问题的途径。这应当作为国际交往的伦理原则得到普遍遵守。"[④]

主权国家开展文化交流一般有四个层次的目标：第一层次，增进了解，使别国民众认识自己，并不断更新对自己的印象；第二层次，增进理解，塑造对自己的积极认知，并让其民众从该国的角度去看问题；第三层次，接触民众，通过对民众的接触使他们将自己视为旅游、学习、购物的理想之地，并且认同自己的价值观；第四层次，影响别国民众的行为，获得别国的投资以及对自己的支持，以此使得别国的政治家改变政策，最终成为自己的盟友。[⑤] 中国是文明古国，文化源远流长。但由于受文化类型的差异、实际活动范围的局限以及个人视野、消息来源、认识途径等方面的限制，加上近几个世纪以来西方文化中心主义观念以及近数十年来意识形态差异的影响，以西方为主的国外传播媒介向国外受众所提供的关于中国文化的信息带有严重偏见，导致国外受众对中国文化充满误读，进而很大程度上影响了中国的整体形象，对正在崛起的中国产生偏见、疑虑乃至恐惧。我们应该加强对外文化交流，通过种种方式向世界展示自己的文化，主动传播我们的信息，发出自己的声音，塑造自己的形象，让世界不再停留于经过国外传播媒介编制之后的信息来认识中国文化，而是通过由我们主动提供的信息来得

---

① 张岱年、陈宜山：《中国文化与文化论争》，北京：中国人民大学出版社，1990 年，第 2 页。

② 赵丕涛：《外事概说》，上海：上海社会科学院出版社，1995 年，第 91 页。

③ 许利平：《中国与周边国家的人文交流：路径与机制》，《国际政治与经济》2014 年第 4 期。

④ ［德］尤尔根·哈贝马斯、米夏埃尔·哈勒著，章国锋译：《作为未来的过去：与著名哲学家哈贝马斯对话》，杭州：浙江人民出版社，2001 年，第 265 页。

⑤ Mark Leonard，"Diplomacy by other means"，*Foreign Policy*，Sep/Oct，2002.

到对中国文化的直接了解与真切感受，在此基础上产生对中国文化的理解、认同。[①]

2. 文化认同理论

（1）海外华侨华人的“双重文化认同”。

文化与认同间有着密切关系。首先，在文化的认同上，并非所有的文化因子均可以被同化与融合的。例如：在马来西亚华人历史上，“峇峇”和“娘惹”不会说华文但保持传统的中华文化习俗；那些不尊崇民间信仰而改信天主教、基督教、伊斯兰教的人却依然说华文；那些以英语为媒介语言的年轻一代，也许不再坚守传统文化习俗和信仰，却在行为方式和态度观念上依然不放弃孝道、人情、面子、勤俭等中华文化价值观念。[②] 民族认同是一种文化认同，它是对祖籍国民族情感的保留与潜藏。华人社团源于文化的归属与现实环境下的群体选择。一个人的情感诉求力量往往是弱小的，可是如果将一群有同样情感诉求的人凝聚起来，借助一个媒介表达出来，这样的力量就会异常强大。其次，从心理学上来说，人会选择隶属于一个易于确认的群体，这是人类的一种基本需求。滨下武志指出：“华侨基于空间认识所产生的身份认同，首先是对出生地和故乡抱有强烈的‘乡里意识’。这种意识，既是个人对于故乡所抱有的归属意识，更是在移民国家的生活空间里，不可缺少的同乡之间的相互扶助，因而这种归属意识得以不断再生。”[③] 这种文化的结果便是最初的同乡会，之后华人社团的出现扩大了华侨华人社交的圈子，加强了彼此之间以及与外界间的团结互助与合作。

旅居海外的华侨华人同时遭遇祖籍国与居住国两种文化的冲击，这种冲击其实是两种文化对特定群体的抢夺，即华侨华人认同情感资源的争夺。其源于华侨华人居住国的同化与祖籍国的呼唤之间的情感争夺。[④] 在这种文化价值观的双向吸引下，哪一方面能真正有效地把握天平的重心，能更有效地影响海外侨民的文化认同？这既与居住国政治、经济、文化手段有密切联系，也与祖籍国对海外侨民的各方面政策措施有重要关系。这也是我们可以借助华侨华人开展中外文化交流的天然缘源。

（2）华人社团组织是海外华人文化认同的根基。

近代民族主义思潮推动催化了早期华人社团的活动，华人社团也是近代华侨

① 马晓明：《文化软实力视角下的中国对外文化交流路径分析》，上海交通大学硕士学位论文，2011 年。

② 杨宜音：《文化认同的独立性和动力性：以马来西亚汉人文化认同的演进与创新为例》，台北：第四届海外华人国际学术研讨会论文集Ⅲ，2001 年，第 129 页。

③ 滨下武志：《華僑史に見る社会倫理—華侨—華人—華裔のアイデンティティ》，《思想》1991 年总第 801 号，第 30、31、38 页。转自张颖：《华人社团与华人华侨文化认同探析》，《中华文化》2012 年第 3 期。

④ 张颖：《华人社团与华人华侨文化认同探析》，《中华文化》2012 年第 3 期。

华人民族主义情感的依附所在。而当代华人社团成为培养新一代华侨华人民族情结、传播中华文化、传递乡音乡情的基地。与前辈相比，新生代华侨华人对祖籍国的感情渐趋淡化。他们对于祖籍国只有残存的模糊认知。所以，尊重并重视传承以血缘、地缘、业缘为主的组织尤为重要，华人社团仍是凝聚海外华侨华人，尤其是新一代华裔的核心纽带。在新生代华侨华人具备的祖籍国认知性上，其对于中华文化的认知程度是祖籍记忆的重要参考指标。一方面，华裔族群的形成其实就意味着华侨华人将自己归类为同一性质的人。这些人都保留着对于祖籍国的记忆和想象；另一方面，这类华裔族群的记忆和想象促成、维持甚至强化成员的国族意识。因此，当代的华人社团除了从经济利益的角度来与祖籍国构建联系外，仍应重视以传统的亲缘、地缘组成的社团在传播传统文化、传递乡音乡情、建构华裔族群的爱国情结上的价值，且这种价值更需要在当代社团组织中延续发展。[①] 所以，海外华人社团在实践中能够自觉担负起文化交流中的桥梁与纽带作用，以本民族优良文化丰富所在国多元文化，起到传播中华文化的重要作用。

3. 国际治理理论

治理是一个有意识地确定政治目标并不断改变社会现状的持续过程，它所反映的价值取向，特别是非权力取向，正好符合一体化发展的需要。[②] 一个日益全球化的世界带来的是文明的、社会的、种族的、地区的和个人自我意识的升温。[③] 非政府行为体广泛而积极地参与解决全球经济和社会发展问题，被认为是可持续发展的代言人和捍卫者，在实施全球可持续发展战略方面发挥了不可或缺的建设性作用。[④] 它适应了全球化的需要，在国际社会的多个领域和全球治理的舞台上扮演着多重角色。非政府组织等次国家行为体的大量涌现，使这些组织所参与的活动范围不断扩展，促进了民主原则和治理的参与，并推动了决策的民主化进程，提高了治理的合法性和有效性。国际社会的多层级治理环境为华侨华人社团的成立及治理参与提供了宏观条件与路径。海外华人社团作为一定范围内华侨华人的群体性组织，具有共同的利益诉求和目标宗旨。海外华侨华人对祖籍国“根”文化难以割舍的情怀使得传承和弘扬中华文化成为大多数华人社团的重要宗旨之一。尤其是近年来，随着专业性的华侨华人文化社团和文化艺术机构不断增加，他们在传承、弘扬中华优秀文化方面的主导性和中坚作用更为突出，尤其是与其他族裔之间的文化艺术交流活动，推动了当地多元文化的发展和中外文化艺术的交流与合作。

---

① 张颖：《华人社团与华人华侨文化认同探析》，《中华文化》2012 年第 3 期。

② 吴志成、李客循：《欧盟治理与制度创新》，《马克思主义与现实》2004 年第 6 期。

③ Roland Robertson, *Globalization: Social Theory and Global Culture*. London: Sage, 1992, p. 27.

④ ［美］莱斯特·萨拉蒙：《非营利部门的兴起》，何增科：《公民社会与第三部门》，北京：社会科学文献出版社，2000 年，第 243 页，转引自：杨文兵、王晓双：《全球治理语境下非政府组织角色定位新探》，《学术论坛》2008 年第 4 期。

（二）角色优势

1. 当前中外文化交流发展现状

21 世纪以来，随着中国综合实力的增强和软实力发展的需要，中国在对外文化交流领域提出并采取了许多新的措施和策略，取得重大进展。第一，积极开展宽领域、多渠道的对外文化交流，推动中华文化“走向世界”。对外交流不仅要面向发达国家，还要覆盖广大发展中国家；从双边到多边，不断扩大规模和领域。[①] 第二，设立海外中国文化中心，促进世界各国近距离了解中国文化。至 2014 年底，海外中国文化中心已覆盖五大洲，总数达 20 个。按文化部规划，到 2020 年将在海外开设 50 个文化中心，覆盖全球主要国家。[②] 第三，积极举办双边或多边大型文化交流项目。中国先后与法国、英国、意大利、俄罗斯等国相互举行“文化年”“文化节”“文化月”“文化周”等大型文化活动，这些活动成为展示中华文化的重要平台。第四，设立孔子学院，积极传播中国优秀传统文化。截至 2013 年底，全世界已有 120 个国家（地区）建立了 440 所孔子学院和 646 个孔子课堂，共计 1 086 个，孔子学院已成为汉语推广和体现中国“软实力”的文化品牌。[③] 第五，打造中国文化品牌，彰显中华文化魅力。如中国传统节日春节、中秋节、端午节、清明节等。第六，积极主办国际性体育赛事，推动中华文化走向世界。此外，国家侨务部门近年来在促进文化交流方面也做了大量工作，包括国务院侨办开展的文化中国系列活动、中国侨联的亲情中华系列活动等，得到海外侨界的高度赞赏，取得了良好成效。

总之，近年来，在国家大力促进文化建设、推动文化交流的大战略背景下，国家及地方多部门积极响应，制定和实施了一系列文化措施和策略，符合我国当前对外文化交流的实际需要，一定程度上满足了各国人民对中国文化的好奇心和需求。但还存在某些可进一步努力之处，其中有三个方面值得提及。第一，重官方渠道、轻民间路径。约瑟夫·奈（Joseph S. Nye）在一篇关于中国软实力的文章中提到，中国软实力战略的最大错误是认为政府是提高中国软实力的主要力量。[④] 虽然当前中国有很多能够产生软实力的资源，但政府几乎是中国软实力转化的唯一主体。无论是文化外交、孔子学院、国家形象宣传片、对外援助还是经济外交几乎全是政府包揽。与美日相比，中国的软实力完全依靠政府在“单打独

---

① 许桂梅：《中国已同 160 多个国家和地区建立良好文化交流关系》，http：//news. cctv. com/china/20090924/103420. shtml。

② 《2014 海外中国文化中心发展建设回眸》，http：//www. mcprc. gov. cn/whzx/whyw/201501/t20150108_438362. html。

③ 《全球已建立 440 所孔子学院和 646 个孔子课堂》，http：//www. chinanews. com/hwjy/2014/04 -17/6075747. shtml。

④ Joseph S. Nye，“What China and Russia Don’t Get About Soft Power”，http：//www. foreignpolicy. com/articles/2013/04/29/what_ china_ and_ russia_ don_ t_ get_ about_ soft_ power？ page =0， 1&wp_ login_ redirect =0.

斗”。非政府行为体，如企业、非政府组织、个人、志愿者团体等几乎都少有作为，难以面对国外复杂的多元社会。第二，重“走出去”，轻“引进来”。“走出去”战略推动各种形式的文化输出。相对而言，“引进来”的文化产品较少，导致双向交流不平衡。交流应以“互动”为要，突出交流的地位，只有相互了解，才能达到交流的目的。第三，文化产品创新不足。现在能够给外国人的文化产品少之又少，除了中医中药、中餐馆、武术、京剧等传统文化之外，几乎没有新的东西可以提供给外国人。在当今全球化、都市化的时代，人们更喜欢、迷恋的可能是各种流行文化，以及与现代生活密切相关的都市文化。①

2. 华侨华人参与中外文化交流的独特优势

近年来，海外侨情发生了较大变化。华侨华人人口数量增长较快，综合素质明显提高，经济实力大大增强，社会地位不断提高，参政意识日益增强，社团组织不断增长，组织程度不断提高，这些成为我们开展中外文化交流的重要基础和独特资源。首先，广泛性是开展中外文化交流的坚实基础。目前，海外侨胞数量共计有 6 200 余万，分布在 198 个国家和地区。② 侨胞人数多、分布广、领域宽，教育文化程度和综合素质不断提高，掌握着先进技术、技能和管理经验，从事专业性、技术性、管理性工作的白领阶层越来越多，在政界、商界、科教文化界影响较大，是开展中外文化交流的独特社会基础。其次，二元性是开展中外文化交流的重要纽带。二元性体现在华侨华人的身份和文化内涵两方面。华侨和华人虽然国籍上有所区别，但都具有中华民族血脉。五千年的文化传承使海外华侨华人具有较强的民族认同感。许多外国人接触中国文化、了解中国人，都是从华侨华人开始的。华侨华人通过个人渠道、华文媒体、华文教育及著述和演讲向世界解释和宣传中国，成为加强沟通理解、推动友好合作的“民间大使”。再次，亲近性是开展中外文化交流的根本保证。华侨华人与当地民族长期在一起生活，为各国的发展和繁荣共同奋斗，尤其是在泰国、菲律宾等国，华人与当地民族已经完全融合在一起。这种亲近与信任，使得借助华侨华人开展的人文交流具有亲人、朋友之间私人交往的性质，更具柔性，成为有效的润滑剂。通过密切华侨华人与中国联系，推动华侨华人居住国与中国的交流合作。③ 复次，融入性是开展中外文化交流的独特优势。海外华侨华人与居住国各族裔一起，共同构建了居住国的多元文化。他们与交流对象形成层层交织、密不可分的整体，为开展中外文化交流提供了正能量，更容易为居住国民众所理解，更容易为居住国政府所重视。最后，永恒性是开展中外文化交流的可持续平台。华侨华人长居国外，并且代代薪

① 曹云华：《海外侨情观察（2014—2015）》，广州：暨南大学出版社，2015 年，第 28 页。

② 《“走进国侨办”新闻发布会问答选登》，中新网，http：//www. chinanews. com/zgqj/2014/03 – 20/5975949. shtml，2014 年 3 月 20 日。

③ 陈奕平、范如松：《华侨华人与中国软实力：作用、机制与政策思路》，《华侨华人历史研究》2010 年第 2 期。

火相传、永不间断。他们才是永远的文化交流主体，是中华文化的海外传播者、耕耘者和守望人。

3. 文化交流重要平台：海外华社的独特角色

在近代历史中，中华传统文化与外族文化的接触主要通过两个途径或两种方式。其一是由于中国对外商业交往的增多，封闭的国门逐渐被打开，中华民族主动或被动地接受了外族文化的进入。其二是与外族文化进行着交流与融合。① 早期中国移民多属下层劳动者（小商贩、手工业者、种植园工人、矿工等），受文化知识水平的限制，在他们身上，中华文化传统可能只表现在本民族的语言文字、宗教信仰、传统节日以及生活习俗等方面，难以成为自觉传播与弘扬中华传统文化典籍的力量。但近三十年以来，海外侨情发生了重大而深刻的变化，华侨华人实力日益增强，文化素质和教育水平越来越高，与祖籍国的联系和交往日益密切，文化传承的使命感和责任感越来越强。随着中国国际影响力的提高，他们对祖籍国的关注日益增多，对中华文化的兴趣和接受度越来越高。

华人社团、华文媒体、华文教育等华社“三宝”是支持海外华人社会存在与延续的重要力量，也是中华文化在海外传承与发展的象征。② 但华人社团是海外华社最重要的支柱和中坚力量，它们在联络华侨华人亲情乡谊、维护华社族群利益、弘扬中华文化、推动融入主流社会、提升华侨华人整体形象、促进中外友好交流等方面发挥了极其重要的作用。据统计，当前全球华侨华人社团共有逾2.57 万个。③

近年来，海外华人社团不仅发展速度增快，而且新移民社团已成为生力军，社团组织功能性更强，对中华文化传承也表现出更大的热情，文化传播活动内容更加丰富多彩，在华侨华人社会和当地主流社会的影响力都日渐增强。新移民与祖籍国有着天然的情感联系，民族归属感和认同感强烈，其组建的新移民侨团与祖籍国联系交往频密。同时，随着中国综合国力和国际影响力的提升，海外侨社对祖籍国的凝聚力、向心力增强。此外，华侨华人社团逐渐走向国际化，形成了不少世界性华侨华人组织及其网络。这些世界性华侨华人组织及其网络不但是华侨华人贸易合作与文化交流的平台，也是密切华侨华人与祖（籍）国联系，加深了解与合作的重要渠道。最后，华人族群与当地其他民族之间的隔阂，在一定程度上受到彼此之间异质文化传统的影响。华人社团向华人介绍所在国的民情风俗，组织华人参与当地的种族文化活动，也是华人社团促进文化交流的另一侧

① 梁英明：《从东南亚华人看文化交流与融合》，《华侨华人历史研究》2006 年第 4 期。

② 周兆军：《论坛前瞻：新潮流催生新角色，新形势孕育新气象》，http: //www. hb. xinhuanet. com/zhuanti/2005 -09/05/content_5097397. htm 03 /8 /620577. shtml。

③ 参见国务院侨办 2013 年调研报告。

面。[①] 越来越多的海外华人社团举办与中国文化有关的活动，从一个侧面反映了中国经济实力的强大和中国软实力在海外社会的不断发展[②]，成为开展中外文化交流的重要依靠力量。

诚然，华文教育是海外华社推动中外文化交流的深厚基础。它承载着海外华侨华人“根”文化的传承与发扬其功能的特殊使命。华文教育既为华人社会和所在国家培养了懂华语的人才，为维持和增强华人社会的民族认同和文化认同提供了重要的平台和手段，也为传承和发扬中华文化提供了重要的渠道。[③]

同时，华文媒体也是海外华人社会推动中外文化交流的重要力量，是扩大中国与世界交往的文化使者。海外华侨华人虽然大多数已成为出生国或居住国的公民，但仍在不同程度上保留了中华文化情结。在异国文化和文字的包围中，母体文化与文字是海外华侨华人精神文化生活中重要的一部分。海外华文媒体成为海外华人和母国母体文化之间不可替代的纽带。在这种态势下，海外华文报纸开辟了许多文艺专栏、副刊，海外华文广播电视频道也开设了一大批宣扬中华文化的文艺节目，以弘扬中华文化，重塑中华文化价值观，提升中华文化自觉，使华侨华人能够对自己的文化有“自知之明”，明白它的来历、形成过程、特色和发展趋势，从而在多元文化的世界里找到自己的位置，既合理吸收其他文化的长处，也形成对其他文化的辐射力。[④]

但总体而言，目前海外的华文学校和华文媒体的实力及影响力在当地社会偏小，部分依托于华人社团或企业的大力支持才得以为继，多数甚至囿于经济财政压力，未能实现文化交流的目的。同时华文媒体还存在一定的局限性，包括经营管理、媒体受众、新闻采编者等因素。此外，新闻角度、选题角度、取材角度等不同都可能影响报道效果。[⑤] 相比而言，华人社团的发展出现新的活力，特别是近年来新华侨华人社团的大量出现，以及一些老的社团在组织机制、新老接替工作完成后，海外华人社团呈现出本土化、集团化、国际化等多元发展趋势，成为海外华人社会发展的最重要的组织结构。

---

① 李明欢：《构筑华人族群与当地国大社会沟通的桥梁——试论当代海外华人社团的社会功能》，《华侨华人历史研究》1995 年第 2 期。

② 宋英慧：《从海外华人社团的表现看中国公共外交的创新》，http：//www. 21ccom. net/articles/world/zlwj/20150331122952. html。

③ 陈奕平、范如松：《华侨华人与中国软实力：作用、机制与政策思路》，《华侨华人历史研究》2010 年第 2 期。

④ 李洁玉：《试析海外华文传媒在中国公共外交中的作用》，《湖南大众传媒职业技术学院学报》2011 年第 3 期。

⑤ 余家宏、宁树藩：《新闻学简明词典》，杭州：浙江人民出版社，1984 年，第 121 页。

三、海外华人社团与中外文化交流：案例分析与比较研究

（一）华人社团参与中外文化交流的特点

1. 华人社团的文化特征

一般来说，华人社团是以华侨华人为主要成员，以地缘、血缘、业缘、经济利益、政治目的、慈善意图、兴趣爱好、宗教信仰、学术教育等为纽带而自愿组成的民间组织机构。其类别主要包括世界性、全洲性、全国性、地区全侨联合性社团，公共外交类、地域同乡类、姓氏宗亲类、反独促统类、慈善公益类、文化学术类、专业技术类及校友会、商会、青年会、妇女会、职业组织，等等。华侨华人文化传播的桥梁作用通过四个环节来实现：一是把交流传播体从祖籍国或移居国的母体中分离出来；二是跨越时空把交流传播体携带到移居国或祖籍国；三是使交流传播体进入移居国或祖籍国的物质生产、精神生产和日常生活领域相互交融；四是形成新的交流传播体并存储起来作为新一轮交流的基础。[①] 华人社团在这四方面基本上都可以实现。首先，华人社团举办文化活动频繁，在华人社会和当地社会影响较大。23.8% 的华侨华人社团每周都进行活动，25% 的华侨华人组织每两周举行一次活动，31.2% 的社团根据社团领导人及其成员的时间机动而定。[②] 其次，海外华人社团是中外文化交流中的"文化中介"，它们在其所开展的各项活动中扮演着居间角色，一方面华人社团是居住国公众了解中华文化的"中介"，另一方面华人社团也是中国了解外来文化的"中介"。再次，华人社团在推动文化教育变革及社会活动，促进海外华侨华人，尤其是第二、第三代海外华裔进一步了解、传承和发扬中华优秀传统文化方面，发挥着极为重要的作用。

2. 华人社团文化交流内容

从历史上看，老华侨的临时寄居心态使他们不愿同化于当地，他们建立戏剧团、音乐社等文化社团，是为了在远离家乡的异质环境中存续母体文化而开辟出的一块园地。但今天，文化融合成为当今海外华人社会的主流。海外华侨华人对中华文化的传播目前正由单一的"中华文化取向"向本地化、多元化发展，包括：①中国传统商业文化。主要以餐饮、服饰为代表，展示了中国人吃苦耐劳、稳扎稳打、精明聪慧、注重乡情与亲情等品质，很好地塑造了中国的形象。②中国传统建筑文化。主要体现于各国各地的唐人街建筑，既注重实用、坚固耐用，又注重精雕细琢、巧夺天工。③中国科技文化。这是一个以不同人群为媒介进行的不同层次的、由浅入深的、循序渐进的过程。例如在华侨华人的推动下，中医

---

① 《华侨华人文化的传播与构建和谐世界》，http：//www.chinanews.com/zgqj/2012/08－14/4107148_2.shtml。

② 高伟浓、寇海洋：《试析海外新型华人社团在中国公共外交中的文化中介功能》，《商丘师范学院学报》2013 年第 2 期。

逐步得到了国际医学界的接受和重视。④中国伦理、民俗文化。中华民族传统节日有丰富的民俗活动，如春节全家人聚在一起吃团年饭，端午吃粽子，中秋吃月饼，以及街头舞龙、闹花灯等狂欢活动。⑤宗教文化。宗教的传播是与其他很多元素的传播结合在一起的，例如中国的建筑、雕塑、绘画、音乐、饮食习俗、医药、文学和哲学思想等，很多都包含着宗教内容。⑥中华艺术文化。华人艺术家们为积极推广中华音乐文化而努力，他们组织表演团体，如法国的“黄河艺术团”、日本的“黄河女子合唱团”、德国的“古风乐团”和英国的“伦敦中乐团”等都很好地把中国民乐向西方推介，弘扬了中华音乐文化。①

3. 华人社团文化组织形式

（1）综合性文化社团。这主要是指近年来在海外涌现的中华文化中心、文化交流协会等。他们打破单一文化门类的限制，举办更为丰富多彩的活动，如开办书法、针灸、武术学习班；举行文化讲座和中华文物、历史展览；接待中国文艺、体育代表团来访，组织文化观摩与交流活动等。在团体构成方面，他们不但超越华人社团传统的地域、宗亲和行业的组织原则，更突破种族与肤色的界限，欢迎当地居民与海外华人一起参加。他们在积极响应所在国多元文化政策、弘扬中华文化的主导思想之上发挥了重大作用。

（2）单一性文化组织。这主要是指由海外华侨华人组成，以某一门类文化艺术作为自身活动中心内容的文化社团，如戏剧社、舞蹈团、武术馆等。从其构成看，又可分为传统型与现代型两种。传统型不仅文化内容较为传统，主要是地方戏曲、舞狮舞龙等具有悠久历史的中国民间艺术形式，而且传承的方式也较为传统，多为有共同爱好者集合在一起，以唐人街为主要舞台，切磋技艺、交流心得，文化形式偏重于对传统的留存与延续。现代型文化社团的艺术形式则较为广泛，既有富于中国特色的民间歌舞，也有西洋的舞蹈、合唱团、管弦乐队等。节目选择和编排虽以突出中国特色为主，但更为注重广泛吸收母体文化和居住国各民族文化的精华。

（3）华人社团附属文化分支机构。共同的血缘、地缘和文化取向，是各宗乡会馆存在与发展的基础，他们也把弘扬中华文化作为其不可推卸的历史责任和时代使命。很多宗乡会馆均设立有文化股组，为乡亲康乐、排练家乡传统节目及加强情感交流开辟出一片园地。每逢佳节、重大庆典或同宗同乡的婚丧嫁娶活动都会邀请本会馆的文化股组登台表演。

（4）文物历史机构组织。海外建立起众多的侨史研究机构及博物馆，以珍贵的图片、照片等实物向人们展现海外华人在异乡艰难创业的风雨历程。如美国旧金山华侨侨美历史学会、日本神户华侨历史博物馆、澳大利亚墨尔本华人历史博物馆、马来西亚华社资料中心等机构相继建立。他们本着“宣扬华侨功绩、教

---

① 詹正茂：《发挥华侨华人的作用，促进中华文化在海外的传播》，《侨务工作研究》2012 年第 1期。

育华侨后代”的精神，举办展览、出版纪念文集和画册，有条件的还通过制作幻灯片和广播电视节目等方式，将华人的历史事迹广为传扬，并期望能帮助年轻一代饮水思源，了解先辈的艰辛，同时也让居住国政府和人民能以公正和客观的态度去看待华人及其为当地社会所做出的贡献。①

（二）案例研究

1. 泰国潮州会馆：东南亚华人社团与中外文化交流实践

华侨华人成规模移居亚洲国家已有近500年历史。目前，东南亚地区约有华侨华人4 200万，以老移民居多。华人移居历史长，已经形成独具一格的华人社会。传统移民国家华侨华人数量稳中见长，社团多以宗亲、血缘、业缘形成的传统侨团为突出特点。在东南亚国家中，泰国华侨华人达1 000余万，并且融入程度较高。众多华人社团中，尤以泰国潮州会馆为最。由于会馆历史较长，相关文化活动极其丰富，笔者仅以最近的2014年6月至2015年6月为研究范围。

泰国潮州会馆正式成立于1938年，迄今已有将近80年的历史，无论会员乡亲人数或馆厦宏伟规模，堪称世界各社团之冠。② 潮州会馆以联络潮州人士感情，交换知识，促进中泰亲善与会员间之互助，举办各项慈善福利活动，创办学校、山庄（坟场）、医务处，促进文娱、体育及各项康乐活动为宗旨，不涉及政治。可见，文化传承与交流、慈善互助等事业是社团的主要工作内容。

（1）创办华文学校，大力支持华裔新生代了解、传承中华文化，为泰中友好交流奠定良好基础。目前，泰国潮州会馆有四所学校，分别是潮州中学、普智学校、培英学校、弥博中学。潮州中学于2002年5月动工兴建，耗资约一亿二千万铢，实行泰中英“三语”教学标准，可容纳300多人住宿上学。普智学校始建于1948年，历经多次搬迁兴建，目前在校学生超过800人。培英学校创建于1920年，由当时潮人富商巨贾捐建，为泰国的教育事业做出可贵的贡献。弥博中学创办于1962年，之后不断得到潮州会馆各常执委及各界热心人士慷慨解囊，目前在校师生近千人。③

（2）加强与各级政府、各类文化组织团体交流，增进了解，推动合作。从近年来潮州会馆报道的主要活动看，直接或间接地与文化交流有关的占一半以上，尤其是近两年来，文化交流活动比例更是有一定增加。从交流的主体来看，包括中国政府的国务院侨办、地方侨办、侨联、高校、文化艺术团体、媒体等。从交流主体来源地看，既有来自中国的，也有来自其他国家及地区的，包括新加坡、南美等地；既有来自家乡祖籍地的文化团体，也有来自其他地方的其他文化团体。从交流形式来看，包括联合举办文化演出、加强人员交流培训、加大新闻

---

① 詹正茂：《发挥华侨华人的作用，促进中华文化在海外的传播》，《侨务工作研究》2012年第1期。

② 泰国潮州会馆简介，http：//www. tiochewth. org/index. php？ langtype = cn&pageid = cn_7。

③ 泰国潮州会馆下辖学校，http：//www. tiochewth. org/index. php？ langtype = cn&pageid = cn_17。

媒体报道宣传、调研侨情收集史料等活动。从交流的目标成效来看，也是比较现实的。会馆一直在努力通过多重渠道推动泰中友谊和文化交流。

表1　泰国潮州会馆主要相关文化交流活动

（2014.6—2015.6）

时间	交流团名称	嘉宾	交流形式	目标成效
2015年6月23日	汕头市侨联侨声合唱团	原汕头市侨联主席沈冰虹等	座谈	加强文化交流合作
2015年5月29日	潮州市经贸代表团	市长卢淳杰等	座谈	加强合作，邀请参加第六届粤东侨博会
2015年5月1日	中国广东省潮商会	会长周奕丰等	座谈	弘扬中华文化，传承潮汕传统
2015年4月24日	国侨办访问团	何亚非副主任等	座谈	提升社团在中国东盟经贸文化交流中的作用
2015年4月7日	广东艺术访问团	中国广东省画院副院长冯少协等	座谈、参观文史馆、收集华侨史料	加强双方互动往来，共同为促进泰粤两地文化艺术合作交流
2015年4月5日	泰国潮州会馆暨各县同乡会	泰国潮州会馆副主席陈绍扬	联合公祭清明节	公祭越隆潮州山庄公墓，缅怀先贤
2015年3月27日	中国驻泰大使馆侨务参赞	方文国参赞、张东浩参赞	交流	加强联络，共同促进泰中友好往来及经济文化交流
2015年3月21日	潮州山庄祠堂	副主席兼山庄管理委员会主任吴仲昭	春分节春祭祀典	致祭于中华始祖炎帝神农氏、黄帝轩辕氏等
2015年3月10日	中国昆明滇池泛亚文化研究学会代表团	龙东林会长等	座谈、交流、参观	加强联络，促进泰中友谊及民间文化合作交流
2015年3月6日	新春联欢晚会	蔡汉强主席等	大礼堂	为泰中传统友谊添砖加瓦，进一步拓展两国文化经贸合作交流
2015年2月9日	地坛文化庙会全球行·曼谷之旅	北京代表团	演出交流	泰国民众在家门口就能亲身感受中国传统文化的魅力

（续上表）

时间	交流团名称	嘉宾	交流形式	目标成效
2015 年 1 月 15 日	南美洲八国驻泰大使暨商务参赞	蔡汉强主席	座谈交流	加强与南美洲各国经贸合作、文化交流，增进了解和友谊
2014 年 10 月 21 日	广东艺术团汕头市澄海潮剧二团	郑宋梨领队等	“广东文化周”	活动顺利开展，反响热烈，促进中泰文化交流
2014 年 10 月 17 日	新加坡代表团	新加坡驻泰大使蔡秀珊等	调研座谈	增进友谊，加强互相交往
2014 年 10 月 7 日	云南省“花香彩云南”教育旅游文化交流艺术团	团长魏罗罗女士等 30 人	来访演出	加强了解，加深情感，共同推动泰滇教育旅游文化艺术合作交流
2014 年 7 月 24 日	中国南方报业传媒集团	副总经理张俊华等	座谈交流	加强交流合作，弘扬中华文化，推动华文教育
2014 年 6 月 30 日	中国广东韩山师范学院赴泰调研访问团	庄东红教授等	座谈、参观、收集华侨史料	搭起合作交流平台，加强互动往来，推动泰潮文化教育事业发展

资料来源：根据泰国潮州会馆网站报道制作，http：//www. tiochewth. org/index. php？ langtype = cn&pageid = cn_1。

（3）加强与世界潮州社团的联谊与交流，增进合作，推动潮州文化的弘扬与传播。2013 年 11 月，蔡汉强主席亲率泰国潮州会馆暨泰华潮人侨团代表团 130 多位成员赴中国武汉参加第十七届国际潮团联谊年会，与来自世界各地的 138 个潮团、3 500 名海内外潮籍精英欢聚一堂，畅叙乡情，共谋发展，同圆共享中国梦。① 大会不仅为世界各地潮籍青年的交流提供平台，促进与加强国际潮籍青年彼此间之联系与合作，建立全球信息网络，增强潮人凝聚力，同时也弘扬潮汕文化，推动潮汕文化的传承与创新。第二代、第三代潮人可能已经不会说潮州话，但对“家己人”（自己人）的强烈认同感始终没有改变。②

---

① 《蔡汉强主席率领潮馆代表团赴武汉出席第 17 届国际潮团联谊年会纪盛》，http：//www. tiochewth. org/index. php？ langtype = cn&pageid = cn_14&add = view&id = 94。

② 《泰国潮州会馆代表团赴新加坡出席第八届国际潮青联谊年会》，http：//www. tiochewth. org/index. php？ langtype = cn&pageid = cn_14&add = view&id = 168。

（4）加强内部分支社团的交流，支持其文化教育和文化交流事业发展。泰国潮州会馆下辖九个分会，分布泰国各地。会馆目前形成良好协调机制，每月会面一次，了解相互发展的情况，支持各分支社团活动。而下属各分支会馆，在特别节日等时间也会来拜会总馆，相互问候。泰国潮州会馆暨各县同乡会的常月聚餐会已经举行数十年，达500多次，各会馆轮流做东。通过常月聚餐会，潮州会馆相互之间加强了联络，增进了情谊，促进了各会馆联合事务的合作，为泰华社会公益及泰中友好等方面做出了相当的贡献。

（5）尊重当地习俗文化，尊重当地政府，积极参加相关习俗活动。例如，8月12日泰国王后诗丽吉殿下华诞暨泰国母亲节，举国上下普天同庆，泰国潮州会馆首长清晨八时，晋宫签名，恭祝懿寿千秋。[①] 12月5日，国王陛下八秩晋七圣寿暨泰国父亲节，全国朝野臣民百姓共颂圣寿无疆，祝愿国运昌隆。泰华各侨团首长为表达感戴皇恩浩荡，忠君爱国之赤诚，集中晋宫签名，恭祝万寿无疆，山河并寿，日月同辉。泰国潮州会馆主席蔡汉强偕副主席梁润潮等赴晋宫签名祝寿。[②] 另外，在清明节、春分节等也有祭拜活动。

（6）根魂情怀，加强与祖籍地互动，开展各类文化交流活动，丰富泰国华侨精神生活。例如：2014年10月，泰国潮州会馆暨各县同乡会联合主办，中国驻泰大使馆全力支持的广东省汕头市澄海潮剧二团莅泰演出，举办“广东文化周”活动，包括“美丽中国·广东故事”图片展和《红头船》等四部精彩潮剧。新编潮剧《红头船》，无论是编剧、唱腔、舞台设计及服饰，均有很高的艺术水平，给观众丰富的视听享受。[③] 此外，会馆还与汕头、潮州文化组织、韩山师范学院等开展交流合作。

（7）做好华侨华人文物馆藏工作，建设海外侨胞文化交流资源宝库。泰国潮州会馆近年来重新重视文化资源保护工作。投重金翻修文物馆，珍藏图书数万册，其中不乏珍稀古籍，如《四库全书》线装本、中国医药古籍和中国驻泰大使馆惠赠的二十五史等。图书馆书籍类别有：古籍书库、古典文学、现代文学、泰华文学、宗教哲学、历史政治、医药保健、潮州文献、侨团刊物等。图书馆重新开放后，已接待过多个海内外各界团体、人士的来访，如北京人大访问团、澳门潮州代表团、泰国华侨崇圣大学访问团及二十多位美国、澳大利亚、日本等族裔的学者。[④]

---

① 《泰国潮州会馆首长晋宫签名恭祝懿寿千秋》，http://www.tiochewth.org/index.php?langtype=cn&pageid=cn_14&add=view&id=158。

② 《泰华侨团首长晋宫签名崇颂万寿无疆》，http://www.tiochewth.org/index.php?langtype=cn&pageid=cn_14&add=view&id=187。

③ 《澄海潮剧团告别演出〈状元案〉戏迷喝彩 蔡汉强主席感谢来泰慰藉乡亲》，http://www.thaicn.net/news/whjl/2014-10-21/10388.html。

④ 泰国潮州会馆文物馆介绍，http://www.tiochewth.org/index.php?langtype=cn&pageid=cn_27。

2. 美中文化协会：北美华人社团与中外文化交流实践

北美地区共有华侨华人约600万，多数属于新移民，并且文化素质较高，在北美定居范围呈现出大聚居、小分散的特点。美加地区侨团数量近年来激增，受当地多元文化影响，侨团类型丰富多样，专业性社团蓬勃发展。在诸多华人社团文化组织中，美中文化协会（US - China culture institute）是一个重要角色，因为它前身是成立于2000年的美国百人会文化协会，属于文化专业社团。

美中文化协会于2007年独立成为一个拥有自己的董事和高级职员的非营利组织。在美国纽约和中国上海设有办公地点。基于原百人会文化协会在中美两国之间建立的共识和权益原则，它仍将作为百人会的文化附属机构。美中文化协会旨在中西方之间架起一座理解的“桥梁”以进一步促进两国间的友好关系，为华裔取得更大成就提供机会。它通过引介和推动美中两国主要文化和教育机构建立新的合作关系，传播具有长远发展前途的文化新观念；与其他机构协作来完成和资助已定的交流项目；提供基金，同时协助开创新的文化和教育交流项目，提供启动资金和双元文化的咨询服务。[①] 现任美中文化协会主席杨雪兰女士出生于上海的外交世家，父亲杨光泩曾任中国政府驻菲律宾总领事，继父顾维钧被誉为“中华民国外交第一人”。2000年她从通用汽车全球副总裁的职位上退休后，凭借在美国政商界丰富的人脉从事中美文化交流，将一批年轻的艺术家和中国文化推向世界舞台，实现了从小当外交家的梦想。[②]

表2　美中文化协会开展的主要活动

（2001—2015）

活动名称	时间	参与者	地点	内容与效果
欢乐春节·艺术中国汇	2015年2月17日至24日	美中文化协会广东集美集团、奥美集团	纽约	以春节为契机，旨在与世界各国人民共庆农历新春、共享中华文化、共建和谐世界的品牌性、年度性、综合性文化活动

① 美中文化协会背景与使命，http：//www. usccii. com/chinese/index. html。

② 杨雪兰：《退而不休·尽享人生》，http：//www. fortunechina. com/magazine/content/2007 - 09/01/content_2299. htm。

（续上表）

活动名称	时间	参与者	地点	内容与效果
舞向未来我能行	2014 年 2013 年 2012 年	中福会少年宫、全美舞蹈协会、闵行区教育局	纽约、上海	纪录片、舞蹈演出，通过舞蹈艺术和国际合作来拓宽孩子们的社会发展方向，尤其是来自农民工家庭的弱势儿童
第三届太湖文化论坛	2014 年 6 月 18 日	美中文化协会主席杨雪兰女士	上海	发表题为“文化延伸：从中国到美国”的演讲
第三届纽约爱乐乐团年音乐会	2014 年 2 月 1 日	纽约爱乐乐团	纽约林肯中心费舍音乐厅	中国艺术家演奏中国音乐共祝中国新年
新版《顾维钧回忆录》出版座谈会	2013 年 8 月 20 日	美中文化协会主席杨雪兰女士	中国社会科学院	顾维钧的资料将被电子化，供学界免费使用
芮妮·弗莱明上海教学示范音乐会	2013 年 5 月	国际著名女高音歌唱家芮妮·弗莱明女士与钢琴家赫木特·贺尔先生	上海音乐学院	将弗莱明女士的音乐表演呈献给更多新观众，推动美中文化交流
第二届纽约爱乐中国新年音乐会	2013 年 2 月 12 日	纽约爱乐乐团	纽约林肯中心	美国政界、商界人士和主流社会等各界来宾逾 3 000 人观看演出
牡丹亭演出	2012 年 11 月 29 日至 12 月 2 日	上海张军昆曲艺术中心	纽约大都会博物馆	昆曲《牡丹亭》
首届纽约爱乐中国新年音乐会	2012 年 1 月 24 日	美中文化协会、纽约爱乐乐团	纽约林肯中心	著名钢琴家郎朗、竹笛演奏家唐俊乔，以及纽约爱乐首席双簧管王亮等同台演出
美国大都会高清歌剧系列	2011 年 8 月 27 日	高音歌唱家黄英、女高音张立萍、男中音沈洋、男低音田浩江等	上海大剧院	引进《魔笛》《波西米亚人》《图兰朵》《秦始皇》《阿依达》《蝴蝶夫人》等高清歌剧

（续上表）

活动名称	时间	参与者	地点	内容与效果
世博会美国馆“美国华裔 同一家人”展览	2010 年	百人会	上海世博会	超过 40 个美国华人社区团体、中文媒体、奥美环球等都无偿参与此次展览的推广活动
唱响世界	2009 年 5 月 15 日	上海大剧院、上海音乐学院	上海大剧院	系列演唱会和授课
“自然中国”项目	2008 年 4 月	美中文化协会、大自然保护协会、中国非政府组织	上海	包括两场海顿作品《四季》的多媒体音乐会
唱响未来	2006 年	上海歌剧院、上海音乐家协会、上海东方艺术中心管理有限公司	上海	由 1 650 名业余合唱手参加的“千人齐欢唱”大型公益合唱活动
中国节	2005 年	中国艺术家	华盛顿肯尼迪艺术中心	中国艺术家演唱会
舞向未来	2004 年	杰克斯·唐波士和黄豆豆	上海	“舞向未来”系列活动广获媒体报道，在全国各个电视节目中都有播出，有助于将艺术传达给广大公众
上海国际艺术家周	2003 年	上海大剧院、上海音乐学院、上海东方电视台文艺频道、上海博物馆等	上海	系列音乐、美术活动
廖昌永和纽约歌剧交响乐团合作演出	2002 年	上海男中音歌唱家廖昌永	纽约卡内基音乐厅	独唱音乐会，并成功出演相当有难度的歌剧《玛丽诺·法利埃诺》中的角色而赢得评论界的赞扬与喝彩
维尔国际舞蹈节表演	2001 年	上海歌舞团	维尔	《时代周刊》评价黄豆豆“能引起全国范围的轰动……重塑了中国大陆的舞蹈”

（续上表）

活动名称	时间	参与者	地点	内容与效果
纽约“犹太人在上海”研讨会	2001 年	百人会文化协会美国反歧视联盟	纽约	展示历史幻灯照片，介绍从 8 世纪至二次世界大战期间犹太人在中国的历史

资料来源：根据美中文化协会网页资料整理，http：//www. usccii. com/chinese/programs. html。

从以上美中文化协会自身参与或牵线搭桥举办的各类文化交流活动来看，主要有几种类型：

一是组织、引荐美国艺术团体、艺术家等将美国文化艺术引入中国，包括举办音乐会、演奏会等形式，例如，在 2010 年上海世博会美国馆发起名为“美国华裔　同一家人”展览和 2011 年 8 月为上海大剧院引进了美国大都会高清歌剧《魔笛》等，这些富有影响的活动广泛宣传了中华优秀文化，传播了中美友谊，彰显了美籍华人的成就。①

二是组织、引荐中国艺术团体、艺术家赴美国表演，将中国文化艺术带到美国甚至世界。例如，杨雪兰主席将廖昌永、黄豆豆、沈洋等一批年轻的中国艺术家推向世界舞台。在 2007 年的英国 BBC 卡迪夫国际声乐比赛中，来自上海音乐学院的四年级学生沈洋捧得大赛最高奖——水晶杯。到达美国后，沈洋住在杨雪兰主席的家中。其间，美国女高音芮妮·弗莱明帮他请到大都会歌剧院的 4 位声乐指导来给他上课。②

三是利用特殊节假日共同组织举办大型文化艺术活动。2015 年 2 月 17 日至 24 日，首届“欢乐春节·艺术中国汇”团队远赴美国，在农历新年之际为当地民众奉上了一场视觉盛宴。该活动不仅在国外好评如潮，也在国内引发极大关注，国务院副总理刘延东在视察中央美术学院时观看了 2015 年“艺术中国汇”纽约系列活动资料片，并给予了高度赞扬。以当代公共艺术的形式进行现代转换，从华人社区带进美国主流社会，“艺术中国汇”成为中国对外文化传播的经典案例。③

① 《上海市侨办主任赞扬美国著名社会活动家杨雪兰》，http：//www. chinanews. com/zgqj/2012/11 - 20/4342793. shtml。

② 杨雪兰：《退而不休，尽享人生》，http：//www. fortunechina. com/magazine/content/2007 - 09/01/content_2299. htm。

③ 《“天籁无形，大象有声”——2016 年“欢乐春节·艺术中国汇”纽约系列活动在京启动》，http：//culture. online. qh. cn/wenhuazixun/2015/0713/10495. html。

四是组织举办音乐文化艺术方面的培训班，邀请艺术大师授课，与学员积极开展互动。例如：2002 年举办的为期一个月的“帕尔曼在上海”交流项目由伊萨克·帕尔曼指导，来自帕尔曼音乐学校的 50 名外国师生以及从全国各地选拔出来的 35 名优秀琴童共学一堂。活动不仅关注室内乐演奏训练，还重视生活中互相合作的价值，包括音乐大师班、座谈会、音乐会和千名 4 ~20 岁学生公益音乐会在内的系列活动。

五是组织举办美术、图书等方面的展览会。2010 年上海世博会上，百人会在美国馆发起了名为“美国华裔　同一家人”的展览。通过传统媒体和新媒体的传播方式，百人会召集了大量的美国华人后裔为此次展览（百姓墙）提供他们的照片，展示他们对中华文化传承和身为美国华裔的自豪。网站（www. jointhewall. org 和 www. comebuildthewall. org）访问量已超过 88 600 人次，其中有 10 880多人上传了他们的照片，包括姓氏、祖籍以及美国现居地等信息。一些杰出的美国华裔，包括建筑大师贝聿铭、大提琴家马友友、宇航员焦立忠、花样滑冰世界冠军关颖珊等都参与了此次“百姓墙” 活动。超过 40 个美国华人社区团体、中文媒体、奥美环球等都无偿参与此次展览的推广活动。①

此外，美中文化协会在积极开展活动、推动美中文化交流的同时，非常重视其自身能力与资源的整合与积累工作，先后与一批重要的中外文化机构和知名文化界人士建立了不同程度的合作关系，积累了丰富的文化资源，扩大了开展中外文化交流活动的能力。

美中文化协会属于专业文化社团，并且倚靠于美国百人会，所以有许多专业人士资源可以利用，故其开展的活动的性质多数属于高雅艺术。正如美中文化协会对其活动特点的自我定位是：中美两国各艺术领域的卓越艺术家之间的跨文化协作；为中美两国的青年人提供互相学习和共同创造的机会；将新的、健康的、时尚的文化样式推介给广大群众的公益活动；与中美两国乃至全世界的文化组织建立合作关系来实现大胆、有建设性的创意；借助中外传媒的力量，加大宣传力度以扩大影响力。② 杨雪兰认为，增强跨文化交流、提高中国软实力可以为国家的和平发展营造良好的国际舆论环境。中国艺术家是让中国走向世界的“文化大使”，也是中国软实力的组成部分。“我一直坚信艺术和文化是促进人与人之间相互了解的最好桥梁，因为艺术没有任何政治议程，大家不会计较谁赢谁输。所以我觉得增加跨文化交流、增强文化共享非常重要。”③

3. 英国广东华侨华人联合总会：欧洲华人社团与中外文化交流实践

欧洲约有华侨华人 255 万，另有留学生、短期劳工、非正规移民等 50 余万。

---

① 美中文化协会项目介绍，http://www. usccii. com/chinese/programs. html。

② 美中文化协会活动特点，http://www. usccii. com/chinese/programs. html。

③《美中文化协会主席期望通过文化外交推动中美关系》，http://news. xinhuanet. com/world/2010－11/20/c_12797601. htm。

欧洲侨胞的分布呈现全覆盖、大集中、小分散的特点，所有欧洲国家都有侨胞，但主要集中在6个大国和老牌发达国家，其侨胞人数均在10万以上，占欧洲侨胞总数的83.4%。[①] 在众多欧洲国家中，英国华侨华人社会比较有代表性：华人移民历史较长，人数较多，目前约为60万；华侨华人实力发展迅速，在政治、经济、文化等领域皆有较大提升与突破；华人社团组织较多，与各界互动密切，影响力较大。

英国广东华侨华人联合总会（The Federation of UK Guangdong Chinese）（简称英国广东会）成立于2002年，由在英的广东籍华侨华人或赴英前曾在广东工作和学习过的热爱广东、关心广东的华人华侨和学生学者，以及有意到广东创业发展的朋友自愿组成，是一个联谊性、非盈利、非宗教的社会团体。其宗旨是弘扬中华民族文化，发扬中华民族优良传统，增进中英人民友好联谊，促进中英科技、经济、文化教育的交流合作。总会现有会员200多人，以专家、学者、企业家和留学生居多，是一个老中青结合的联会。[②] 英国广东会属于新侨社团，它既保留传统社团组织春令营、夏令营等形式，让旅英青少年回国回乡寻根，也为海外华侨回乡寻根问祖提供方便，如组织庆祝国庆、欢度春节等联欢活动。具体在文化交流方面主要表现在：

（1）加强与国内各级政府，尤其是侨务部门的联系，加强文化交流与合作。例如，2013年2月举行国务院侨办"文化中国，四海同春"艺术团欢迎会。之后，英国广东会会长黄亮一行分别访问了广东省侨办、广州市侨办以及番禺区侨办，并与省、市、区侨办领导座谈交流。2015年，受广东省侨办委托，向全英国的华侨华人家长和少儿招收2015年禅武夏令营营员。禅武中心是广东省中华文化传承基地，也是国务院侨务办公室"文化中国——中华才艺（功夫龙狮）培训基地"，承办广东省侨务办公室举办的"海外华裔青少年中国寻根之旅"春夏秋冬文化营活动，内容融合了禅武礼仪礼节、南粤古琴、中国书法、中国绘画、剪纸、香道、茶道、传统中医等文化精粹。

（2）加强与英国当地社会的文化互动，提高中华文化的识别度和影响力。2015年3月18日，英国广东会拜访了肯特郡汤桥市市长办公室，并致以中国传统节日问候。此行主要目的是推动两国间的民间交流，与地方政府建立互动关系，以利于华人融入当地社会，提高社会认同度。[③] 6月21日，在肯特郡汤桥市历史悠久的夏日嘉年华活动中，首次出现了一个华人组织的方阵——舞狮、旗袍秀的华人巡游队伍，他们向当地居民展示了中国风、民族彩，受到了汤桥狮子会总监Neal Charlesworth先生的高度赞扬，并荣获了"最受欢迎奖"。汤桥市政府

---

① 国务院侨办2014年调研报告。

② 英国广东华侨华人联合总会简介，http：//www.fgd.org.uk/cn/about.asp。

③ 《英广东会与肯特郡汤桥市市长互动共识期待ing》，http：//www.fgd.org.uk/cn/news_view.asp?id=739。

和嘉年华组织者也非常欢迎华人改变观念，走出厨房，走上街头，与大家一起分享欢乐，融入当地社会中去。①

表3 英国广东华侨华人联合总会主要文化交流活动
（2010—2015）

活动名称	时间	参与者	地点	内容及影响
2015年禅武传统文化营招生	2015年8月2日至12日	广东省侨办、英国广东会	英国、广东	受广东省侨办委托，向全英侨胞招收夏令营营员
夏日嘉年华活动	2015年6月21日	英国广东会上百人参加的巡游队伍	英国肯特郡汤桥市	组织方阵，舞狮、旗袍秀，向当地居民展示中国风、民族彩
拜会肯特郡汤桥市市长	2015年3月18日	会长黄亮、秘书长张洪伟、顾问林天福等一行九人	汤桥市市长办公室	向市长和她的同僚们致以中国传统节日的问候
中华文化传承基地禅武中心参观	2015年2月	会长黄亮、常务副会长卢少芳等	广州	参观禅武中心场地，了解训练情况，交换合作意见
广东会春茗活动	2015年2月15日	亚洲美食大奖得主、BBC明星厨师、英国投资新星	伦敦华埠梅花村大酒楼	增进大家对中国美食的了解
春节联欢会	2014年1月19日	来自英国四面八方的华人华侨和英国广东会会员300多人	伦敦 Rudolf Steiner House剧院	邀请英国乐队参加，中西节目结合演出，效果很好
Let the World Know China "感知中国"中国风光和文化图片展	2013年10月15日	英国广东会	伦敦	展示了北京、上海、东北、西南和中国少数民族地区的风景和民俗

① 《舞狮旗袍民族舞亮相汤桥嘉年华——英广东会百人方阵民族风展姿彩》，http：//www.fgd.org.uk/cn/news_view.asp？id=761。

（续上表）

活动名称	时间	参与者	地点	内容及影响
伦敦桥文化沙龙	2013 年 9 月 10 日	英国广东会	伦敦华埠	以品尝葡萄酒这一西方社交聚会形式，庆贺中秋节，体现中英文化交融
中山寻根活动	2013 年 7 月 31 日	常务副会长薛方亮，副会长兼副秘书长张洪伟	广东中山	增强华裔新生代对祖籍国和故乡的认同感，感受中山深厚的历史文化底蕴
与英国华人首富叶焕荣真情对话	2013 年 6 月 19 日	英国广东会会员	伦敦	邀请叶焕荣和会员座谈，参观荣业行，分享“勤思、勤劳”的人生创业经验
“文化中国，四海同春”艺术团欢迎会	2013 年 2 月 9 日	国侨办司长赵昆、广东省侨办副主任郑建民、驻英大使馆李辉参赞等	伦敦顶好大酒楼	各界充分肯定了英国广东会过去的成绩，搭建一个互动交流、增进联谊、共聚乡谊的平台
伦敦桥文化沙龙	2011 年 11 月 13 日	英国广东会和英国湖南商会	伦敦顶好大酒楼	研讨英国房地产大趋势
《梦回东方》图书伦敦站首发式	2011 年 8 月 10 日	英国广东会	伦敦市中心味道中国料理多功能会议厅	受广东省中山日报报业集团委托，举行《梦回东方》图书首发式活动
举办纪念辛亥革命 100 周年征文活动	2011 年 7 月至 9 月	英国广东会、英中时报和华商报	英国	激发华侨华人对中华民族的认同感和凝聚力，加强海内外中华儿女大团结
广州亚运的祝福和寄语有奖活动	2010 年 9 月	英国广东会和英国番禺工商联谊会	伦敦	表达海外华侨华人对这一历史盛事的良好祝愿

（续上表）

活动名称	时间	参与者	地点	内容及影响
广州番禺寻根游	2010 年 4 月 20—22 日	广州市番禺区侨务外事办与英国番禺工商联谊会	广州	参观岭南文化发源地之一——番禺，领略了故乡的文化，感触了家乡的巨变

资料来源：根据英国广东华侨华人联合总会网站资料整理，http：//www. fgd. org. uk/cn/news_ list. asp？ action = more&c_ id = 154&s_ id = 0&page = 7。

（3）重视与英国其他社团友好互动交流，积极参加其他社团文化活动。例如：在每年的广东会春茗活动上，邀请各界文化名人畅所欲言，曾经在第四届亚洲餐饮业大奖中荣获最佳中餐大厨奖的梅花村大酒楼的大厨林运景、BBC 的厨师黄瀞亿都和会友们互动过。

（4）加强与祖籍地社会文化交流联系，积极参与祖籍国文化事业活动，提升华裔新生代对祖籍国文化的认识。英国广东会组团出席首届世界广府人恳亲会并成为“广府人联谊总会”社团的发起社团之一。2010 年 9 月，为了表达海外华侨华人对广州亚运会胜利召开的良好祝愿，关心亚运，支持亚运，英国广东会和英国番禺工商联谊会特举办向全英华侨华人征集对广州亚运的祝福和寄语的有奖活动。2010 年4 月，在广州番禺区政府、番禺区侨务办公室的支持下，组织举办了首次旅英青少年寻根春令营，让参加春令营的青少年感受了中国文化特别是岭南文化的经典，感受了祖国家乡的飞跃发展，[①] 之后还到顺德、中山等地开展寻根活动。

（5）举办文化沙龙，增进对英国文化及国际发展趋势的了解。英国广东会和英国湖南商会共同努力发起“伦敦桥文化沙龙”，旨在提升英国华人的文化竞争意识。“伦敦侨代表着生活在英国的华侨，伦敦桥象征着我们用心灵架起的文化之桥。在这个属于我们全体英国华人的文化交流平台上，为了我们的生计，为了丰富我们的生活，提高我们的思想水平。”[②] 活动先后邀请了华人经济界精英以及具有 WSET 品酒师证书的品酒师为参加活动的会员讲解英国房地产趋势及葡萄酒文化。用葡萄酒品尝这个西方社交形式来聚会，体现了中英文化交融的“伦敦桥文化”。[③]

---

① 《2010 年旅英青少年寻根春令营》，http：//www. fgd. org. uk/cn/news_ view. asp？ id = 252。

② 《伦敦桥文化沙龙——印证中国人崛起的新侨论坛》，http：//www. fgd. org. uk/cn/news_ view. asp？id = 518。

③ 《英国广东华侨华人联合总会 2013 年十件大事》，http：//www. fgd. org. uk/cn/news_ view. asp？ id = 640。

(6) 争取各界支持，加强与各类媒体合作，进一步扩大文化交流与传播的影响力。英国广东会多年来的工作受到了中国驻英大使馆以及广东省有关部门的赞赏，也得到了中英各界的肯定和赞扬。到目前为止，在英国有中国驻英大使馆、凤凰卫视欧洲台、无线卫星台、BBC 网、《星岛日报》、《华商报》、《新欧华报》、《伦敦时报》、《英中时报》、《英中商报》、英中贸易协会、英中友好协会、全英学联等，在中国有中央统战部、国务院侨办、中央电视台、新华社、《人民日报（海外版）》、《中国新闻社》、新浪网、广东侨办、《南方日报》等主流媒体对英国广东会作了广泛的报道。[①]

（三）比较研究与问题探析

1. 比较研究

三个地区的三个华人社团都具有一定的代表性。泰国潮州会馆是一个典型的传统侨团，会员众多，实力雄厚。美中文化协会是一个专业社团，影响力较大，但本身机构不大，主要做牵线搭桥的工作。英国广东华侨华人联合总会是一个新移民侨团，人数不多，但多以新华商、专业人士等为主，成长较快。除以上基本特点以外，在角色与主体、渠道与方式、作用与效果等方面，还可进一步展开比较。

第一，从中外文化交流中的角色与主体来看，海外华人社团都积极参与，是中华文化走出去的“排头兵”，也是外国文化进入中国的“引路人”，但在主旨目标方面还是有所不同。华人社团成立的宗旨中一般都将传播中华文化、促进中外人文交流等作为主要工作之一。泰国潮州会馆以联络感情、创办学校、促进文娱为主要目标，从其报道的会馆所有工作来看，涉及文化事务的约占 60% 以上；美中文化协会则只以“在中西方之间架起一座理解的‘桥梁’，以进一步促进两国间的友好关系”为使命，开展的所有活动都与文化有关；相对而言，英国广东会宗旨则不仅要弘扬中华文化，发扬中华民族优良传统，增进中英人民友好联谊，还要促进中英科技、经济交流合作，推动中国的经济建设和现代化建设的发展，促进祖国两岸和平统一与中国繁荣昌盛。所以，其涉及的文化交流活动约占总量的三成。由此可以看出，众多华人社团中，传统社团多存在于老华人移民较多的国家区域。中华文化经过多年磨合，已植入当地，华人群体维系和传承中华文化的使命感和力量比较强大，因而它在中外文化交流中角色突出，综合性的华人新移民社团目标多元，受多重利益的冲击，故而一般只将文化交流作为其工作任务之一。从交流主体来看，华人社团中老一辈侨领相对而言更加重视中华文化传承与交流的重要性，传统社团和专业社团比综合性的新移民侨团更加关注文化交流。泰国潮州会馆领导层多为年纪较大，退居事业二线、三线的有实力且有一

---

① 英国广东华侨华人联合总会简介，http://www.fgd.org.uk/cn/about.asp。

定影响力的老侨胞，他们一方面已经不为繁忙的事业所牵挂，另一方面随着年龄的增长，对祖宗文化的理解更深，情结更浓，所以也愿意花更多的人力物力财力放到文化事业上。美中文化协会主席杨雪兰也是从通用公司高层退休后担任此工作的，并且家庭背景深厚，社会人脉资源丰富。因此，这两类社团都可利用它们雄厚的实力和人脉关系，聚集一批文化资源力量，充分开展各类文化活动。而英国广东会在侨团如林的英国华人社会中相对弱势，尽管大家都很努力，成长较快，但无论是领导层还是会员都还比较年轻，多数还忙于个人事业发展，难以挤出太多的时间与精力投身于文化活动事业。不过，新移民在文化交流活动中也有他们的优势，就是受多元文化影响，思想活跃，更容易接受和融入当地社会文化。

第二，从中外文化交流的渠道与方式上来看，官方、半官方、民间等多渠道，以及承接代办、单独主办、联合举办、共同协办等多方式的文化交流渠道全面展开，但不同社团主要活动方式还是有所侧重。从个案研究上看，华人社团开展文化交流活动类型至少有以下几种：①与中国国内政府相关部门、高校或民间艺术团体等合作，利用“地主之谊”承接国内部门团体需要在海外举办的文化活动，尤其是在近年来中国大力推进文化强国战略，支持中华文化走出去的背景下，海外华人社区及华人社团成为前沿阵地，为众多中国文化艺术团体创造了展示舞台，同时也提高了海外侨胞对祖籍国的认同感。这些多是实力较强的传统社团或专业社团走出去的方式。②华人社团自设平台，推动中华文化的传承与发扬，同时也重视吸收当地文化营养。尤其是传统社团泰国潮州会馆自己成立华文学校，在教授华裔新生代汉语和学习中华文化的同时，也在学校开设泰语、英语教育，重视华裔学生的本土化和国际化教育，推动华裔学生全面发展。英国广东会更是利用农历春节等传统节日大力排演中华文化传统节目，但又善于吸收英国本土文化养分，穿插英国文娱节目，例如在伦敦桥文化沙龙中品尝西方葡萄酒，讨论中外发展趋势。③寻根问祖，加强与祖籍国“根”文化的联系。主要是华人社团组织华裔新生代回祖籍地参观访问，加深对家乡的感情，增进文化认同。这种活动在新移民侨团中表现得更加积极，因为新移民本身在中国长大，对中华文化情结更深，故而希望子女也不要忘记祖籍地文化。④参与当地政府举办的各类多元文化活动，与当地社会及民众直接互动。相对于东南亚部分国家而言，西方发达国家多数都是移民国家，实行多元文化主义，这为中华文化的植入与发展创造了有利条件，因此，像美中文化协会和英国广东会等将中华文化引入当地社会遇到的阻力相对较小。

第三，从中外文化交流活动的作用与效果来看，华人社团的积极参与对于增进海外民众对中华文化的认识和理解，以及中国民众对国外文化的认识与理解具有重要意义，一定程度上提升了中国在海外的文化软实力，但不同社团发挥的影响力还有所差异。传统社团与华人社区的发展一样历史悠久，在华人群体中的影响力已经根深蒂固。华侨社会已经转为华人社会，而华人社会就是当地社会。因此，其文化活动甚至也不需与其他族群文化交流，就可达到中外文化交流活动的效果，因为在这些国家当中，华族文化已经成为国家民族文化的组成部分。专业文化社团定位较高，一般都是大师、大节目、大项目、大文化，因而影响的人群主要是比较高端的人物。当然，随着大众文化素质的提高，有些比较小众化的文化项目对普通民众也有一定的影响。相比较而言，新移民社团的文化活动较为小众，这与其开展文化活动的实力和影响力有一定关系。

总体而言，海外华人社团在实践中能够自觉担负起文化交流中的桥梁与纽带作用，以本民族优良文化丰富了所在国多元文化，起到传播中华文化的重要作用。他们通过对华人群体的传播，有效保证了中华文化的传承；通过对居住国群体的传播，有效地丰富了世界各民族文化的内容；启发了各民族进行文化创造的灵感和智慧，对各民族文化的发展起到了激励、刺激、开发、推动作用，为它们的发展提供了动力。

一种文化要成功地从一个民族传播到另一个民族，为其所借用和包容，不仅取决于这种文化的性质和发展水平，还取决于接受、借用此种文化的民族的态度。而这种接受方的态度会受到多方面因素的影响。一方面，它会受到华侨华人自身与当地融合程度的影响，融合程度越高，越有利于中华文化的传播，并促进中华文化被当地所接受；另一方面，它也会受到中国与居住国的经济实力对比、外交关系等非文化因素的影响。此外，由于任何文化传播到新的环境，它所引起的反应取决于当地文化的特点，华侨华人能否将中华文化的内容有效地与当地文化融合，影响着中华文化的传播效果。文化传播的接受方，并非是一块“白板”，而是具有一定的传统、理念和价值标准的。它们在接受外来文化的时候，往往以已有的“期待视野”模式对外来文化加以衡量，在接受新事物时将其纳入这个固有的模式来理解。因此，中华文化在海外的传播，并非是一个单向的过程，而是一个与所在国文化不断磨合和适应的过程。①

2. 问题探析

第一，海外华人社团众多，良莠不齐，文化交流能力不一。部分海外华人社团组织机构松散，层次不高，侨领文化素质较低，大局意识不强，组织能力较差，缺乏推进中华文化走向世界的自觉意识和动力，未能有效地发挥和利用其在文化交流活动中的相关作用。有些社团之间甚至内部也不团结，各唱各的调，不但浪费了资源，还造成不良影响。以同乡会为例，大部分的华侨华人同乡会社团设立的目的仅在于联谊，活动相对封闭，对外活动较少，与当地社会没有交流互动。而其他性质的社团，如以职业分的工程师协会，以业余嗜好分的书法绘画协会，以休闲爱好分的棋类协会等，也同样存在这些局限。此外，有些社团名称相

---

① 詹正茂：《发挥华侨华人的作用，促进中华文化在海外的传播》，《侨务工作研究》2012 年第 1 期。

近，容易混淆。例如，美中文化协会就有两个，只是英文名称不一样。一个是US- China culture institute，另一个是 America-China Culture Association，还有一个叫美中文化交流促进会 US-China Culture Exchange & Development Association, Inc. 。有些华人社团甚至只是一个空壳，专门来中国忽悠套资源的。

第二，文化交流活动经费有限，制约了活动规模及其内容选择。在海外进行民族文化教育，是一项十分复杂而又艰巨的工作。华人社团基本上属于非政府组织，大多是志愿性团体，不具备推行其社团理念的直接物质手段，缺乏长远规划，主要依靠自身的影响力或者一些知名人士积累活动经费。[①] 即使部分社团，像泰国潮州会馆、法国潮州会馆等有自己一定的资产收入，或得到大财团、大企业家的资助，但大部分也数额有限、专款专用，并且难以保证其资金来源的长期连续性。有时也往往因为经费问题，导致社团内部甚至社团相互之间产生许多不和谐的因素。

第三，不同层次及类别的华人社团之间缺乏有效沟通。这也是部分海外华侨华人社团之间的通病。其主要是海外华侨华人社会自身的多元复杂结构导致，尤其是近些年来华人新移民的加入，以及社会流动的加速等因素。不同层次之间的社团相互瞧不起、相互竞争攀比。老侨团与新侨团之间来往较少，专业社团与综合社团之间沟通不多。有些社团由于领导层更换频繁，即使在同一地区也不知有其他类似社团的存在。有些明知已有相关社团存在，但仍然另立山头。这样一定程度上分散了海外侨务资源的有效性，进而未能进行合理整合与相互借用，不利于提升文化交流的影响力和渗透力。

第四，部分海外华人社团在文化活动方面与当地社会其他族群互动不多。从三个个案报道的文化活动来看，传统的泰国潮州会馆，在文化活动方面与当地社会共同举办或参加当地文化活动等相对较少，更多的是与祖籍国文化交流和往来。诚然，泰国华人居住泰国已久，已经成为其多元民族中的一员。华族文化已经是当地文化的一种。但如果进一步增加与当地其他族群文化的交流互动，一方面可以增进相互理解，营造和谐氛围，另一方面也可以进一步间接扩大中华文化的影响力。相对而言，专业社团和新侨社团可能更容易接纳外来文化。

第五，海外华人社团在文化交流的宣传方面还有所欠缺。研究发现，三个社团都有网站，但内容都比较简单，这不失为一大遗憾。这不仅不利于外界对社团活动的了解，也不利于社团管理效率的提升。在文化活动的报道方面，新侨社团报道比较翔实，传统社团报道比较中规中矩，专业社团报道比较简单。这一方面与社团的领导管理意识有关，另一方面可能也与社团投入此项工作的人力物力财力有关。事实上，文化交流的目的就是要宣传文化，增进相互了解，彰显其影响

---

① 李世杰：《发挥海外华人社团作用　促中华文化走向世界》，http：//cppcc. people. com. cn/GB/34961/90780/90789/6030216. html。

力。所以，文化交流不仅是实实在在的具体动态行为，也应该包括相对静态的文化宣传活动。

另外，在文化交流活动表象背后还存在相对隐性的深沉问题，主要包括：

一是关于中外文化交流战略的问题。虽然海外华人社团开展的各类文化活动不少，但有多少起到了增进中外文化交流、加深相互理解的作用？首先，部分华人社团负责人视野较窄，开展文化活动纯粹是为了满足会员们自娱自乐的需求，进而在开展文化活动项目的选择上没有标准。其次，中国国内文化战略在海外华人社团的影响力有多大？尽管国内侨务部门多次召集重要社团召开大会，倡导相关文化活动。但会上积极、会下消极的现象较为普遍。再次，不同社团开展文化活动的目的不一。有些社团确实是为了扩大自身影响力，满足区域内华侨华人的文化需求而办，有的却是某些负责人为了提升自己的权威而办，也有的甚至是为了某些利益所得，赢得中国国家经费资助而办。

二是关于文化交流内容范畴的问题。当前，华人社团在促进文化交流合作方面多数还局限于文娱表演、摄影、书法、武术、龙舟等项目，反复亮相于各类文化舞台，这虽然引起了外国民众的兴趣，但是中华文化的精华与核心价值展示得还不够深入，似有形式大于内涵之嫌。长此以往，容易使得国外对于中华文化的理解停留在表面化的层次，新鲜感降低，对中华文化丧失兴趣。著名的人类学家弗莱（Northrop Frye）认为，一个民族国家的自我认同物就是它的文化，而文化是一个多层次的结构系统，在最基础的层次上，文化就是风俗和生活方式，吃、穿、说话、婚配、游戏、生产商品等的独特方式；中间层次的文化，指的是由历史传统形成的另外一些产物，政治、经济、宗教以及其他构成民族生活并引导意识形态主流方向的制度；文化的上部层次是一个民族特有的富有创造力的产物，主要是文学和艺术。[①] 所以只了解一个民族的服饰、饮食、习俗、宗教和制度是不彻底的，只有去了解一个民族的艺术，才能真正地了解这个民族。有研究表明，国外民众当前最关心、最想了解的并非中国的传统文化，而是中国的政治体制改革、外交政策调整、民生、社会等问题。仅仅正面宣传经济建设成就不能使国外公众全面认知中国的现实情况，反而容易导致中国的发展被过度放大，加剧“中国责任论”对中国的压力。利用传统文化进行宣传虽然是中国公共外交的重要工具，但语言艺术等文化交流不触及价值观内核，不能消除“中国威胁论”在国外的负面影响。[②] 因此，我们还应当认真思考，当今的主流文化到底是什么？如何在展示表层文化的同时传播思想、观念等深层的文化，深入渗透社会主流？如何创造中华文化品牌、提升影响力等？

---

① Northrop Frye, “Levels of Cultural Identity”, in Robert D. Denham, ed., Northrop Frye, *The Eternal Act of Creation*: *Essays*, *1979 - 1990*, Bloomington & Indianapolis: Indiana University Press, 1993, pp. 168 - 182.

② 宋黎磊、王宇翔：《新形势下中国对中东欧国家公共外交探析》，《现代国际关系》2013 年第 8 期。

四、结论与思考：中外文化交流的路径建构

改革开放以来，中国的发展经历了一个从以经济建设为中心，到经济与文化逐步并重的历程。与此同时，海外华侨华人社会也处于一个重要的转型期。华侨华人社会总体实力大幅提升，在当地社会的影响力日益增强。在物质生活得到较大满足之时，华侨华人社会对精神文化的需求也不断增加。基于此，我们认为海外华侨华人社会的发展与中国社会的发展基本是紧密相连、息息相关的。这也是我们可以借助海外侨务资源实施文化发展战略的前提条件和重要依据。

但文化的传承与交流是一个艰难而漫长的过程。它既受到华人社团自身各方面条件和能力的限制，也受到本土文化影响力的挤压和冲击。即便如此，海外华人社团仍然取得较大成就。但总体而言，单凭华人社团自身开展文化交流的力度是有限的，更难以承担提升文化软实力这一历史大任。它需要海内外中华儿女和各界力量的共同努力。

第一，制定中外文化交流战略发展规划，加强对海外华人社团开展文化活动的指导。可以由政府侨务部门牵头，通过组织专家、文化界人士、文化交流机构、华人社团侨领等共同参与商讨编写。只有战略目标、指导方针、基本措施等内容更加明确了，才可以更好地发挥各类华人社团优势，提高文化交流效果，避免目前有时“一锅粥、全都上”的乱象。2015 年中英文化交流年之际，伦敦一下子成立英国岭南文商总会、英国广州文化经贸协会、全英旅游文化总会三个新社团，都将承办和协办艺术、学术、商业等活动，均以推动中英文化交流等作为社团宗旨。[①] 平台之间如果不加强合作协调，也可能会带来不正当竞争，甚至不良影响。

第二，加大文化交流产品品牌的开发，创作打造一批适合华人社团开展交流的优秀的民族文化作品，提升震撼力和影响力。文化产品是文化交流的主要载体。纵览中外文化交流史，文化交流主要是文化产品的交流。[②] 近年来，文化部、国务院侨办、中国侨联等部门在国外举办的一系列“春节文化品牌”活动，也正是通过对中国传统节日的宣传来张扬中华民族文化身份，同时也吸引了大批的外国人参与其中。在外国人看来，中国的传统春节就是中华民族文化身份的标志和文化符号。它已成为展示中国优秀传统、推出中国当代创新成果、传递中国精神的重要窗口，并被外国媒体誉为“中国软实力品牌”。[③] 当代人创造的文化产品，要站在当代人的价值观、审美观的基础上，对传统文化资源的价值进行再

---

① 《英国新成立三个华人社团》，http：//world. people. com. cn/n/2015/0326/c157278 - 26750366. html。

② 徐黎：《文化交流四要素关系研究》，河南师范大学硕士学位论文，2011 年。

③ 《“天籁无形，大象有声”——2016 年“欢乐春节 · 艺术中国汇”纽约系列活动在京启动》，http：//culture. online. qh. cn/wenhuazixun/2015/0713/10495. html。

发现，不单是确立它的“宗主”身份，更要重视对文化资源进行有效的开发和利用；还要合理利用其他文化资源，丰富自己的文化，将文化资源变成文化资本，变成具有竞争优势的文化产品、文化产业。①

第三，提升海外华人社团对民族文化的认识，提高他们弘扬中华文化、促进相互交流的自觉性和使命感。政府要充分重视华人社团在弘扬中华文化、促进人文交流中的重要力量和独特作用。侨务部门、驻外机构要加强与华人社团的联系，发现、引导和扶植一批确实有影响、有活力、愿意办实事的华人社团，帮助他们建立良好的社团工作机制。加强与海外华人社团的沟通与合作，邀请海外华人社团领袖回来观光，参加专题研讨，真正把文化交流渗透到侨务工作中、渗透到华人社团工作中。

第四，通过设立面向海外华人社团的中华文化推广基金和相关项目，给予必要的财政支持，同时引导海外华人社团争取当地政府及社会的支持。由于大部分海外华人社团都是自发组织起来的非政府组织，虽然致力于弘扬民族文化，却苦于没有物质手段，难以实现。在这一方面，政府可以设立中华文化推广基金和项目，专门面向海外华人社团，让他们在进行倡议活动、对外宣传中华文化时在资金上有充足的保证。② 同时也要重视项目基金的使用效率与评估。此外，华人社团也可寻求与当地社会的合作，获得政府或民间支持。2015 年英国广东会在肯特郡汤桥市的嘉年华活动就得到了英国太平保险公司、Titicaca 旅游公司、Honeymoon 酒楼、Taylor fish bar、The mandarin、Daily rice、Chow chow、Tasty place、Golden Kichen. May mei garden、Wraygury、Masteerr Chef、The wisely Ltd 等企业机构的友情赞助。③ 这是一种值得推广的可持续发展模式。

第五，加强华人社团文化交流能力，提升建设，涵养文化交流资源，增进各类社团之间合作交流。华人社团自身文化交流能力较低，普遍缺乏文化专业人士指导。国内相关部门要在培训海外专业人士、提升文化水准方面进一步加大努力，引荐更多的文化专业人士、社会热心人士参与到中外文化交流事业中，同时发挥好协调、引导作用，让更多的华人社团之间可以共享资源。近年来，国家侨务部门、文化部门做了一系列类似工作，取得了较大成绩，值得进一步总结和推进。

第六，路径创新，鼓励华人社团通过多渠道、多层次、多形式开展中外文化交流活动。文化交流可以不限于文化渠道，华人社团仍然可以借助商业网络、社会网络等开展活动。这一点要特别重视对新侨社团以及专业社团的引导，因为他

---

① 徐黎：《文化交流四要素关系研究》，河南师范大学硕士学位论文，2011 年。

② 李世杰：《发挥海外华人社团作用　促中华文化走向世界》，http：//cppcc. people. com. cn/GB/34961/90780/90789/6030216. html。

③ 《舞狮旗袍民族舞亮相汤桥嘉年华 ——英广东会百人方阵民族风展姿彩》，http：//www. fgd. org. uk/cn/news_ view. asp？ id =761。

们多数与当地社会互动较多，吸收能力较强，善于促进中西文化交融，也容易被当地社会接纳，成为当地社会了解中国的重要渠道。在形式上，华人社团不仅要提高实体文化活动的多样性，同时要进一步提升网络文化交流与宣传的能力。尤其是在当前因特网时代，虚拟社区和空间是各国民众的重要交流平台，其影响力巨大。此外，网络交流不存在时间、地域、活动空间等限制，交流成本也很低。这就需要华人社团有优秀的文化产品和网络平台，加强网站建设，辅以优秀的互动人才。

第七，支持华人社团融入当地社会文化，引荐更多更好的文化项目和团体来中国交流。在这一方面，专业社团做得比较成功，主要取决于其核心业务以及社团负责人的素质。普通华人社团之间加强合作，也可以在很多方面获得更多的资源。例如，由欧洲众多华人社团组成的欧华联会被认为是“欧洲华人群体的代表”① 和“华人的欧盟”，对于促进欧洲一体化进程、促进整个欧洲社会的文明进步与和平繁荣，无疑会起到积极的作用。② 欧华联会曾经多次引荐欧洲文化界、政治界等人士和团体赴中国访问交流。

第八，加强对中外文化交流活动规律的研究，引导、促进海外华人社团提高文化交流活动的质量和影响。国内的侨务、文化部门以及有关文化团体、研究机构必须给予智力、学术上的支持和便利。③ 中华文化丰富多彩，各个国家的文化背景也各有不同，到底哪些具有可传播性、如何传播等问题，需要结合实际具体考量。文化交流不是要泯灭民族的文化身份，而是使民族的文化身份更加突出。我们既要将民族固有的文化精品推向世界，又要鼓励创造一批人民群众喜闻乐见、能承载中华文化核心价值的优秀产品，把中华民族追求和谐世界的理念展示给世界。国内文化主管部门、侨务部门和统战部门要加强与华人社团在文化传播过程中的交流和协作，及时解决文化传播中遇到的问题，提供最新的文化信息和资料，使海外华人社团在中华文化传播活动中更加具有针对性和感染力。④

---

① 李明欢：《群体效应、社会资本与跨国网络——“欧华联会”的运作与功能》，《社会学研究》2002 年第 2 期。

② 吴潮：《欧华联会与欧华的政治趋向》，引自欧华联会秘书处所提供资料。

③ 李世杰：《发挥海外华人社团作用　促中华文化走向世界》，http://cppcc.people.com.cn/GB/34961/90780/90789/6030216.html。

④ 李世杰：《发挥海外华人社团作用　促中华文化走向世界》，http://cppcc.people.com.cn/GB/34961/90780/90789/6030216.html。

中国新移民研究

中国的海外移民趋势和政策：富裕和高技术人群的迁移

项　飙*

中国海外移民主要可划分为两种类型：高技术和/或富裕人群，以及低技术或非技术人群。中国的高技术和富裕移民正在迅速崛起，而低技术和非技术移民仍停滞不前——这种分化自20世纪末开始扩大。中国目前高等教育人口的移民速度是整个国家总体移民速度的5倍。中国富有的精英阶层和正在成长的中产阶级在收入不断增长的推动下，正在不断地为其自身和家庭创造海外教育和工作的机会。

这一群体经常申请技术移民或投资移民签证。一些国家对有意愿在本国做一定投资的富有外国人发出居住许可证。中国是发达国家如美国、澳大利亚和加拿大的投资移民的主要来源。例如，从2014年至2015年，在美国高等教育机构注册的国际学生，其中31%是中国籍。2014年中国是美国由雇主做担保所发放的工作准证（H－1B）的第二大接受者，85%的美国投资移民签证（EB－5）发放给了中国人。一些访谈和调查说明，当经济地位足够支持移民行动时，中国的高技术人群都会因中国的政治、经济、社会等一些复杂的综合因素而产生移民动机。

另一方面，来自中国的非技术移民活动正在以较慢的速度进行。虽然中国政府的改革放宽了向外移民的控制，方便了海外工作，并使这一过程更加安全有序，但新条规的出台对移民活动也起到了阻碍作用。不断增加的政府条规使这一雇佣进程放缓，而越来越多人员的卷入也抬高了移民的费用。不像技术移民，他们可以相对轻松地转换签证类型，低技术或非技术移民因在双边劳务合同中含有严格的回国要求而没有机会在海外定居。政府改革在无意中使移民两极分化，并进一步加深了社会的不平等。

20世纪80年代末对于“人才流失”的关注，使得中国政府做出各种努力来联络海外移民，但并不一定期望他们永久性回国。这些努力包括对学术界和科技

---

* 作者：项飙，英国牛津大学教授；译者：任娜。

领域的高技术移民的招聘项目，召开会议和建立门户网站来联系海外专家，组建海外留学生和专业人士的社团，以及进行短期交换项目和给予第二代华人移民特殊签证。中国侨务工作成功的关键在于公私伙伴关系的建立，这一关系涉及许多地方政府部门和私人利益者，并且已经取得了显著的成绩。

一、概况

中国[①]在过去40年里呈现了海外移民人口的显著增长。这份报告分析了20世纪70年代末至今中国海外移民的进程。各种证据显示一个明显的趋势：更多的富裕阶层和具有良好教育背景的中国人正在移向北半球几个最发达的国家。相反的，非技术移民正在以较慢的速度增长，这反映了经济回报的滞后和雇佣手续的复杂和昂贵。1949年之前，中国海外移民主要由低技术或非技术移民构成。今天，富裕阶层和高技术移民占据了海外移民的大多数。这份报告也追溯了关于技术和非技术移民政策的变迁及其动因。在过去40年里，一个总体的政策趋势是对于人们出国控制的放宽，允许向外移民，但鼓励他们在海外为祖籍国做出贡献。对于高技术和富裕移民而言，出国控制政策已经被鼓励回国或与祖国保持跨国联系的政策所取代。对低技术或非技术移民而言，出国控制政策则被复杂的海外务工招聘程序所取代，这对移民活动继续构成了一种实质性的障碍。这些政策在控制移民流动方面有效，但并没有构成中国移民进程的基本动力。

二、中国当代海外移民趋势

尽管中国仍然是世界上移民速度最慢的国家之一，但其海外移民的绝对数量正在增长。根据联合国经济与社会事务部的数据，中国国际移民的数量从1990年的410万增长到2000年的550万以及2013年的930万。[②] 中国目前也已从1990年的第七位（2.6%）上升为第四大移民来源国（在2013年占了世界移民总人数的4%）。

① 除非特别注明，本报告中的“中国”主要指中华人民共和国大陆地区，香港、澳门和台湾的情况未包括在内。

② United Nations Department of Economic and Social Affairs（UN DESA），Total Migrant Stock at Mid-year by Origin and Destination，tables 1，5，and 12（Washington，DC：UN DESA，2013），http：//esa. un. org/unmigration/TIMSO2013/migrantstocks2013. htm？msdo（包括在香港和澳门）。

表1 来自中国的净移民速度和预估速度

（1985—2020）

（单位：1 000 人）

1985 - 1990	1990 - 1995	1995 - 2000	2000 - 2005	2005 - 2010	2010 - 2015	2015 - 2020
0.0	-0.1	-0.1	-0.4	-0.3	-0.2	-0.2

资料来源：经济合作与发展组织数据库，引自亚洲发展银行，劳工移民，亚洲的技工与学生流动（东京：亚洲发展银行，2014），第55页。

然而，与中国总人口比较，这些数字在比例上仍是偏小的，在2014年中国总人口接近14亿，构成了世界总人口的近20%。① 2010—2011年世界经济合作与发展组织（OECD）的数据显示，中国的移民比例仍是世界最低比例之一，只占到总人口的0.4%。②

中国移民的特征是高技术和富裕移民与低技术或非技术移民之间的分化正在加剧。当前中国高等教育人口的移民比例是1.8%，几乎是2010—2011年间总体移民比例的5倍。③ 这一差距并非中国所独有：世界经济合作与发展组织根据世界各洲平均计算显示，在非洲也有数量多于之前5倍的高等教育人口倾向于移民，亚洲也有近乎多于之前4倍的高等教育人口倾向于移民。然而，在世界较为发达的地区，这一差距并不高：在欧洲受过高等教育的移民比例仅略高于总体移民比例（0.3%），在北美这一比例则更低（-0.1%）。

随着富裕移民和高技术移民数量的增长，移居到发达国家（如澳大利亚、新西兰、日本、欧洲和北美的国家）的中国人口的比例从1990年的53.4%增长到2013年的58.6%。同一时期，中国移民到发展中国家的人口比例从46.6 %下降到41.4%。④ 中国人在美国、加拿大、澳大利亚和新西兰都属于最大的新移民群体。

---

① World Bank, "Population (Total), 2014", http://data.worldbank.org/indicator/SP.POP.TOTL, 2015年11月29日。

② UN DESA and Organization for Economic Cooperation and Development (OECD), "Emigrant Population 15+ in the OECD in 2010/11 by Country and Region of Birth", in World Migration in Figures, a joint contribution by UN DESA and OECD to the United Nations High-Level Dialogue on Migration and Development, New York, October 3-4, 2013.

③ UN DESA and Organization for Economic Cooperation and Development (OECD), "Emigrant Population 15+ in the OECD in 2010/11 by Country and Region of Birth", in World Migration in Figures, a joint contribution by UN DESA and OECD to the United Nations High-Level Dialogue on Migration and Development, New York, October 3-4, 2013.

④ 联合国经济与社会事务部（UN DESA），引自王辉耀：《中国国际移民的新特征和总趋势》，王辉耀、刘国福编：《中国国际移民报告（2014）》，北京：社会科学文献出版社，2014年，第20页。

国内和国外签证政策的放宽使得高技术和富裕的中国移民在永久定居和跨国流动方面享受到越来越多的自由。而形成强烈对比的是，中国的低技术或非技术移民的数量仍然很少，这归因于严格的控制和复杂且昂贵的招聘手续。这部分将讨论中国投资移民、学生移民、家庭团聚移民和非技术劳工移民的发展趋势。

（一）高收入移民

在过去几年，中国移民趋势中一个最为显著的特点是投资移民的迅猛增长，即富裕人群通过在移居国进行一定数量的投资而获得海外居住许可证。依据国家及其投资签证制度，投资移民可以购买房产、政府债券或特定的低利息、零利息债券，购买国家发展基金，或者投资私人商业领域。[①] 作为回报，投资移民在移居国获得一些居住权，无论是即刻公民权（immediate citizenship）、永久居住权，还是最终可以转化为永久居住权的临时居住权。

富裕的中国投资者成为这些投资移民项目需求的主要动力。例如，在美国，2014 年中国人占到了所有投资移民签证（EB－5）[②] 的 85%。[③] 在 21 世纪最初十年中国是加拿大投资移民的主要来源国，直到这一移民通道在 2012 年被暂时中止并于 2014 年被最后正式关闭。[④] 在 2010 年，加拿大 58% 的投资移民是中国大陆人，紧随其后的是中国台湾人，占到 8%。[⑤] 相似地，在澳大利亚于 2012—2015 年间中国人占到所有投资移民签证的 87%。[⑥]

---

① 参见 Madeleine Sumption and Kate Hooper, *Selling Visas and Citizenship: Policy Questions from the Global Boom in Investor Immigration*, Washington, DC: Migration Policy Institute, 2014, http://www.migrationpolicy.org/research/selling-visas-and-citizenship-policy-questions-global-boom-investor-immigration。

② 投资移民必须投资 100 万美元（而在指定的经济领域投资，需 50 万美元）且要为美国人提供至少 10 个工作岗位。作为交换，他们被给予暂时居住许可证，待他们达到工作岗位的提供标准后，暂时居住许可证就会转成永久性居住证。

③ 美国国务院领事部，“Table V: Immigrant Visas Issued and Adjustments of Status Subject to Numerical Limitations, Fiscal Year 2014”, in *Report of the Visa Office*, 2014, Washington, DC: 2015, http://travel.state.gov/content/dam/visas/Statistics/AnnualReports/FY2014AnnualReport/FY14AnnualReport-TableV-PartIII.pdf。

④ 2014 年底加拿大发起了一个较小规模的风险投资试验移民项目，它大幅地提高了最低投资门槛（从 80 万加币提高到 200 万加币）和最低净资产（从 160 万加币到 1 000 万加币），并且在风险投资项目中要求非担保投资（代替政府发行的担保性债券）。旧的投资移民项目仍然在魁北克地区进行，魁北克可以选择它自己的经济移民和难民。

⑤ 加拿大公民和移民处（CIC），“Business Immigrants—Investors: Findings from the Longitudinal Immigration Database (IMDB)”, IMDB 2008 Research Series, March 2012, p. 4, http://www.cic.gc.ca/english/pdf/pub/imdb/INV_3.pdf。

⑥ 数据来自 2012 年 11 月 24 日至 2015 年 10 月 31 日。在同一时期，中国香港人（单独计算）占到投资签证的 3.2%。参见澳大利亚联邦，移民与边境保护处（DIBP），“Significant Investor visa statistics”, http://www.border.gov.au/about/reports-publications/research-statistics/statistics/work-in-australia/significant-investor, 2015 年 12 月 7 日。

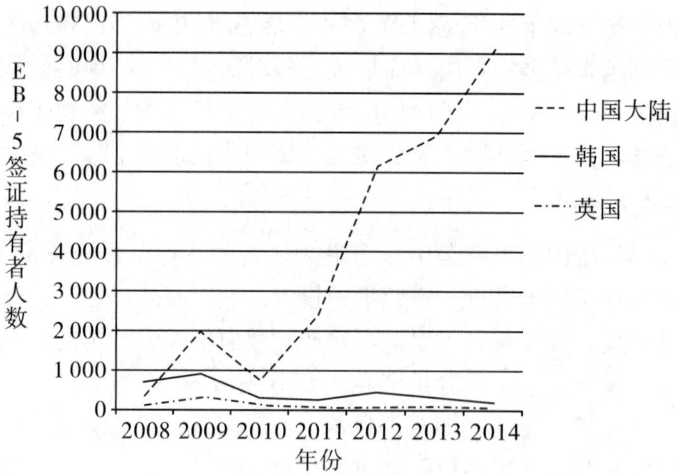

图1　美国EB－5签证持有者的三大主要来源国（财政年度2008—2014）

资料来源：美国国务院，签证厅报告，2008—2014年（华盛顿：国务院），表V，第3部分，http：//www. travel. state. gov/content/visas/en/law-and-policy/statistics. html。

许多富裕的中国人已经考虑或正在考虑移民海外。2011年一份对18个中国主要城市高收入人群的调查发现，60%的“超高净值”人群——拥有1 000万人民币以上（大约160万美元）资产的人群——已经考虑移民。① 在那些已经考虑移民的“高净值”——拥有600万人民币资产（大约97万美元）或以上的人群中，77%确定美国和加拿大为他们的移居意向国。②

笔者探究中国投资移民增长的原因时，发现有关这一方面的信息非常有限，但对于富裕中国人群的调查和访谈揭示了三个可能的动因。一是海外的中高等教育质量高，尤其是移居国美国和英国，它们的大学占据了世界大学排名的最前列。③ 二是生活质量因素。中国食品安全差，污染程度尤其高：每年有35万至50万的中国人过早地死于空气污染。④ 第三个经常提到的因素是富裕的中产阶层

① 中国银行私人银行和胡润研究院：《2011年中国私人财富管理白皮书》，北京：中国银行和胡润研究，2011年。

② 中国银行私人银行和胡润研究院：《2011年中国私人财富管理白皮书》，北京：中国银行和胡润研究，2011年，第8页。

③ 例如，在2013年QS世界大学排名中前十名大学或者来自英国或者来自美国，加拿大仅有两所大学排在世界前50名。来自QS：“QS世界大学排名（2013—2014）：概览”，http：//www. topuniversities. com/university-rankings-articles/world-university-rankings/qs-world-university-rank- ings－20132014。

④ Zhu Chen，Jin-Nan Wang，Guo-Xia Mac，and Yan-Shen Zhang，“China Tackles the Health Effects of Air Pollution”，*The Lancet* 382，No. 9909，2013，pp. 1959－1960.

对于中国长期以来政治、经济、社会状况和其他潜在不安定因素的广泛关注。[①] 2013 年一份对于中国企业家的调查显示，多数人关注到中国商业道德规范的缺失和法规的弱化。[②]

投资移民已经导致大量资本从中国流失。一份报道估计，仅 2012 年从中国到美国的投资移民就带走了 360 万至 610 万美元的资金，还不包括住房、教育和日常生活方面的花费。[③] 中国人[④]是美国 2013 年房地产业的第二大外国买家，仅排在加拿大人之后。[⑤] 更惊人的是，中国人买房的中位价是 42.5 万美元，且大约 69% 的交易是以现金进行，高于任何一个外国群体。[⑥] 对于资金外流的关注使得投资移民成为中国讨论的热点话题，一些媒体称这些资金外流几乎“掏空”了整个国家。[⑦]

（二）高技术移民和留学生移民

目前，中国是国际学生的最大来源国，这些国际学生在完成学业后有可能回国或不回国。从 1978 年到 2013 年，300 多万学生离开中国到海外学习。仅在 2013 年这一人数就达到了 41.4 万人，[⑧] 是 1978 年移民人数 860 名的 465 倍之多。[⑨] 图 2 说明了近些年中国学生流出大幅增长的态势，从 2000 年的少于 5 万人涨到了 2013 年的 40 多万人。

---

① 例如访谈引自 Rachel Wang，“Why China's Rich Want to Leave”，*The Atlantic*，April 11，2013，http：//www. theatlantic. com/china/archive/2013/04/why-chinas-rich-want-to-leave/274920/；Jason Chow and Angus Loten，“More Wealthy Chinese Said to Prepare Exits”，*Wall Street Journal*，May 11，2012，http：//online. wsj. com/news/articles/SB1000142 4052702304203604577393841014313050；*The Economist*，“Middle Class Flight：Yearning to Breathe Free”，*the Economist*，April 26，2014，http：//www. economist. com/news/china/21601305-more-middle-classes-are-leaving-search-cleaner-slower-life- yearning-breathe。

② 2013 年 8 月由《经济参考》所做的调查，引自 Zheng Wang，“Why China's New Rich Want to Leave”，*The Diplomat*，November 5，2013，http：//thediplomat. com/2013/11/why-chinas-new-rid-want-to-emigrate。

③ 王辉耀：《中国国际移民的新特征和总趋势》，王辉耀、刘国福编：《中国国际移民报告（2014）》，北京：社会科学文献出版社，2014 年，第 22 页。

④ 包括中国大陆、台湾、香港和澳门。

⑤ National Association of REALTORS ®，*Profile of International Home Buying Activity*，Chicago：National Association of REALTORS，2013，http：//www. realtor. org/sites/default/files/2013-profile-of-international-home-buying-activity-2013 – 06. pdf.

⑥ National Association of REALTORS ®，*Profile of International Home Buying Activity*，Chicago：National Association of REALTORS，2013，http：//www. realtor. org/sites/default/files/2013-profile-of-international-home-buying-activity – 2013 – 06. pdf，第 28 页。

⑦ 例如，刘茜：《第三次移民潮会掏空中国吗?》，《南方日报》2011 年 12 月 13 日。译者注：经查对《南方日报》原文，该篇报道并不认为移民会带走财富及造成人才流失。

⑧ 教育部：《2013 年度我国留学人员情况》，北京：教育部，2014 年，http：//www. moe. gov. cn/publicfiles/business/htmlfiles/moe/s5987/201402/164235. html。

⑨ 教育部：《教育交流与合作》，北京：教育部，2008 年，http：//www. moe. gov. cn/public- files/business/htmlfiles/moe/moe_2441/200810/39412. html。

美国是迄今最受中国学生欢迎的目的地。将近20万中国学生在2011—2012学年间被美国高等教育机构接纳，同一时期其他三个领先的国家分别是：英国，接收中国学生6.5万人；加拿大，接收2.5万人；澳大利亚，接收2.3万人。① 在2014—2015学年间，30.4万名中国学生在美国注册，占外国学生的31%，远超印度学生（第二大外籍学生群体）。②

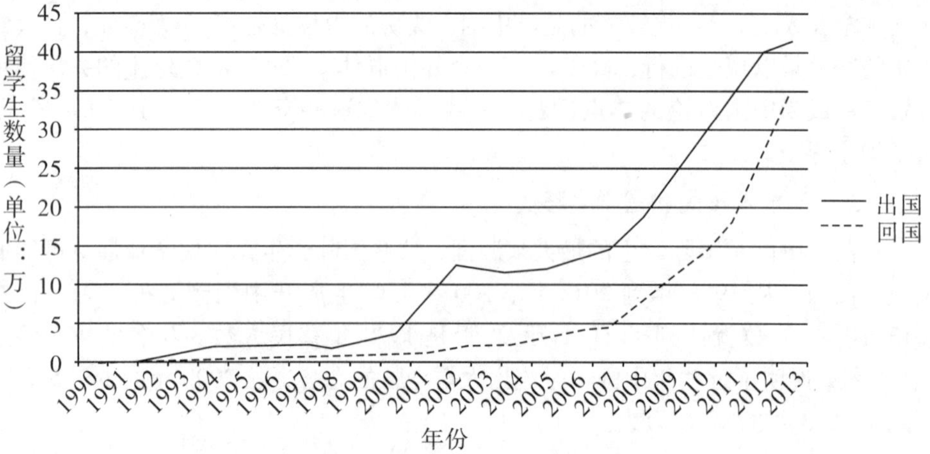

图2　中国留学生的流出和回国（1990—2013）

资料来源：教育部，《中国统计年鉴》（各年度）。

大多数中国留学生是自费的，自费的中国留学生数量超越了20世纪90年代持奖学金学生的数量。这使得海外教育成为了一个主要的经济板块，其2012年的年收入约达2 000亿人民币（约320亿美元——其中85%花在目的地，13%用于中国的语言学习，2%用于中介服务费。③）在美国留学的平均花费是一年3.6万美元④——是2013年中国城市居民年度可支配收入的8倍，农村居民可支配收入的25倍。⑤

① 中国教育在线：《2013年出国留学趋势报告》，中国教育在线，http：//www.eol.cn/html/lx/baogao2013/page1.shtml。

② 印度学生构成美国所有外国学生的13.6%。见International Institute for Education，"Open Doors Data. International Students：Leading Places of Origin"，http：//www.iie.org/Research-and-Publications/Open-Doors/Data/International-Students/Leading-Places-of-Origin/2013－15，2015年12月7日。

③ 中国教育在线：《2013年出国留学趋势报告》，中国教育在线，http：//www.eol.cn/html/lx/baogao2013/page1.shtml。

④ 根据中国教育移民机构估计，见出国留学网：《美国留学费用详情》，http：//meiguo.liuxue86.com/feiyong/，2014年11月14日。

⑤ 城市和农村年度可支配收入分别是4 325美元和1 427美元。见国家统计局：《2013年国家经济和社会发展统计报告》，北京：国家统计局，http：//www.stats.gov.cn/tjsj/zxfb/201402/t20140224_514970.html。

在过去的大约十年，外流人数明显超过了回国人数（见图2）。回国学生的数量在2000年开始增加，2008年后这一比例逐步扩大。2013年有超过35万名学生回国：这表示自2012年后回国人数增长了30%，如从2000年算起则增长了近4 000%（2000年有不超过1万名学生回国）。[①] 同时，近些年中国学生流出的增长速度开始放缓。[②] 虽然政府政策在从尖端领域如科技领域方面吸引人员回国发挥了一定的作用，但留学生回国数量迅猛增长的主要动因还在于中国经济的增长，以及2008年金融危机后西方就业市场的紧张。大部分回国人员是被工作和商业机会所驱动。[③]

（三）家庭团聚移民

通过家庭渠道移民的中国人数量也在上升，这与投资和高技术移民人数的上升有部分关联。许多中国人移民主要通过家庭渠道或作为高技术移民的被抚养人。家庭团聚是唯一重要的渠道，通过这一渠道，中国个体移民在20世纪70年代中国“文化大革命”结束后又重新开始。自20世纪90年代，家庭团聚主要针对投资移民和技术移民。根据美国EB－5签证项目的以往历史，每一名投资移民大约有两个家庭成员被给予有条件的永久性居民签证。[④]

在2013—2014年间，中国是澳大利亚家庭移民的最大来源国，占所有发放的家庭签证的17%。[⑤] 许多在中国出生的澳大利亚移民担保他们的父母和配偶申请家庭签证，在2013—2014年间父母签证占42%，配偶签证占52%。[⑥] 在2013—2014年间中国人收到了所有发放给父母的家庭签证的近一半，相比于澳大利亚其他主要移民群体而言，中国移民的父母签证类型占到了很高的比例。[⑦] 对许多人而言，为年迈的父母和年幼的孩子提供一个高质量的生活环境，与为他们自身的事业和商业寻找新的机会，是同等重要的。

中国人现在倾向于在更年幼的时候移民，说明小学和中学教育是家庭考虑移民的另一个相关因素。家庭和孩子可能因为父母的工作而移民，或出于对子女未

---

① 中国教育在线：《2014年出国留学趋势报告》，中国教育在线，http：//www.eol.cn/ html/lx/ 2014baogao。

② 2008年至2009年间，学生出国的数量增长了27.5%，而2012年至2013年间这一数字仅增长了3.6%。见中国教育在线：《2014年出国留学趋势报告》。

③ Zheng Wang，“Why China's New Rich Want to Leave”，*The Diplomat*，November 5，2013，http：// thediplomat.com/2013/11/ why-chinas-new-rich-want-to-emigrate/.

④ Brookings Institution，in “Analysis of DHS Office of Immigration Statistics”，in Audrey Singer and Camille Galdes，eds.，*Improving the EB-5 Investor Visa Program*：*Interna- tional Financing for U.S. Regional Economic Development*，Washington，DC：Brookings Institution，2014，p. 8.

⑤ DIBP，*Australia's Migration Trends* 2013－14，Canberra：Commonwealth of Australia，2014，pp. 31－35，http：//www.border.gov.au/ReportsandPublications/Documents/statistics/migration-trends13－14.pdf.

⑥ DIBP，*Country Profile*：*People's Republic of China*，p. 4.

⑦ DIBP，*Country Profile*：*People's Republic of China*，p. 4.

来教育的考虑而促使父母移民。20 世纪 90 年代中期以前，中国学生移民多是持有学校奖学金的研究生，而 2000 年后都是来自富裕家庭的高中生和大学生，他们尽早地开始寻求精英化的国际教育。在 2005—2011 年间，进入美国高中的中国学生数量增长了 10 倍之多。[①] 在 2011 年，76 800 名学生为了能从海外高中毕业而进行移民，这一人数占到了所有学生移民的 23%。[②] 这些年幼移民多数最终都进入到了移居国昂贵的精英中学。例如，在 2012—2013 学年，在英国自费的独立中学里中国人占到了所有海外学生的 15%。[③] 在 2012—2013 学年，23 795 名中国学生进入美国私立高中（K-12），而在 2005—2006 年间只有 65 名。[④] 近期一份关于中国高净值人群的调查发现，29% 的人希望送他们的子女到英国中学学习，26% 的人则希望送子女去美国。[⑤]

（四）非技术移民

尽管中国占到了世界劳动力的 25%，但在 21 世纪第 2 个十年，中国仅提供了 1% 的非技术国际劳工移民。中国非技术劳工移民来自于两个渠道——项目式集体劳工和个体海外雇佣（官方为“国际劳务合作”）。在项目式移民中，工人由中国公司雇佣并被派遣到海外。在国际劳务合作的方式中，移民一般被外国公司雇佣并接受海外薪水。但现实情况可能更为复杂，工人名义上是被雇主的中介机构或组织所雇佣。2013 年 52.7 万名中国人作为非技术工人移民，其中 27.1 万人属项目式移民，25.6 万人属个体性移民。[⑥]

---

① 中国教育在线：《2013 年出国留学趋势报告》，中国教育在线，http://www.eol.cn/html/lx/baogao2013/page1.shtml。

② 中国教育在线：《2013 年出国留学趋势报告》，中国教育在线，http://www.eol.cn/html/lx/baogao2013/page1.shtml。

③ HM Government of the United Kingdom, *International Education—Global Growth and Prosperity: An Accompanying Analytical Narrative*, London: HM Government of the United Kingdom, 2013, http://www.gov.uk/government/uploads/system/uploads/attachment_data/file/340601/bis-13-1082-international-education-accompanying-analytical-narrative-revised.pdf.

④ U.S. Department of Homeland Security (DHS), "Study in the States", September 2013, http://studyinthestates.dhs.gov/2013/09/more-chinese-students-attend-k-12-schools-in-the-united-states.

⑤ 胡润机构：《胡润报告：2014 年中国奢侈消费者调查》，胡润百富网，http://www.hurun.net/EN/ArticleShow.aspx?nid=262。

⑥ 商务部：《2013 年中国外国劳务服务合作统计概要》，http://big5.mofcom.gov.cn/gate/big5/fec.mofcom.gov.cn/article/tjzl/lwhz/201401/1796137_1.html，2014 年 1 月 17 日。

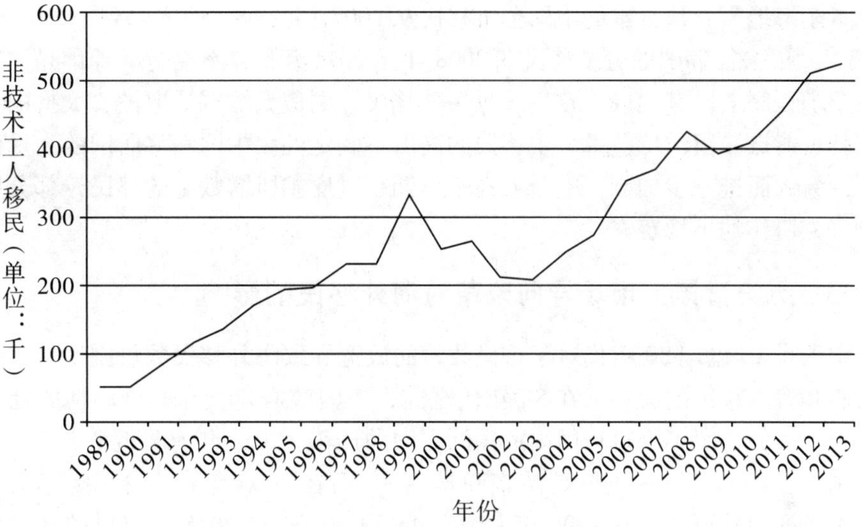

图3　中国非技术工人移民（1989—2013）

资料来源：中国对外承包工程商会（CHICA），中国国际劳务合作年度报告2004—2013（北京：中国对外承包工程商会，不同年度）；中国政府，国际经济统计年鉴，1990—2013。

自20世纪90年代末，中国劳工移民在行业上的分布基本保持不变。从1995年至2013年，约有40%的中国移民在制造业（尤其是纺织业和食品加工业），25%在建筑业，15%在农林渔业，少于0.5%的移民在白领行业。①

当中国在20世纪80年代首次允许个人海外雇佣时，大多数中国移民工人选择到中东国家，如伊拉克和科威特。自第一次海湾战争结束以来，多于70%的非技术和半技术中国工人移民到东亚和东南亚国家（近些年，日本、新加坡和韩国都是排名前三位的目的地）。除了亚洲，同一时期平均20%的工人去往非洲，5%去往欧洲，3%去往澳大利亚和新西兰，2%去往其他目的地（主要是美国管辖的太平洋岛屿塞班岛和关岛）。② 这些移民模式在1991年至2008年间一直或多或少地持续着，这与主要去往西方国家的高技术人员和富裕阶层的移民趋势形成了鲜明的对比。

尽管非技术移民路线有着明显的稳定性，但因市场动荡和政策频繁变化，移民的数量在过去几年却是不稳定的。例如，2008年开始的全球金融危机和2011

① 中国对外承包工程商会：《中国国际劳务合作年度报告（2004—2013）》，北京：中国对外承包工程商会，各年度；张鸽盛：《国际劳务经济》，重庆：重庆大学出版社，1999年；尹豪：《改革开放以来我国对外劳务输出发展研究》，《人口学刊》2009年第1期，第27－30页。

② 中国对外承包工程商会：《中国国际劳务合作年度报告（2004—2013）》，北京：中国对外承包工程商会，各年度；张鸽盛：《国际劳务经济》，重庆：重庆大学出版社，1999年；尹豪：《改革开放以来我国对外劳务输出发展研究》，《人口学刊》2009年第1期，第27－30页。

年日本东海地震导致日本的中国劳工移民从 2007 年的 68 188 人降到了 2012 年的 1 923 人。[①] 去往韩国的劳工移民在 2008 年至 2011 年间遭到暂停，原因是两边政府在招聘程序上没有达成一致。一旦一项移民计划遭到缩减或取消，大批的移民工人就可能被滞留。低技术劳工移民的高度不确定性因中国和移居国的大量商业中介的卷入而进一步加剧。中介人经常雇佣超过雇主所需数量的移民，部分原因在于多方协作的不稳定性。

三、历史背景：市场导向改革对海外移民的影响

中国自 20 世纪 80 年代对于移民政策的放宽导致海外移民数量剧增，并重塑了政府和海外移民的关系。在 80 年代之前，中国政府建立在非流动性的社会基础之上：人们一般不准进行国内或国际之间的迁移。2013 年有将近 1 亿来自大陆的中国人去往海外——主要是游客和学生，[②] 而在 2005 年仅有 3 100 万人，在 2000 年有 1 000 万人，在 1995 年大约有 450 万人。[③] 在 2015 年仅以游客身份就有 1. 2 亿的中国大陆人走出国门。[④]

（一）中国移民政策的放宽（1980 年至今）

1986 年是具有里程碑意义的一年，三项主要政策发生改变。第一，在工作关系上，合同制取代了终身制。一方面，这造就了一个开放的劳动力市场，个体自由寻找工作和放弃工作成为常态；另一方面，国有企业在私有化或倒闭时可以裁员，将商业成本转嫁到员工。这直接导致了在经济衰退的东北地区劳工移民数量的上升，他们或从中国内地迁移到私有企业繁盛的沿海地区或在 20 世纪 90 年代末进行国际移民。

第二，居民身份证在 1986 年首次出现。在此之前，中国公民用来证明自己身份的唯一证件是他们的家庭户口本或来自工作单位或镇政府（对农村居民而言）的介绍信。居民身份证的采用加强了对社会的控制以及打击犯罪的力度，但是它在无意中导致了前所未有的流动自由。居民身份证使得所有的中国成人公民可以申请护照和其他文件，开设银行账户、汇款、购买机票以及签署独立的合法合同——所有这些活动对于寻求海外机会的中国公民来说都是必不可少的。

最后，自 1986 年始，任何中国人均可以申请私人护照，而不是普通的因公

① 邵春芬：《日本的中国海外移民的新发展》，王辉耀、刘国福：《中国国际移民报告（2014）》，北京：社会科学文献出版社，2014 年，第 186 – 187 页。

② 中国公安部出入境管理局："出入境人数统计"，新华网：《中国公安部：2013 年逾 4. 5 亿人次出入境 》，http：//news. xinhuanet. com/edu/2014 – 01/15/c_118985410. htm，2014 年 1 月 15 日。

③ 国家统计局：《中国统计报告 1995》，北京：国家统计局，1996 年；国家统计局：《中国统计报告 2000》，北京：国家统计局，2001 年；国家统计局：《中国统计报告 2005》，北京：国家统计局，2006 年。

④ 世界旅游组织数据，引自《中国出境人数和消费居世界之首》，《经济参考报》2016 年 1 月 29 日，http：//news. xinhuanet. com/fortune/2016 – 01/29/c_128682084. htm。

护照。私人护照可以被多数人获得且拥有，普通的因公护照只是针对国家公务员。事业单位必须代表他们的员工申请普通因公护照，并且负责保管护照。普通因公护照与仅发给高级外交官的外交护照是不同的。护照申请程序是非常流水型的，到2005年，大部分城市居民在主要城市申请后的5个工作日之内即能获得护照（在其他城市申请可能要15天）。护照法的实施（自2007年1月开始生效）使得公民获得拥有护照的合法权益。

其他制度性变化也对移民产生了重要的影响。开始于1998年的城市住房改革，允许公民以津贴价购买国有住房。这使得目前当准移民在与招聘中介、贷款方和外国大使馆打交道时，他们往往使用房屋产权证作为担保。在农村，房屋产权证与21世纪第一个十年中期引入的家庭承包证书（土地或森林）具有相似的作用。公证处的设立在将地方证明翻译为被国际认可的法律文件也是必不可少的。中国的大部分外国使馆都要求相关文件需得到公证处的认证，许多雇主和海外学校也有同样的要求。2002年国家对于私人移民机构管理的放宽是另一个决定性的举措。这一变化把对于劳工移民的责任由国家转向了海外雇主和劳工个体（实际上是国内的招聘方）。它打破了国家对于劳动力出口的垄断，允许个体去申请准证进入劳动力出口和招聘市场。① 目前运作的有四类商业中介机构：海外教育、劳工出口、普通移民和国际旅游。

需要着重强调的一点是，这些政策的放宽并没有削弱国家权力，反而对之进一步强化。例如，在旧的护照申请体系下，准移民不得不从他们的工作单位或地方政府获得政治许可才能申请护照和出境准证。这一体系以分化和分散的方式把每一个人置于严格的监督体系之下。一些腐化官员通过操纵地方漏洞获得多本护照，这使他们即使在被调查之下仍然可以潜逃国外。这种申请程序的简化和中心化，意味着最终结果的得出是依据一套简单的标准，而不是主观测评，所有这些数据都是在一个统一的方式下加以管理。这种政策在很大程度上是成功的，它们让移民机构得以正规化，非法移民自2000年后得以遏制。确实，国家规划能力的加强是中国崛起的一个重要性基础因素。

政策的总体放宽提升了人口的各种流动性，但是不同类型的移民仍受到不同的影响。下面讨论的是有关学生移民和劳工移民政策的具体变化。

（二）留学生移民

1966—1976年的“文化大革命”结束后，在国家对外开放的信号下，20世纪80年代后多项政策的改变促生了更多来自中国的学生移民。开放是一个渐进的过程，如同留学生的数量也是慢慢增长的，直到21世纪初学生移民才开始加速（见图2）。

---

① Biao Xiang, “Predatory Princes and Princely Peddlers: The State and International Labour Migration Intermediaries in China”, *Pacific Affairs*, 2012, Vol. 85, No. 1, p. 48.

在“文革”时期，出国学习对于多数中国人来说是完全不可能的。直到70年代末，邓小平推动教育部开始选派研究人员到西方深造。1978年10月达成的中美教育交流谅解备忘录和1979年1月的科学技术合作协议，进一步推动了此项计划。① 1981年中国国务院第一次认可海外自费留学——没有国家资助的出国学习——是一种合法的出国途径。

80年代末，中国留学生的低回国率激起了关于人才流失的争论。国家领导人认为那些不回国的人员应该被看作中国的“海外人才库”，因此政府应该继续支持学生移民。接下来，中国政府不仅继续送学生出国，而且发生了明显的政策转变，从颁布处罚条例、反对留学生在海外过期滞留，到鼓励回国且不论他们是否违反了和国家签订的协议。如果回国留学生选择到私企或外企工作，他们也被准许放弃他们在公共机构的工作。这一新的政策路线是“支持留学，鼓励回国，来去自由”。这使得海外留学生可以和他们的配偶和子女自由来去中国，并且一旦回国，可以在中国任何一个地方工作和生活。②

90年代末期当中央政府将口号从“回国服务”改为“为国服务”时，“跨国主义”开始出现在中国政策中。2003年国家不再要求留学生进行经济赔偿来弥补他们移民之前在中国所接受的公共高等教育。③ 当前没有任何政策限制学生移民，反而，焦点已经转向对私人教育中介机构的管理和如何创造便利条件促使留学生回国（见本文“四、海外移民与侨务政策”）。

（三）非技术劳工移民

中国国际劳工移民始于20世纪50年代的海外援助项目，当时中国政府派遣人员到世界50多个发展中国家。如在50年代到70年代间，中国派遣了15万名技术员到非洲，建设基础设施，提高当地农业技术生产力。④ 作为市场导向改革的一部分，中国在80年代建立了一组国有公司，专门从事商业性劳工出口。

1992年“个体性海外雇佣”作为一种新的国家劳务合作形式被正式采用。

---

① David Zweig and Chen Changgui, *China's Brain Drain to the United States: Views of Overseas Chinese Students and Scholars in the 1990s*, Berkeley, CA: China Research Monograph, Institute of East Asian Studies, University of California, Berkeley, 1995, p. 19.

② David Zweig and Stanley Rosen, “How China Trained a New Generation Abroad”, *SciDevNet*, May 22, 2003; David Zweig, “Learning to Compete: China's Efforts to Encourage a ‘Reverse Brain Drain’, in Christiane Kuptsch and Pang Eng Fong, eds., *Competing for Global Talent*, Geneva: International Labor Organization, 2006, pp. 190 - 191.

③ 根据1993年国家教育委员会（现在称“教育部”）的规定，在出国之前，本科毕业生必须在中国工作5年，硕士研究生必须在中国工作3年。否则，工作少于5年的本科毕业生不得不赔偿每年2 000元人民币（244美元），工作少于3年的硕士研究生不得不赔偿每年4 000人民币（488美元）。

④ Malia Politzer, “China and Africa: Stronger Economic Ties Mean More Migration”, *Migration Information Source*, August 6, 2008, http://www.migrationpolicy.org/article/china-and-africa-stronger-economic-ties-mean-more-migration.

这意味着任何个人，包括没有被正式雇佣的人员，都可以通过商业公司寻找海外的工作机会，而在此以前工人需要有来自其工作单位的认可才可进行。工人的新型流动性在2002年的改革中进一步得以加强，它允许私人企业申请特殊执照，以促进国际劳工招聘。

2012年5月，中国国务院下达了关于外国劳务合作管理的规定，从具体内容上规定了招聘公司、移民工人和地方政府之间的合法关系。这一规定旨在促进劳工移民，提高对劳工权益的保护，以及规范招聘公司的行为。它要求海外雇主必须出具书面合同，列出移民雇佣和劳工的条件、待遇、保护和赔偿。①

不像技术移民，非技术劳工移民政策已经放宽，尽管移民雇佣过程日趋复杂。这种复杂性部分在于移民接收国的要求，部分则在于对移民权利的关注。例如，在中国和日本政府设立的政策框架下，一个日本雇主想雇佣一个中国工人，必须要向日本的地方工业组织提交雇佣计划，地方工业组织代表雇主向国家相关组织申请配额，最后再由国家组织转向政府申请。在政府批准后，配额将会送交中国的相关机构，之后名额将在合法的注册公司中进行分配，这些注册公司得到名额后再转而将雇佣任务交给较低层次的无执照中介人。

这一复杂体系由两部分商业利益共同组成，即有执照的中介机构和无执照的中介机构。有执照的中介公司多位于大城市，资金充足，规模大，他们通常将实际的招聘任务外包给无执照的中介公司，无执照的中介公司通常可以更便利地接触到劳动力。然而，这些中介公司不合法的地位意味着，不通过有执照公司的帮助，他们则不能送工人到海外（即使他们既有工人也有海外联系）。这一体系造就了等级式的招聘链条，抬高了中介费，而劳工移民的薪水却一直停滞不前。例如，据估计，去往日本、新加坡和韩国的劳工移民，通常持有两至三年的工作合同，到20年代末期其平均花费已涨到了8 000美元，包括中介费用和机票。而同一时期，这三个国家非技术移民的薪水自20世纪90年代初就一直停滞不前（一个月平均500美元）或已经下降。②

不像技术移民，他们可以相对轻易地将一种签证转换为另一种，非技术劳工移民则受到束缚。中国劳工移民几乎不可能永久定居在亚洲和非洲的某些地方。待工作合同结束后，他们必须强制性回国。在日本、韩国和新加坡，如果出现工人失踪或滞留，其雇主和招聘机构将被罚款，并且未来不准再招聘劳工移民。雇主和招聘人将这一责任转嫁给移民，要求移民在出国之前支付保证金——据报道，去日本的保证金是大约3 500美元，去韩国的保证金是5 000美元——以确保他们按时回国。③ 移民的房产证作为另一种担保凭证，通常也需要上交。

---

① Winston & Strawn LLP，"China Promulgates Regulations on Foreign Labor Service Cooperation"，*Greater China Law Update*，August 2012，http：//cdn2. winston. com/images/content/1/2/v2/1246. pdf.

② 据作者于2004年至2012年间在中国东北、新加坡、韩国和日本所做的田野调查。

③ 据作者于2004年至2012年间在中国东北、新加坡、韩国和日本所做的田野调查。

总之，政策改革制造了一种自相矛盾的情况。非技术劳工移民比以前更加有序，非法移民得以减缓。政府制定系统规则来管理雇佣程序，并采取各种方法密切监督中介机构，但是这对于移民活动本身而言，却使这一过程变得更加复杂和昂贵。

四、海外移民与侨务政策

据一项由中国国务院侨务办公室开展的研究估计，2008 年全世界有将近 5 000 万华侨华人，其中 73% 在东南亚，12% 在北美，5% 在欧洲。① 其中，“新移民”——20 世纪 80 年代后离开中国的移民——是 21 世纪初开始的侨务政策的主要目标人群。这一政策主要分为三部分：帮助移民适应移居国；便利海外侨民回国；鼓励侨民与祖籍国建立和保持密切的联系。相比于 80 年代和 90 年代联系海外移民的早期活动，现阶段有两个特征：第一，政策重点已经从金融投资（侨汇在中国最近的政策讨论中几乎从未被提及）转向技术转移、能力建构和权益保护；第二，侨务活动正在逐渐被视为中国深层融入世界的一部分，而不是仅被狭隘地看作追求经济利益的一种途径。

（一）支援移居地的中国移民

中国政府逐渐意识到海外移民在移居国的需求，并且近些年通过制定一系列的条规来保持与海外移民的联系，维护他们的权益，并在必要的时候为他们提供安全保护。例如，至 2012 年，中国已在 40 个国家 65 个海外任务中设置了教育机构（或团队），与海外留学生保持密切的联系。另一个重要的例子，是以移居国劳工移民为主要对象，即上述提及的 2012 年外国劳务合作的管理规定，它将非技术移民的招聘进一步正规化，并且要求出具纸面合同，列出雇佣条款和工人的权益。

在移居地社会不稳定时期，中国在保护海外公民方面已经变得愈发活跃。2004 年中国召开了关于保护海外中国合法人员和公民权益的部门工作会议；2012 年规定招聘公司需要制定详细的应急计划，并将必要时候的协助营救工作作为公司所在地方（省级）政府的职责。

中国政府已经就劳工移民同巴林、日本、马来西亚、俄罗斯和韩国签订了双边协议，目前正在同其他国家协商建立清晰的双边框架，以规范移民活动和加强权益保护。直至近期，中国与其他国家还没有达成双边可调性协议以允许海外国

---

① 这些数字包括中国公民，源自中国的外国公民和来自香港、台湾和澳门的人员。无论这些人的国籍状况，他们目前均居住在中国以外。见庄国土：《华侨华人分布状况与发展趋势》，《侨务工作研究》2010 年第 4 期，第 30 页。

民回国后可以获取、保留和转移社会福利,[①] 除了韩国、丹麦和德国之外。[②]

（二）回国与再融入政策

中国政府采取了一系列措施，鼓励海外技术人员短期或永久性回国。这些措施包括金钱奖励，简化回国程序，建立学者和专业人士的海外社团以推动招聘。[③] 回国人员服务中心在 2002 年成立，作为帮助回国人员定居的服务窗口。2002 年教育部（联合公安部和外交部）为回国人员特设了“绿色通道”，以方便他们的进出和定居。教育部也针对回国人员所关心的子女教育的问题出台了一些政策，如在一些城市，鼓励为中文较差的回国人员的孩子建立特殊的学校课程。[④]

地方一级的政府如上海，经常进行独立招聘，并派代表参加海外工作交流会。在地方一级，许多省和直辖市给回国人员提供特殊的研究基金或商业启动贷款。例如，广东省广州市拿出 12 000 美元作为见面礼给愿意前来工作的回国人员。

中国建立了许多科学和商业园区，利用金钱奖励和直接招聘的方式鼓励在科技领域有专长的海外人员回国。例如，提供回国人员低利息贷款或对部分进口设备免税，并在住房或薪水方面给予补贴。据估计，到 2015 年中国已经建立了超过 305 个工业园区，63 000 名回国人员建立了 22 000 多家企业。[⑤]

国家和地方政府也举办高级别的招聘会，推动学者和专家短期回国工作几年（或永久性）。如国家项目“千人计划”，旨在招聘在大学或研究机构工作的海外人员（这一计划的早期形式是“百人计划”）。中央政府提供每一位受聘专家 100 万人民币（约 16 万美元），此外还有来自中国科学院和中国科学院大学的配套基金。[⑥] 地方政府通常会进一步提供基金，如浙江省省会杭州给回国人员提供额外的 16 万美元作为礼金，还有 16 万到 18 万美元的研究基金，一个研究实验室，多于 5 名的研究助理，以及慷慨的薪酬福利。[⑦] 到 2012 年底，在这一计划下全国

---

① Robert Holzmann and Johannes Koettl,“Portability of Pension, Health, and other Social Benefits: Facts, Concepts, and Issues”, Working Paper No. 4002, Munich Society for the Promotion of Economic Research group [CESifo], Munich, November 2012, pp. 4 – 5.

② Luo Wangshu, “Confusing Rules Turn Expats Off Nation’s Social Insurance Program”, *China Daily*, January 24, 2014, http://usa. chinadaily. com. cn/epaper/201401/24/content_17257039. htm.

③ Zweig, “Learning to Compete”, p. 194 – 197.

④ Zweig, “Learning to Compete”, p. 196.

⑤ 人力资源和社会保障部：《聆听人才强国的时代跫音——我国“十二五”人才工作综述》，《中国劳动保障报》2016 年 1 月 12 日，http://www. mohrss. gov. cn/SYrlzyhshbzb/dongtaixinwen/buneiyaowen/201601/t20160112_231551. htm.

⑥ 中国科学院大学：“千人计划”，http://english. ucas. ac. cn/JoinUs/Pages/default. aspx.，2014 年 11 月 14 日。

⑦ 杭州市人民政府：《杭州市全球引才“521”计划实施意见》（2010 年），http://www. sztalent. org/content/2013 – 06/18/content_8193092. htm。

招聘了3 319名高层次专家。[①]

（三）侨务战略

中国也制定了一系列政策和计划，鼓励建立与海外人员尤其是学生和专业人士的跨国联系。一项2001年出台的政策号召留学生“在海外为国服务”。[②] 这些政策内容从鼓励海外侨民访问中国，到组织会议和网络资源来展现海外专家和专业人士的贡献。

许多政府门户网站以侨胞专业人士和学者为重点对象，如海外中国学者、中国侨民网、留学网、中国海外人才网，以及中国科学院为侨胞提供海外学习与继续教育服务。多数涉侨工作的政府部门已经为海外华人建立了门户网站（或政府网站的专门版块），此外也有大量的省属甚至市属网站，如南京国际人才网和辽宁海外华人学者创新工程网。

众所周知，中国政府也出台了一系列政策鼓励侨胞短期访问中国，例如2013年的出入境法以及外国公民出入境管理规定，为那些与中国公民有密切家庭联系的海外人员推出了新的Q和S签证类型。在此之前，2010年6月公安部放宽了有关外国人申请在中国居住的规定，其主要目的就是为了方便侨胞。

1996年教育部设立“春晖计划”，支持海外专家到中国短期访问，进行学术交流、培训、博士生联合指导，为中国落后地区进行技术转移，参与大中型国有企业的研究和发展等。这一计划在2001年实施了一个子项目，可使海外华人专业人士在学术休假期间来中国工作，由教育部和受聘大学共同承担期间的费用。其他政府机构也组织了特别的专题讨论会（如关于金融危机和气候变化）和参观访问。自第一届广州留学生交流会在1998年举办以来，此类会议已经遍及中国，目的即在于将海外专业人士、潜在的投资者（其中许多人都是1949年之前离开中国的移民及其后裔）和地方企业连接起来。

这些侨务政策的成功之处在于它们的多面性。总之，我们看到的是一个复杂的机构性基体，组成部分包括多名参与者（地方政府、各级部门、企业和其他与政府相关的组织），不同的交流形式和渠道（定期会议、中国代表团海外考察、专业门户网站）以及各种经济资助机制，给予回国人员和辅助海外人员回国的各级政府部门和商业公司以金钱、政治和象征性的奖励。

五、结论

尽管中国经济增长，收入水平提高，但中国的海外移民数量可能在长时期内都会保持在高水平之上。移民主要集中在高技术人群和富裕阶层这一事实显示，

---

① 人力资源和社会保障部：《2012年回国留学生取得全面进步工作报告》，人力资源和社会保障部，http://www.mohrss.gov.cn/zyjsrygls/ZYJSRYGLSgong-zuodongtai/201304/t20130412_98052.htm。

② Zweig and Rosen, “How China Trained a New Generation Abroad”.

虽然经济状况是决定人们移民能力的一个重要因素，但中国移民也会被经济以外的其他因素所影响，诸如生活质量。中国经济的进一步发展可能仅仅加强了高技术和富裕人群移民的渴望和能力。

中国海外移民的快速增长是放宽出国控制所产生的一个直接性结果，但从根本上它更与中国和海外广泛的社会经济发展有关。近 30 年的市场导向改革产生了一批超高收入人群，他们中越来越多人通过投资渠道移民到西方。不断增长的中产阶级家庭视海外教育为一种为子女留住他们新近获取权益的主要途径。与此同时，一些国有企业进行私有化，小型家庭商业也被大型企业挤至边缘，许多非技术工人因此被裁员，并最终被推向海外。高收入和高技术人员的跨国流动被来源国和接收国欢迎，而非技术移民的跨国流动却被两边国家严格控制。照这样，中国海外移民是社会不平等的再强化和再产生的一种途径，而不是加以缓和。

中国政府与海外移民的联系可以概括为一个双向进程：同步放宽和积极介入。中国政府已发展出有效的公私伙伴关系，以便进行移民管理。政府部门和高技术私有企业共同合作以吸引高技术移民回国，并同时联手私有招聘机构，对非技术劳工移民加以规范。这些鼓励移民回国和其他的侨务政策被广泛认为是极其成功的，[①] 各种项目也在一定程度上加强了跨国迁移和联系。它对非技术劳工移民的规范化产生了更为复杂的结果，因为一方面使得移民活动更加安全和有序，但同时对移民而言这一过程则更加昂贵。与人数不断增长的海外移民建立和保持联系，为移居地的中国公民提供有效的支援和保护，这些都将是中国政府未来所要面临的主要挑战。

---

① 如 David Zweig, Siu Fung Chung, and Wilfried Vanhonacker, "Rewards of Technology: Explaining China's Reverse Migration", *Journal of International Migration and Integration*, 2006, Vol. 7, No. 4, pp. 449 - 471; Huiyao Wang, *Globalizing China: The Influence, Strategies and Successes of Chinese*, Bingley, UK: Emerald Publishing, 2012.

身份认定、地权归属与机构应对：复员时期广州侨产纠纷研究*

尤云弟

抗战胜利后，大批侨胞携家带口地从抗战大后方踏上了重返家园的归途。然而，家园重返之路困难重重。广州作为当时华侨投资房地产置业较为集中的城市，爆发了大量特殊且复杂的侨产①纠纷案件，导致侨胞侨眷无家可归。华侨投资房地产一般用于自住、出租和出售。抗战胜利后，华侨投资房地产业过程中买卖新土地铺屋的较少，多为战前所购置的房产在战后发生产权纠纷。此时，国统区开始复员工作，在广州城内整理地权。行政院多次颁布法令，要求合理合法地快速处理侨民产业，一再强调不能混淆侨民产业与敌奸伪产业。国籍法与户籍法界定了华侨华人和侨眷的身份，给予侨民以国民待遇，理当受到照顾与保护。在物权法与不动产登记制度中，国民政府给予侨产以特殊保护。但是，在侨产纠纷案件的申诉与处置中，暴露出侨民身份认定复杂、地权归属不清和多家机构应对不善等问题。整个过程暴露出国民政府处理侨务过程中所存在的种种问题，导致最终侨产纠纷问题处理不太理想，伤透了侨胞的心。

---

* 本文系研究基金项目，受到浙江大学中央高校基本科研业务费专项资金资助。作者：尤云弟，浙江大学马克思主义学院讲师。

① 本文中所论述的侨产，其范畴是根据民国时期的档案来界定的。当时，国民代表大会美国华侨代表黄伯耀、古巴华侨代表张培梓、墨西哥华侨代表陈新龙等，鉴于广州侨胞产业在战时被人霸占或非法盗卖，及光复后产生诸多纠纷，损失甚大，为保障侨胞权益起见，着手筹备侨产保障委员会。他们提出的“保障侨产之意见书及办法”，认为“华侨在市内土地房屋（简称侨产）”（《筹组侨产保障委员会》，《粤侨导报》1946 年第 6 期）。尽管在申诉侨产纠纷案件时，多人将其他产业上报申诉，如码头、剧院、酒楼等。在笔者看来，码头是属于交通运输业投资，酒楼、剧院是属于服务业投资，与房地产投资有所不同。本文的“侨产”只是指土地房屋。土地包括自耕田、出租地，房屋包括自住房、出租屋、铺业等。

这段历史鲜少被学界提及，更缺乏系统研究这个议题的研究论著。① 产业纠纷的研究属于社会史的法律范畴，但侨产纠纷案件呈现出了特殊时代背景下的特殊人物群体的故事。因此，不能简单地停留在单纯的社会史法律问题研究的层面，而应该从华侨华人研究领域的视角切入考察。譬如侨产纠纷案件的申诉和处置中的侨民身份认定、地权归属及相关涉侨机构如何应对侨产纠纷案件等。侨民身份的认定是定义侨产案件的前提，地权归属是处置侨产案件的核心，机构应对则是处理侨产案件的展现，三个方面均为考察、研究广州侨产纠纷案件的重要组成部分。

本文以广东省档案馆、广州市档案馆和台北“国史馆”馆藏侨务处等收藏的原始档案文献和民国报刊杂志为基础，来考察侨产纠纷案件的一些关键性问题（诸如身份、地权、机构等），以便理解战后复员特殊时期侨民身份认证的复杂性和地权归属的特殊性。与此同时，本文还考察多家涉侨机构处理侨产纠纷案件的政策和实践，从而揭示出国民政府在复员时期侨务工作上所做出的诸多努力及存在的不足。

一、侨民身份认定

抗日战争期间，广大华侨不仅在道义上和物资上支持祖国抗战，而且以血肉之躯与日军浴血奋战，为中国抗日战争、世界反法西斯战争做出了重大贡献，写下了华侨史上悲壮的一页，“其爱国爱军之热诚，真是动天地而泣鬼神”②。“二战”结束后，国内开始恢复生产生活，逃难回国的侨民要求复员，返回家乡重新开始自己的新生活。

1943 年 11 月，英美等 48 个国家在华盛顿成立负责战后各受害国的复员和救济工作的“联合国善后救济总署”（简称“联总”）。联总制定《联总遣送归侨之条件》：①受战事影响而流离失所之归侨；②须在居留地有居住权者；③须非曾受前居留地政府因政治关系驱逐出境之处分，或因患不治疾病不准入境者。③ 抗战期间为躲避战火归国的难侨大部分符合复员条例的要求与范围。据《南洋及香

---

① 目前有林家劲等著《近代广东侨汇研究》（广州：中山大学出版社，1999 年），林维吾编《三十年代南洋华侨侨汇投资调查报告书》（台北：“中华学术院”南洋研究所，1983 年），Szonyi Michael（宋怡明）的 Mothers，Sons and Lovers：Fidelity and Frugality in the Overseas Chinese Divided Family Before 1949（*Journal of Chinese Overseas*，May 2005，pp. 43 – 64）等论著从侨资异国流通的角度略提及侨产。上述学者对于侨产纠纷问题尚未着墨，给笔者留下研究空间。黄晓坚编著《抗日战争时期华侨人口伤亡和财产损失》（北京：中共党史出版社，2016 年，第 10 页）曾以简短的篇幅提及华侨在国内购置房屋及财产损失案件较多，认为全面损失无从统计。至于拙作《抗战胜利后广州市侨产纠纷的爆发及影响》（《八桂侨刊》2012 年第 4 期）一文，则主要考察了侨产纠纷案件爆发的情况及其造成的多重影响。

② 张发奎：《张发奎将军抗日战争回忆记》，香港：耀群烫金印务公司，1981 年，第 79 页。

③ 中国第二历史档案馆编：《中华民国史档案资料汇编》第五辑第三编“政治”（五），南京：江苏古籍出版社，1999 年，第 646 页。

港各地华侨战时逃难回国人数初步统计》，截至1942年，南洋及香港各地华侨总数为8 036 600人。自太平洋战争爆发后，逃难回国的侨胞数量甚巨，达1 474 700人[①]。于是，国民政府于1944年5月组建战后侨务筹划委员会，厘清战后侨务政策，调查战时华侨生命财产及侨团侨校的损失，同时计划战后侨务复员等有关事项。抗战胜利后，该筹委会宣告结束，由侨务委员会接手办理侨民复员工作。1945年11月5日，侨民开始出国复员登记。广东侨务处遂忙于侨胞复员出国等事务。根据《归国侨民总登记人数统计表》（1946年4月18日统计），在广东侨务处登记的归侨总共为102 120人[②]。此数据是居留国外多年、具有侨民身份者的归侨亲自向各登记机关办理登记的人数，也有许多归侨认为不必履行登记手续，自动放弃登记，所以，事实上广东省的归侨人数远不止此数。

大量等待出国的复员侨胞集聚在省城广州。作为省城，广州一时间迎来了战后大量的外迁人口。从乡下和大后方避难回迁省城的广大民众见到一个百业待举、百废待兴的家园。物价飞涨，日用品、洋货和衣服的价格都涨幅惊人。比如，在粮食价格方面，1945年10月后，广州米价呈现大幅上升之势，1946年5月达到最高值，是复员之初的1945年9月的20.7倍，1946年6月、7月间的米价虽然略有下降，但仍然是复员之初米价的16.4倍和16.8倍。滞留在广州等待出国或复员的人越来越多，造成住宿紧张。广州市内房屋损毁严重，可居住的房源较少。据《广州市志》记载，广州战时房屋被毁坏甚多，达1/3以上。原市中心区共有房屋12.6万幢，遭毁坏的有4.9万幢，占38.88%。在这一时期，市区新建房屋甚少，8年间仅建房屋1 633幢，总面积为18.51万平方米[③]。

更值得注意的是，“机关占用民房，军队占住民房，公务人员占住民房”等案件时有发生[④]。广东省政府在1946年5月颁布《广东省复员工作计划》，提到了处理日伪侵占地权、处理战时地权转移纠纷、清理租佃纠纷等情况，[⑤] 其中不乏侨产纠纷方面的案件。许多流离迁徙、饱尝痛苦的侨民返乡后，发现自己的屋宇或土地被人占有，有家不能归，只能暂住旅馆或流浪街头，甚至风餐露宿骑楼之下。还有一部分产权人是抗日战争期间因避战祸出走或被杀害，其留下的房地产无人管理。

1945年12月，广东省政府组织成立粤侨事业辅导委员会。为了安抚侨心、

---

① 《南洋及香港各地华侨战时逃难回国人数初步统计（截至1942年）》，广东省档案馆藏，政府侨务处全宗号28，目录号1，案卷号1，第60页。粤闽滇桂四省府组织临时紧急救侨委员会设站登记，但仍有侨民未经登记或登记重复，数据只做参考。

② 《侨胞复员概况》，行政院新闻局印行，1947年，第2页。

③ 广州市地方志编纂委员会：《广州市志·房地产志》（卷三），广州：广州出版社，1995年，第417页。

④ 流星：《广州在寒冬里》，《华商报》，1946年1月8日。

⑤ 《广东省复员工作计划》（1946年5月），广东省档案馆藏，广东省政府全宗号2，目录号2，案卷号232，第93－94页。

尽到政府护侨的职责，出台了保护侨产办法。“侨胞在家乡之不动产，曾被公家征借，或被强力霸占，以及权益遭受损害者，为之恢复业权，且予以切实保障，手续应求简化。”① 尽管当局对侨产问题有所重视，实际上侨产纠纷仍旧突出。广东省内侨产纠纷问题最为突出的是广州市。不少侨民、工商企业、侨团、领事馆及国民政府有关机构向行政院赔偿委员会提出申诉，要求赔偿战时的财产损失②。中国国民党驻加拿大总支部专门召开第十次代表大会，把“希望人民财产案件应恪遵法令规定所有手续并应力求简捷”的意见形成一篇言辞恳切的呈文，于1946年3月20日上呈给行政院，要求各地方政府鉴于侨胞战时出钱出力支援抗战的贡献，切实保障战时沦陷地区人民的产业，并严办一切大小汉奸及不肖分子。③ 这份呈文表达了海外华侨要求维护自身合法权益的强烈呼声。

因此，以个人证件和产业证件来申诉产业纠纷是当时政府普遍推广的办法。由于身份的特殊性和紧急回迁国外的需要，侨民前往各机构进行侨产纠纷问题登记的时候，先要认定侨民身份，如此便可将产业纠纷归类于特殊的侨产纠纷，进而得到照顾，尽快解决问题。

华侨进行侨民身份认定可采用以下身份证件：如驻外领事馆颁发的侨民登记证、中国国民党驻海外高级党部发给的华侨身份证明书、侨居地中华商会及中华总商会发给的华侨身份证明书、回国侨民事业辅导委员会颁发的侨民登记证、侨居地政府颁发的居留证或出生证，以及其他足以证明华侨身份的证件。④ 由于民国时期对于国籍的认定标准是血统主义，因此，华侨华人具有中国和侨居地的双重国籍⑤。此外，归侨是指回国定居的华侨，侨眷是指华侨归侨在国内的眷属。根据《内政部侨务局保护侨民专章》的规定，以上这几类身份的居民统称为“侨民”。⑥

抗战胜利初期，那些曾为日本政府服务过的中国公民应如何规定国籍？侨务委员会专门去函咨询行政部。行政部于1946年12月10日核定发文：“（一）我国国民在未依照中国国籍法之规定呈准许可丧失中国国籍以前，虽经宣誓效忠日本或他国，因而取得各该国国籍者，仍不失原有之中国国籍，此项国民若有危害

---

① 《粤侨辅导会拟具护侨办法四项》，《粤侨导报》1946年第3期。

② 《华侨战时损失报告卷》，台北“国史馆”（新店）藏侨务委员会档案，典藏号033000000196A。

③ 《中央侨委关于司法监察处理敌伪产业的训令、法令、讲习大纲》（1945—1948年），广东省档案馆藏，广东省政府侨务处全宗号28，目录号1，案卷号5，第62页。

④ 《足资证明华侨身份之证件名称表》（1932—1947年），广东省档案馆藏，广东省政府全宗号2，目录号2，案卷号98，第109页。

⑤ 民国时期华侨华人是具有双重国籍的。中国有关华侨国籍的立法源于清末。1914年，北洋政府在晚清政府《国籍条例》的基础上制定了《国籍法》。1928年南京国民政府成立后，以北洋政府的《国籍法》为蓝本，经过局部修改，于1929年2月5日公布实施《中华民国国籍法》。《国籍法》以血统主义为基础，同时承认出生地原则，从而实质上使海外华侨获得双重国籍。在制定颁布《中华民国国籍法》的同时，南京国民政府还颁布《国籍法施行条例》。这两部法律是南京国民政府解决侨民国籍问题的基本准则。

⑥ 蔡鸿源主编：《民国法规集成》，合肥：黄山书社，1999年，第4、132页。

中国等情事，仍应依照中国法令惩处，至业已呈准许可丧失中国国籍人民依同法之规定自可申请回复中国国籍。（二）原为外国人或无国籍人依照中国国籍法之规定，呈准许可归代中国或取得中国国籍，若干战时附敌有据者，亦应依照中国法令惩处，其原具中国国籍并不因之丧失。（三）前两项所有被惩处国民若经被判定褫夺公权者，其公民资格即因而丧失。"① 由此可见当时国民政府对双重国籍管理之宽松。内政部甚至发文，规定嫁给中国人为妻之日、韩、德、意、奥等各国女子，应均准其取得中国国籍。②

台湾方面的情况稍微复杂。抗战胜利后，国民政府收复了台湾地区。1946年6月23日，行政院公布《在外台侨国籍处理办法》，规定台侨自1945年10月25日起恢复中华民国国籍。在外台侨应由驻外使馆（或驻外代表）立即依照华侨登记办法举办登记，经予登记之台侨应发给登记证，并报内政部备查。登记时，应觅具华侨二人保证，证实其确拥有台湾籍贯。若在外台侨不愿恢复中国国籍者，必须向驻外使馆作不愿恢复国籍之声明。恢复中国国籍的在外台侨，其法律地位与待遇应与一般华侨完全相同，其在日本、韩国境内者，应享受与其他盟国侨民同等之待遇。③ 那么，在台湾岛内因中日战争原因成立或结束婚姻关系的男女双方及其子女的国籍应该如何规定？1948年3月27日，内政部颁布了《台湾省光复前日侨与台民之赘夫及其子女国籍处理办法》：第一条，"日男"已为"台女"赘夫，应办理取得中国国籍之手续，若该日男不愿取得中国国籍，应即遣送赴日，其子女应随母籍。第二条，"日女"已为"台男"之妾或与台男同居多年有永久生活之意思，应办理取得中国国籍。第三条，台男已为日女赘夫，并愿取得日本国籍，此应即随同其妻遣送赴日。若该台男不愿取得日本国籍，而该日女自愿取得中国国籍，应办理归化中国手续，其子女应随母籍。第四条，台女已为日男之妾或与日男同居多年，此仍属于中华民国国籍，但已自愿取得日本国籍，此应遣送赴日。其所生子女不具中国国籍。第五条，日男台女或台男日女于结婚后而又离婚，其未成年子女国籍应依其监护人之国籍而定。④ 据广州市档案馆档案统计，1946年5月，统计旅穗台胞约9 000人，复员已回乡者约5 000人，除有正当职业者免于集中居住，其余留穗者都觅房集宿，鲜有产业纠纷登记案⑤。

针对香港澳门侨民的身份认定，广东省政府侨务处颁布《发给香港澳门侨民

---

① 《中国人曾为日本政府服务者其公民身份规定》(1947年)，广东省档案馆藏，广东省政府侨务处全宗号28，目录号1，案卷号10，第6页。

② 《嫁于中国人为妻之日韩德意奥各国女子应均准其取得中国国籍》(1947年)，广东省档案馆藏，广东省政府侨务处全宗号28，目录号1，案卷号10，第7页。

③ 《在外台侨国籍处理办法》(1946年6月22日)，广州市档案馆全宗号8，目录号1，案卷号439，第5页。

④ 《台湾省光复前日侨与台民之赘夫及其子女国籍处理办法》(1948年3月27日)，广州市档案馆全宗号11，目录号22，案卷号240，第162页。

⑤ 《留穗台胞统计》，广州市档案馆藏全宗号7，目录号4，案卷号127，第21页。

身份证办法》①。规定香港澳门（以下简称港澳）侨民须一律领取侨民身份证，拥有侨民待遇。只有“受刑事处分在服刑期内或受褫夺公权尚未复权者；有汉奸嫌疑者；有危害国家民族言行，被政府通缉有案者”不予发证。据广东省档案记载，港澳同胞亦有登记在穗侨产纠纷案。

抗日战争胜利后，侨胞返回到广州市内，发现诸多产业纠纷案件，于是求助于官方或民间机构，以侨民身份，进行案件登记申述工作②。由于侨民迫切复员回迁至侨居地或原籍地港澳台，因此不少人登记申述完毕后，就离开广州，返回侨居地生活，导致后续诉讼处置工作更为复杂。

二、地权归属认定

侨民登记案件过程中，除了身份认证外，还要配合出示最为关键的证据——地权产权证明。在数以千计的侨产纠纷案件中，地权归属之认定涉及民法物权证明、租卖赔偿协商、回赎纠纷等问题，处理艰难冗繁，引起海外侨社的普遍关注。

在法学范畴中，地权作为权利集合，具有私权属性。权利人可以依照自由意志自由行使权力以实现利益。华侨购买土地，建筑房屋、铺业，成为侨产。土地铺屋作为华侨在国内的不动产产业，遵守不动产登记制度，即使在战后复员紧张的岁月里，应同样受到法律保护。“土地登记，谓土地及其建筑改良物之所有权与他项权利之登记。土地登记由市县主管地政机关办理之，但土地总登记因事实上之必要，得由省主管地政机关就县市暂设土地登记机关办理之。”③ 作为公示方式，不动产登记是界定不动产物权归属和保护不动产物权交易的基础。一方面，可通过不动产登记来宣示确保权利人对不动产的完全支配；另一方面，通过不动产登记来理顺同一不动产上多重权利人之间关系或权利人更换。换言之，不动产登记发挥了保护私人不动产的法律效力。再者，代表国家公权力的登记机构执行不动产登记通常有根有据，源于法律框架内当事人的申请，依法确认不动产物权归属关系，并使之具有时效性。不动产登记制度同时制约着登记机构的审查以及处理行为。

处理地政业务的政府部门设置经历过一连串的变化。1918 年 10 月，广州市

---

① 《发给香港澳门侨民身份证办法》（1946—1947 年），广东省档案馆藏，广东省政府侨务处全宗号 28，目录号 1，案卷号 10，第 27 页。

② 所阅案例中侨民申诉文本大多表现为冤情和无奈，可视之为“自我道德化”，强调自身的冤抑之情。可参考黄宗智先生著作《法典、习俗与司法实践：清代与民国的比较》（上海：上海书店出版社，2007 年）中“道德化”概念和付海晏先生的著作《中国近代法律社会史研究》（武汉：华中师范大学出版社，2010 年）第 235 页“自我道德化”概念。鉴于侨民身份的特殊性、案件控诉对象的独特性，笔者对此“自我道德化”概念，给予悬置。

③ 蔡鸿源主编：《民国法规集成》，合肥：黄山书社，1999 年，第 41、396 页。

政公所成立，开始市政建设和房地产管理，初具城市建设管理的部分功能。1920年6月，撤销登录科，附设登记局，由广州市政公所与广东省高等审判厅合办，办理广州市的不动产登记。1921年3月，广东省高等审判厅广州登记局成立，接管了原市政公所附设的登记局。1926年8月，广州市政厅土地局成立，广州登记局并入市土地局，办理土地登记等业务，对私人房地产进行管理及征税。1927年5月，广州土地局改名为广州地政局。抗战胜利后，市政府恢复工务局、地政局建制。1948年2月，成立郊区土地登记处。直至1949年10月14日，广州市军事管制委员会接管国民政府的广州市地政局，成立广州市人民政府地政局。

不动产房产登记行动开展之后，必然产生文本形式的证件来见证登记行为。在清末的1904年，广州地政采用三联契纸①。民国建立后，广东财政司规定，凡持有前清政府印制的旧契、白契，一律要换领民国政府的新契。广州市警察界内之不动产换契工作由警察各区署负责办理。1921年3月，广东高等审判厅广州市登记局首次办理土地登记，采取自由申请的方式，由业主交管业证件，经验核通告3个月后，产权无人提出异议者，即发给“登记完毕证”。1923年11月，广州市政厅下设民产保证局，办理民有不动产保证事项，由业主缴验契据，按时值产价一次性缴纳3%的保证金，然后发给“民产保证”，获得此证便可防止被误划为官、公、市产变卖。1925年6月26日，民产保证局被撤销，民产保证业务随之结束。1926年8月，广州市土地局成立，接管广东省高等审判厅广州登记局，全面办理不动产登记，采取限期申请的方式，登记后发给“不动产登记确定证”。1935年，改发“土地所有权状”。抗日战争前，全市土地未办理登记的有1.6万宗，而在日军侵占广州期间，权利转移或遗失证件者，估计有10万起。《广州市政府公报》1946年12月30日刊登的《过去一年来本市土地行政概况》指出：“市区自经敌伪蹂躏，房舍多被拆毁，经界亦多夷灭，而本局战前地籍图册，又复泰散失，业户产业亦有因托付非人而被盗卖，或因契证散失而被霸占，业权纠纷，层出不穷。”“（地政局）首将前存广宁之档卷移归整理，至去年三月（1945年3月），复依照收复区土地权利清理办法及土地登记规则举办土地总登记，并将市区地价，从新调查估定，一面复测经界，补办图籍等。”自1946年3月开始，实施分区限期登记，随后增设西关、河南和东山3个登记分处。经核查后，换发新的“土地所有权状”。收受登记案共约3.7万件。为促进工作效率，除简化登记手续外，地政局又在西关、河南两地区增设收件处各一所，并在地政局内增设等三、六七八区收件处两所。每日办理的登记案700件以上②。1948

---

① 房地产所有权人把产业转给别人时，必须写一张契纸，写明产业的坐落、数目、价银等，给新业主收执，这种未经投税的契纸，通常称“白契”。新业主须持“白契”向政府缴纳契税后，在“白契”上加盖官印或由政府另发新契，即为“红契”（又称“官契”），才成为合法的契据。契约方式使得商业化不断发展的广州地区的产权纠纷下降。

② 《广州市政府公报》，1946年12月30日，复刊第1卷第9期，第26页。

年，成立郊区土地登记处，办理郊区的土地登记。至中华人民共和国成立前夕，广州市中心区土地共141 885段，办理登记的有110 694段，占78%，郊区土地共194 249段，办理登记的有86 782段，占44.68%。[①]

不动产登记制度是对不动产持有的确认仪式。不动产登记制度后，形成不动产权利证书。不动产权利证书证明不动产物权的归属。尽管如此，产权纠纷仍迭出不穷。清末民初，市区扩展马路，形成了不少的“铺底权”[②]，造成产权纠纷不断。民国时期，广州的房地产以中、小资产者占有为主，私房约占全市房屋总数70%，公产占少数。私有房地产业主在办理产权登记时，一般多用堂名、假名或化名，而税契与产权证则分别由财政部门和地政部门核发，因此产权纠纷较多。此外，中华人民共和国成立前，广州的房地产管理，主要是对土地的权属管理。因为房屋是作为地上的附着物，围绕屋铺与土地的争执纠纷不少。再加上抗战期间，侨胞频繁仓促迁徙于境外与境内、市内与乡下之间，导致遗失契据，加剧纠纷。

从不动产登记制度上看，侨产纠纷案件主要分不动产登记证件的遗失与不动产登记证被改动两种。

首先是证件遗失造成纠纷中的业主取回产业艰难。不动产登记作为一种国家赋予的公权力行为，在交易中双方当事人都是以行政机关的登记为信赖基础的，所以，不动产登记必须具有使交易双方信赖的能力和效力。不少在战时频繁迁徙而致使契证遗失者，必须向地政局重新登记。有些远在海外的侨胞，就委托侨务处办理此事。倘能顺利解决契证遗失事情，不给霸占、强占者强词夺理的机会，侨产纠纷案件必然大大减少。然而，侨胞远在海外，登记侨产纠纷案件颇为困难，广州市地政局为此采取变通办法来便利侨胞，以契证影片代替登记。[③]

其次是产业被盗卖后，需要查看完整的不动产登记簿来保护侨产进行维权。无论是作出登记行为的行政机关还是其上级机关和下级机关，在不动产登记生效后、被依法改变或撤销前，都必须接受该登记行为的约束。必须严格遵守、服从和执行，严格履行不动产登记所确定的内容，不得违反。但是，私人保存的不动产权属证书被伪造、擅自改动的可能性，要远远大于由国家专门机构执掌的不动产登记簿。因此，不能仅仅依凭不动产权属证书来要求登记部门更改不动产登记簿。不动产登记簿比起不动产权属证书更具证明力。当然，不动产权属证书的持

---

① 广州市地方志编纂委员会：《广州市志·房地产志》（卷三），广州：广州出版社，1995年，第370页。

② 铺底权又称铺底顶手权，是指房客出资修建上盖、修复破烂房屋或装修门面间格后取得的权利。取得铺底权的人，有永远租赁权。铺底权可以转移或抵押，铺底顶手额可抵扣房租，至其出资额完结而消失。1928年已停止铺底权登记，已办理登记和发给权状的计有5 000间房屋。中华人民共和国成立后，取消了铺底顶手权。

③ 《广州市侨产登记可用契证影片代替》，《华侨通讯》1947年第8期。

有人可以依据真实的不动产权属证书，请求登记机构根据原始登记申请材料来确认不动产登记簿记载事项的真实性。侨产被盗卖之后，不少侨胞发现霸占者居然理直气壮地出示“契证”，这让侨胞百口莫辩，蒙冤受辱。此时，必须翻开房地产档案查照证据，以示清白。政府特别规定：“侨产契证在沦陷时期存寄亲友处未经主权人认可及签证有据，任何人冒名盗卖作为无效，如在沦陷期内，该买产人确系不知情形又非压迫买卖，经登报声明一星期无人异议，由地政局调处或仲裁会仲裁，经双方协议得照当时卖价酌量赔偿，但不能超过原价若干倍。”① 1946 年，市地政局重新补办房地产登记，换发新的“土地所有权状”，内记产业坐落及登记编号，留下契证照片设立档案，这是建立房地产档案的开端。据统计，1949 年广州解放时，接管前国民政府地政机关的房地产档案有 173 646 宗，另接管粤桂闽区敌伪产业审委会和敌伪产业清理处卷宗档案 3 000 多件。② 广州市的房地产档案是按街道门牌及测量区段地号建立的，记载有产权所有者的姓名（或单位名称）、职业、住址、产权历史沿革及处理过程等内容，是审查确认产权的重要依据，所以房地产登记与侨产问题联系密切。

除了与不动产登记制度相关的侨产纠纷案件外，还有特殊的“战时典卖侨产回赎案件”。抗战期间，侨汇断绝，不少人只好典当产业支持生计。典当的产业到期后，却无力赎回。中央侨务委员会司法行政部拟具战时侨产回赎补救办法。1947 年 3 月，行政院训令各省市政府，“凡侨民以前典当之不动产，计至太平洋战事发生之日止（1941 年 12 月 8 日）未逾法定回赎期限者，准予太平洋战事结束后二十四个月内以原典价回赎，过期则无效。”③ 马来亚潮州公会联合会特别代表大会代电为全马来亚潮侨特别代表大会特意向省府提出此事。1947 年 4 月 4 日，广东省政府要求广州市地政局照中央侨务委员会司法行政部的办法办理，以福侨益。④ 1947 年 6 月 19 日，侨务委员会奉行政院要求，训令侨民典当不动产回赎办法应即停止适用。至于如何回赎及是否以原价回赎问题，则按照复员后办理民事诉讼补充条例第七条及第十二条两条之规定来执行。⑤

地权归属认定是侨产纠纷案件处理中关键的环节。由于产业登记制度的多次变更和战时契据遗失，侨民遵照司法行政部门的规定和登记簿维权，合理合法。证件遗失造成纠纷中的业主取回产业艰难。广东省政府侨务处虽不是司法行政部

---

① 《筹组侨产保障委员会》，《粤侨导报》1946 年第 6 期。

② 广州市地方志编纂委员会：《广州市志·房地产志》（卷三），广州：广州出版社，1995 年，第 375 页。

③ 《省府代电致广州市政府关于在战时佃卖侨产回赎办法并附院令电仰遵办由》，广州市档案馆全宗号临 9，目录号 2，案卷号 119，第 4 – 6 页。

④ 《省府代电致广州市政府关于在战时佃卖侨产回赎办法并附院令电仰遵办由》，广州市档案馆全宗号临 9，目录号 2，案卷号 119，第 4 页。

⑤ 《中央侨委关于劳资纠纷、合作事业、土地房屋、物价税收等法令》（1946—1947 年），广东省档案馆藏，广东省政府侨务处全宗号 28，目录号 1，案卷号 6，第 77 页。

门，但是在协助办理侨产契据、回赎侨产、查找档案等方面做了大量的工作，尽力保护了广大侨胞的利益。

三、机构应对纠纷案件

侨胞向各有关机构申诉，要求处理侨产纠纷案件，必然涉及诸多机构，包括中央至地方的官方、民间机构以及海外机构。各个机构在各自职权基础上采取了一些举措，但终因不是司法行政部门，其应对举措的成效不大。

1. 中央侨务委员会

中央侨务委员会作为侨务工作最高级别的官方机构，在整体方针上对全国侨务工作起着领导的作用。战后复员时期，全国敌伪奸产业接收工作繁复混乱，华侨的财产不免受到误封或有意“劫收”。可是，政府发还侨产需要较长时间的核实、处理与解决。由此中央侨务委员会决定进行司法监察处理敌伪产业工作，并于1945年12月开始陆续颁布训令、法令、讲习大纲等，由各地集会及党政军学小组会议学习如何正确地执行恢复侨产任务，① 要求绝对不能把侨民产业处理与敌奸伪产业处理相混淆。

在抗战胜利后，国民政府开始在沦陷区接收敌伪产业。敌伪产业被接收之后，除了一部分由政府机关及国家行政局接收使用或由财政部收购出租外，还有一部分被标售出卖。1947年4月11日，侨务委员会转发行政院《加速处理敌伪产业办法》（侨秘文字第30233号）。中央信托局依照经济紧急措施方案，加紧出售敌伪产业，并拟定相关工作条例。中央信托局规定：各区出售敌伪产业（包括日、德侨产业，伪组织产业及逆产）售款总额每月以一千亿元为目标，出售敌伪产业一概收取现款解交国库。粤桂闽敌伪产业处理局也加紧出售敌伪产业。其中，对于房地产的规定如下：“（一）空地及空屋一律标售；（二）里弄房屋得由现住户按市价估价，承购免予标售必要时，并得分宅出售；（三）其他房屋，现住户亦得请求按市值估价承购，但须呈经行政院核准；（四）私有土地上敌建房屋，估价售与原地主。如地主不愿承购时得售与现住户或予标售；（五）敌人征购圈购土地，除政府确有需要得依法征用者外，其余一律重行估价由原地主购回。”② 然而，此办法于1947年12月8日被行政院再次修改。

1948年10月30日，侨务委员会转发行政院颁布的《加速出售敌伪房地产办法》（总事字第04832号），此项办法专门针对房地产业。未经行政院会议核定的所有敌伪产业，一律限6个月内完竣办理出售，时间非常紧张。办法规定：出

---

① 《广东省参议会第100号决议案》，广东省档案馆藏，广东省政府侨务处全宗号28，目录号2，案卷号9，第12页。

② 《加速处理敌伪产业办法》（1945—1948年），广东省档案馆藏，广东省政府侨务处全宗号28，目录号1，案卷号5，第64－65页。

售敌伪房地产应按市值估价通知住户限于通知到达之日起15日内承购，先交房价半数为保证金，其余于通知日起一个月内缴清，逾期不缴，没收保证金，如15日内不为承购，作为放弃论，即行公开招标仍准住户参加投标。敌伪房地产现住户自放弃承购之日起一个月内必须迁让以凭标售，如不在期限内迁让，应由经济督导员办公处、当地政府军警机关强制执行。当然若是敌伪圈购、征购及强购之房地产，如可由原业主赎回时，原业主仍有请求优先缴价领回之权，均不受限制。私有房地产经敌伪增益修建，其增益部分应准原业主优先承购。敌伪房屋经战事破坏后之残余建筑物，由私人修建成建筑住用者，其地基及房屋簿准该修理或建筑人，依法办理。房地产如经标售，应将修建部分价值摊还修建人。另外德侨房地产仍暂予保管，但可出租使用，收取使用费，缴解国库。①

被误封为敌伪产业的侨产发还工作尚未结束，国民政府却已开始匆忙地标售处理。于是，往往华侨还没来得及从国外或乡下回到广州领回侨产，其侨产就已被莫须有的原因遭政府当局标售、拍卖或转让，导致侨产纠纷问题更加棘手。

2. 广东侨务处

广州华侨申诉侨产问题的受理机关首选广东侨务处。广东侨务处的前身是广州市侨务局。② 广东侨务处于1937年底迁香港，1941年底迁澳门，1942年初迁韶关，1945年迁东江。抗战胜利后才迁回广州。抗战爆发后，广东侨务处主要是动员华侨的人力物力支援抗日战争，同时对大批回国难侨在收容救济等方面做工作。抗战胜利前夕，国民党在第六次全国代表大会上，制定战后侨务工作方针，提出保护华侨、发展华侨教育、完善战后救济等具体规划，其中就包括保护华侨产业的问题。

广东侨务处在1945年12月组织成立粤侨事业辅导委员会。该委员会拟具办法四项，其中一项即保护侨产建议：侨胞在家乡之不动产，曾被公家征借，或被强力霸占，以及权益遭受损害者，为其恢复业权，且予以切实保障，手续应求简化。③ 1947年，广东省政府专门制定了《保障侨产办法》，相关条款如下。④

---

① 《加速出售敌伪房地产办法》(1945—1948年)，广东省档案馆藏，广东省政府侨务处全宗号28，目录号1，案卷号5，第75页。

② 在民国时期，孙中山于1924年在陆海军大元帅大本营（简称大元帅府）内设置侨务局。1924年中国国民党“一大”后，成立国民党中央海外部，在广州设有国民党中央海外部驻粤办事处（1926年1月彭泽民任海外部部长）。1926年广州国民政府设立侨务委员会。之后，机构设置和隶属关系多次变动。1927年国民政府迁都南京后，广东省政府设立侨务委员会，1931年6月委任民政厅长林翼中担任广东侨务委员会主席。后来中央侨务委员会为处理侨民的移殖、保育及指导、监督侨民出入口起见，1936年2月在广东汕头、海口、江门设立侨务局，1936年6月，这3个地方的侨务局分别改为广东侨务委员会地方办事处，广州市则设立侨务局。1936年底，国民政府侨委会决定将广州侨务局改为广东侨务处。

③ 《粤侨辅导会拟具护侨办法四项》，《粤侨导报》1946年第3期。

④ 《粤省府订定保障侨产办法——穗市府规定执行办法五项》，《粤侨导报》1947年第17—18期，第24-25页。

（一）经敌伪组织非法强占或没收之华侨产业（系指土地及其定着物而定，下同），应由所有权人，提出确实证件，申请发还，前项证件，如存外国，一时无法提出者，经当地领事馆，或公共团体证明，得其影片缴验，检定后先后发还管业，其原有各证件于申请之日起，限期一个月缴验。占用人限月内迁出。

（二）凡华侨产业被人占用，经□□申请发还手续者，得由所有权人呈请当地机关限令占用人于一个月内迁出，准所有权人领回管业。前项如为农用，华侨产业愿收回自行耕种，其期限应延至一年。修理费用赔偿规定。

（三）华侨产业于所在地收复后，如经占用，加以修建，其修建费之赔偿，应依院颁收复区所有土地上敌伪建筑物处理办法。

（四）华侨产业之占用人，如因特殊原因，不能依期迁出者，应与所有权人，议定租值，依法租赁。华侨身份需要证明。

（五）华侨因故未能返国申请发还其产业时，得委托他人，或侨务机关代理之。

（六）华侨申请发还产业时，应由侨务机关证明其身份，或其他□实之证明。

1947 年，广州市政府响应省政府《保障侨产办法》，特颁布《保障华侨产业规定执行办法》五项来加强行政处分，以保障市民及华侨产业案。该办法如下："一、市府加强行政处分，以保障民产。二、凡在市区内被占民产，经市府地政局确定业权后，由地政局会同警察，通知占据人于一个月内自行迁出，将产业发还所有权人。三、占据人接到通知书后，逾一个月尚未迁出时，由警察执行标封。四、警察局执行标封后，逾半月该占据人尚未迁出时，即由警察局执行勒迁，或将存放物品封存候销。五、警察局执行勒迁点封物品时，须会同所在地保甲长办理，如属商店并通知市商会。"[①] 从这些措施可见，广州市政府在战后初期对于侨产纠纷案件的解决相当重视。

此外，广东侨务处从其职责出发，能够比较妥善地处理华侨关于侨产纠纷的呈文，对呈文快速作出批复，并积极配合函件往来。但是，侨务处毕竟不是司法机关，因此很多时候侨务处不得不将时间花费在与司法行政部门沟通方面。譬如，1948 年，侨务委员会仍在指示广东、福建、云南、广西等地的高等法院院长与首席检察官，要求所属地方法院，对于侨民诉讼案件，切实注意，并迅速依法办理，不得延误。[②] 这一情况说明侨务处无权直接判决，受制于实权机关的处理。

3. 广州市土地纠纷仲裁委员会

战后广州市所发生的业权纠纷最为繁复。在这种背景下，"广州市土地纠纷

① 《保障华侨产业规定执行办法》，《粤侨导报》1947 年第 17 - 18 期，第 25 页。
② 《侨务消息：切实保护侨产，侨委会函司法部饬办》，《华侨通讯》1948 年第 10 期。

仲裁委员会”应运而生。1946 年 12 月，广东省政府组织成立“广州市土地纠纷仲裁委员会”（也叫作广州市地产纠纷仲裁委员会①），并设委员九人，以市长为主任委员，地政局长李朴生、地方法院院长霍维四、市参议长陆幼刚、市党部书记长王龙兴等为委员，另聘专员徐国康、律师钱树芬、两广监察使署林光耀、地政局周泽扬等为委员，并择定于广州市政府地政局内开始办公。凡是关于土地权利清理程序中发生之纠纷，经由广州市地政局调处不成者，均可依章来会办理申请仲裁手续。② 当时，华侨产业被人非法霸占或盗卖的情况最多。抗战胜利后，虽经查明，但霸占人仍不肯交还原业主管理。面对情形特殊的纠纷案件时，为顾全业权人利益，在地政局调处未成立或该仲裁委员会仲裁结果未决定前，该仲裁委员会先将此房屋所收之利益，提存市立银行，待解决后，本息归还业主，以免事前被一方得利。此项处置方案得到广东省府核准施行。

广州市土地纠纷仲裁委员会于 1947 年 1 月颁布《广州地产仲裁会订定保障侨产办法》，对侨产纠纷涉及的具体问题做出了更为具体详细的规定：③

（一）华侨在市内土地房屋产业于沦陷期间被人冒名盗卖或霸占，经提出确证，由市地政局或本会查明属实者，上项不法买卖行为，作为无效，业权发还原主，准予补办登记，并将冒名盗卖占霸之徒，拘送司法机关，依法严办，并责令赔偿一切损失。

（二）华侨产业契据于沦陷期间遗失（包括敌伪掠焚毁灭失），经提出确证，或由就近华侨团体或所在地之领事馆负责保证，并登报一星期无人异议，经市地政局或本会查明属实者，其业权仍旧保存，地政局应准予依照手续补办登记。

（三）华侨产业登记发生纠纷，在地政局调处未成，或本会未确定前，该项产业收益准用行政处分，由地政局通知租赁人，将款提存市立银行，确定后，本息交还业权人。

（四）华侨不得假借华侨名义，及冒认他人产业争讼，一经查出，依法惩处。

（五）华侨之身份，须有当地领事或侨团主管人证明。如未能即办手续时，得先觅本市侨务机关或华侨 5 人以上证明。

广州市土地纠纷仲裁委员会每半个月召开一次会议。经过该委员会的努力调解，侨产纠纷诉讼案例大幅度减少，或得到顺利解决。

---

① 《广州地产仲裁会订定保障侨产办法》，《粤侨导报》1947 年，载广东省档案馆编：《华侨与侨务史料选编》（下），广州：广东人民出版社，1991 年，第 473 页。

② 《公告接办仲裁土地权益纠纷》，《广州市政府公报》1946 年 10 月 10 日，复刊第 1 卷第 1 期，第 11 页。

③ 《广州地产仲裁会订定保障侨产办法》，《粤侨导报》1947 年，载广东省档案馆编：《华侨与侨务史料选编》（下），广州：广东人民出版社，1991 年，第 473 页。

4. 广州市侨产保障委员会

广州市侨产保障委员会是一个专门涉及侨产问题的机构，比起上文提及的广州市土地纠纷仲裁委员会，其功能与对象更为专业。

国民代表大会美国华侨代表黄伯耀、古巴华侨代表张培梓、墨西哥华侨代表陈新龙等人，为保障侨胞权益起见，于 1946 年 10 月 4 日在广州市政府会议厅举行华侨产业保障座谈会。广东省侨团及省市有关机关均派代表参加。黄伯耀等人提出的保障侨产意见及办法受到大家的一致赞同，当场议决组织“侨产保障委员会”，并公推市地政局局长李朴生为侨产保障委员会筹备会的召集人①。10 月 12 日，市政府举行侨产保障委员会筹备会议，黄伯耀、张培梓、陈新龙、省府粤侨事业辅导委员会代表朱居正、市地政局代表李朴生、广东侨务处代表张宪磁、广州合法侨团代表等 10 余人到会，讨论修正组织大纲草案，筹备成立事宜。

关于此组织的档案资料不多。但是，1946 年 11 月该组织提出的保障侨产意见十分具有实践价值，保留了下来。具体意见如下：

一、华侨在市内土地房屋（简称侨产），如能提出所有权状或正式契据证明业权于沦陷期内被人盗卖或霸占，经由地政局或仲裁委员会查明属实，上项不法买卖行动作为无效，业权发还原主，准予登记。

二、侨产契据如因沦陷影响以致遗失（包括敌伪劫掠焚毁灭失），经提出有效之人证物证或由就近华侨团体或所在地之领事负责证明，并登报一星期无人异议，经地政局或仲裁委员会查明属实，其业权仍旧保存地政局，应准予依照手续补办登记。

三、侨产契证在沦陷时期存寄亲友处未经主权人认可及签证有据，任何人冒名盗卖作为无效，如在沦陷期内，该买产人确系不知情形又非压迫买卖，经登报声明一星期无人异议，由地政局调处或仲裁会仲裁，经双方协议得照当时卖价酌量赔偿，但不能超过原价若干倍。

四、侨产于沦陷期内被人盗卖侵占或更自称地下工作人员或公务员军籍人员组织股份集团（公司），或参加股份购置出头包庇防阻业权准由华侨控诉，经由地政局或仲裁会查明属实后，负责转呈上级机关惩处。

五、侨产登记纠纷报请解决在地政局调处未成或仲裁会仲裁未决定前，该产业之收益准先用行政处分请由地政局或仲裁会通知租赁人将款提存市立银行，掣回收据，向地政局或仲裁会登记，候解决后本息发还确定业权人领回。

六、侨产于沦陷期内被人盗卖或有意霸占，应请地政局或仲裁会查明属实后，将不法之徒派警拘送本市司法机关惩处，并责令赔偿损失，该产业由地政局

---

① 《经济消息汇报：本省：华侨国大代表请求保障侨产》，《广东省银行月刊》1946 年复刊 2 卷第 9—10 期。

或仲裁会负责取回发还业权人。

七、华侨不得假借华侨名义及冒认他人产业出头争讼，以杜流弊，一经查出，依法惩处。

八、华侨之身份由当地领事或华侨团体主管人证明，如未能即办手续时，得先觅本市侨务机关或华侨证明。

九、请政府迅速成立“土地裁判所”以执行土地纠纷之决定裁判权。

十、组织“侨产保障委员会”。[①]

以上意见主要是由黄伯耀、张培梓、陈新龙提出。此委员会虽然没有在侨产纠纷案件的处理上起到很大的作用，但它反映出当时海外侨胞对于国内侨产问题的关注与维护侨益的关切，值得关注。

5. 国民党海外支部

当时，中国国民党的海外支部遍布海外华侨的侨居地。笔者在检索民政厅档案时发现，因侨产纠纷案件而与国内政府部门有文函来往的海外支部计有：中国国民党驻古巴总支部执行委员会、中国国民党驻美罗省分部、中国国民党驻吡叻直属支部第五分部、中国国民党驻南洋英属新嘉坡直属支部第七分部第十一分部、中国国民党驻霹雳直属支部、中国国民党驻森美兰直属支部、中国国民党驻美国总支部执行委员会、中国国民党驻多明尼加直属支部、中国国民党驻加拿大总支部、中国国民党驻澳洲总支部执行委员会、中国国民党驻纽约分部、中国国民党驻南洋英属嘉打邦直属支部执行委员会、中国国民党驻纽坚尼支部等。[②] 他们均热心指导海外华侨如何在远离国土、不谙国情的情况下与国内相关部门接触，解决侨产问题。

早在1944年12月25日，国民党海外各级党部就接到中央执行委员会海外部的电报，要求华侨产业被敌人侵占的侨胞尽快登记[③]。抗战胜利后，印尼吧城与泗水各报纸刊出中国驻巴达维亚总领事馆第613、614号通告，公布侨胞在厦门与广州之产业登记办法。中国国民党驻三宝垄直属支部执委会多次接到闽粤侨团或个人来函，或亲自上门咨询。1947年6月3日，中国国民党驻三宝垄直属支部执委会为侨胞关于产业登记事宜，特地向厦门市政府呼吁，政府应该对侨胞产业登记期限予以通融办法，希望准许侨产用契据影片进行登记[④]。国民党驻三宝

① 《筹组侨产保障委员会》，《粤侨导报》1946年第6期。

② 《有关华侨房产纠纷材料（内有国民党员名单及其驻外支部）》（1946—1948年），广东省档案馆藏，广东省民政厅全宗号3，目录号4，案卷号180，第108页。

③ 《公文：（十一）中央执行委员会海外部代电海外各级党部》，《中央党务公报》1945年第7卷第1期。

④ 《中国国民党驻三宝垄直属支部执行委员会公函致广州市政府公函》，广州市档案馆全宗号临2，目录号1，案卷号2138，第2-3页。

垄直属支部把侨民的意见合情合理地表达出来，呈文给厦门市政府，希望当地政府能考虑海外侨民的意见，根据实际情况来处理，采纳侨民的意见。平心而论，当时的国民党海外支部为侨民考虑得很周到，希望切实保护华侨的权益。

6. 海外领事馆

当时，国民政府派驻海外的领事馆也很关注国内的侨产纠纷事件。多个海外领事馆写信给广东省侨务处讲明情况，寻求帮助。中华民国驻河内总领事馆关于侨民邓悦猷侨产被占案与国内广东侨务处往来函件，即为一例。

1947 年 9 月 23 日，越南河内华侨邓悦猷关于侨产被强占案呈文警察局，希望警察局能下令让侵占者迁出屋业。他说："民国二十三年（1934 年），在广州市警察七区荷溪分局连元新街自置第 20 号及第 22 号门牌屋业两间居住，在沦陷时举家迁往越南河内暂避。胜利后即依照手续向广州市地政局声请登记。……忽看守人面报，今有人以市立第七十八小学名义派人入屋，强将楼上间格楼梯等拆去一面，粉饰墙壁一面，搬入枱椅，同时门墙上并贴有西禅分局三十六年九月二十日（1947 年 9 月 20 日）禅字第 184 号布告。……不讲法理，强占民房。"① 此事令邓某气愤不已。1947 年 10 月 16 日，驻河内总领事馆就此案专门致函广东侨务处，"据河内中华会馆本年十月十四日河字第三四三号，呈以该会馆文化主任邓悦猷用邓悦猷名义在广州市连元新街置有第二十号及第二十二号屋业两间，经于本年四月向广州地政局声请登记在案，现该屋被广州市立七十八小学强将楼上间格楼梯等拆去"，② 要求对这一行动予以制止。

综上所述，当时，中央侨务委员会、广东侨务处、广州市土地纠纷仲裁委员会、广州市侨产保障委员会、国民党海外支部和海外领事馆等多个不同的政府机构，均为保护侨产而为海外华侨提供对策建议，尽力保护华侨的权益。特别是政府派驻海外的机构，为远在侨居地的侨胞提供了便利。可惜的是，由于这些政府机构不是司法行政部门，无权介入司法审判，导致工作成效不大。

四、特殊纠纷案例

有关侨产纠纷的档案资料大部分残缺不全，仅有呈文诉讼与相关单位来往文书，极少有案件处理的最终结果。究其原因，部分可能是因为档案没有收录结果，也有可能是案件根本没有得到圆满的处理。笔者在广东省档案馆馆藏民政厅全宗号 3 目录号 4 案卷号 185 中仅查阅到三例附有法院民庭判决书的纠纷案件，而在广东省政府侨务处全宗号 28 目录号 1、2 案卷号 1 ~ 34 抄录的 100 个案例

① 《侨民邓悦猷关于侨产被强占案致警察局呈文》（1947 年 9 月 23 日），广东省档案馆藏，广东省政府侨务处全宗号 28，目录号 2，案卷号 18，第 1 – 2 页。

② 《中华民国驻河内总领事馆关于邓悦猷侨产案致广东侨务处公函》（1947 年 10 月 16 日），广东省档案馆藏，广东省政府侨务处全宗号 28，目录号 2，案卷号 18，第 22 页。

中，有明确结果的仅有11件。

有一则典型案例涉及广州秘鲁华侨的安集所案。这是一则关于集体产业的案例，与一般的华侨个人土地铺屋产业纠纷有所不同。

广州秘鲁华侨安集所是秘鲁归侨互助社购置的产业，为安顿秘鲁归国华侨的场所。据1947年广州市秘鲁归侨互助社社员名册记载，秘鲁归侨互助社共有167名会员，大部分是番禺人和南海人。① 广州沦陷后，该互助社职员星散，侨民无人接济，流离乞食，以致所内侨民梁安等请求日本领事馆没收产业，予以维持。政府主管机关训令爱育善堂等推派董事负责维持、召集会议。于是，由爱育善堂派出董事陈德农、宋俊堂、王瑞泉，广济医院派出董事黄载堂、陈显之，惠行善院派出董事伍麦予、张华生，崇正善院派出董事黄邦奎、简月朋等人，共同组成董事会，负责保管及调整产业，继续维持侨民的口粮。当时，所有有关调整产业的议案，均必须经过董事全部签名，才能合法处理。

1945年10月1日，霍炯堂自称是秘鲁华侨安集所的代表，具呈广东侨务处，要求为胜利复员恢复工作申请登记。② 1945年10月2日，广东侨务处指令霍炯堂报上秘鲁华侨安集所的组织章程及职员名表。③ 12月31日，霍炯堂状告陈德农等人盗卖秘鲁华侨安集所之侨产④，希望侨务处能严究追查以维护侨益，并在呈文后面附上《秘鲁华侨安集所代表》《广州市秘鲁华侨安集所产业一览表》《开投秘鲁华侨安集所十七甫马路铺业简章》《辛酉返国侨民照（一九二一年）》《前清宣统元年创办华侨安集所董事》《秘鲁华侨安集所组织概况》《广州秘鲁华侨安集所之概况》等一系列文件。⑤ 1945年12月31日，广东侨务处将此案件转市地政局与地方法院处理，⑥ 并通知陈德农、王瑞泉、伍麦予、宋季缉、陈香邻、李吉甫、简月朋等人在1946年1月22日上午9时去侨务处接受询问。⑦ 可是，案件的发展很快就发生了逆转。1月26日，秘鲁华侨安集所董事谭棣持、陈香邻、伍麦予上诉到侨务处，详细说明秘鲁华侨安集所的组织缘由及办理经过

---

① 《广州市秘鲁归侨互助社社员名册》(1947年)，广州市档案馆全宗号0，目录号26，案卷号11，第52页。

② 《霍炯堂关于广州市秘鲁华侨所产业致侨务委员会广东侨务处声请登记》（1946—1948年），广东省档案馆藏，广东省政府侨务处全宗号28，目录号1，案卷号26，第56页。

③ 《霍炯堂广东侨务处关于广州市秘鲁华侨所产业声请登记准予备案批复》（1946—1948年），广东省档案馆藏，广东省政府侨务处全宗号28，目录号1，案卷号26，第54页。

④ 《霍炯堂关于广州市秘鲁华侨所产业被盗卖一案致侨务委员会广东侨务处呈文》（1946—1948年），广东省档案馆藏，广东省政府侨务处全宗号28，目录号1，案卷号26，第25页。

⑤ 《霍炯堂关于广州市秘鲁华侨所产业被盗卖一案致侨务委员会广东侨务处呈文的附文》（1946—1948年），广东省档案馆藏，广东省政府侨务处全宗号28，目录号1，案卷号26，第29-42页。

⑥ 《侨务委员会广东侨务处关于广州市秘鲁华侨所产业被盗卖一案转函市地政局、地方法院》（1946—1948年），广东省档案馆藏，广东省政府侨务处全宗号28，目录号1，案卷号26，第24页。

⑦ 《侨务委员会广东侨务处关于广州市秘鲁华侨所产业被盗卖一案致陈德农等通知书》（1946—1948年），广东省档案馆藏，广东省政府侨务处全宗号28，目录号1，案卷号26，第16页。

连同社会局批示，郑重指出霍炯堂不是依法执行职务身份，他妄称安集所的代表，不分青红皂白杜撰纠纷，实属违法，声明陈德农是被霍炯堂所诬指，希望侨务部门主持公道[①]。侨务委员会见双方各执一词，要求传讯双方到广东侨务处接受询问，以凭办理。[②]

此案件总共有47页档案原文，历时半年余，闹得沸沸扬扬。虽然我们不知这场官司的最后结局，但广州秘鲁华侨安集所案的产生，显然是战争引起政府管理机制混乱的结果，是华侨公产遭到内部人员盗卖的典型案例之一。

五、结语

侨房是华侨维系其与祖国家乡的纽带。解决侨产问题、保障华侨利益是侨务政策的一项重要内容。虽然国籍法、地籍法、物权法与不动产保护法都对侨产制定了法律方面的保护条文，国民政府也表示要保护侨产，但是在实践中，却问题多多，困难重重，法律政策常常形同虚设。尽管中央侨务委员会、广东侨务处、广州市土地纠纷仲裁委员会、广州市侨产保障委员会、国民党海外支部和海外领事馆等中央到地方的各级部门，国内至国外不同级别的涉侨机构因职责所在，义不容辞，在各自力所能及的分管范围内尽量予以协助与指导，但实际上成效不大，导致国民政府在当时并未真正做到护侨、慰侨和福侨。

究其原因，主要是当时国民政府自身的管理与体制出现了多种问题。

第一，政府当局没有考虑到侨胞身份的特殊情况。侨胞复员后急忙出国，奔波于国内与海外之间，无法亲自处理相关纠纷案件。既然已经认定为侨产，政府当局应该予以通融，必要时进行特殊处理。尽管中央侨务委员会和广东侨务处曾多次制定政策，要求对侨产特殊处理，但是在实际操作中，政府对侨产往往当作普通百姓的产业来处理。最终，侨胞往往等不到最终的审判结果，就已经返回迁居地工作。中华人民共和国成立后，华侨产业纠纷成为历史遗留问题，处理起来更加困难。远在海外的侨胞最终不得不放弃自己在国内的产业。

第二，政治机构体制不合理导致事权不一，互相推诿。尽管上文提及的诸多中央、地方、国内、海外的涉侨机构曾协助侨胞处理产业纠纷，但是，这些机构没有司法审判实权，无法直接为侨胞谋取福利。特别是中央侨务委员会和广东侨务处作为管辖侨务的专门机构，基本上只有在沟通信息和协助管理方面发挥作用。涉侨机构的无奈与无能，是政府机构体制的不合理造成的。

第三，侨产纠纷不仅发生在民间百姓之间，也与国民政府的战后接收有关。战后的接收过程充分暴露出了国民政府官员的贪腐、滥收、假公济私和营利分

---

① 《代表人霍炯堂关于广州秘鲁华侨所产业被盗卖一案致广东侨务处呈文》（1946—1948年），广东省档案馆藏，广东省政府侨务处全宗号28，目录号1，案卷号26，第3页。

② 《广东侨务处关于广州秘鲁华侨所产业被盗卖一案作出批文》（1946—1948年），广东省档案馆藏，广东省政府侨务处全宗号28，目录号1，案卷号26，第1页。

肥。“经济事业机构的接收，更是弊端百出，漆黑一团。再加经济事业机构为利之所在，重庆所派人员，在上者或系盲人瞎马，莫名其妙，原在下者却睁开眼睛，混水摸鱼……别有用心的人，称之为‘劫收’”。[①] 这些情况在大城市尤甚。很多属于华侨的产业还没来得及梳理清楚产权归属，就已经被政府占据使用、拍卖出售，或上缴国库。抗战胜利后虽然收复了国土，但是政府丧失了民心。当时的平津地区有一个顺口溜，“天天盼中央，中央来了更遭殃”[②]。总之，政府只关心眼前的国库收入增加，不顾及民心大计。

海外华侨一直希望国民政府能够关爱侨胞产业，让他们能安心投资。早在1934年5月2日，广东省政府就要求各地必须切实依法保护侨民在省市购置的产业。于是，当时的广东省曾迎来大批侨胞回乡投资商业和房地产业的浪潮。不过，侨胞也时常与当地官员发生纠纷。例如，中央秘书处曾收到广东的越南侨商告状的函件，“建议中央，为侨商回国合办公司，置买土地，每被有势者及该管官员，报作官产占去，请限令交还，并治其罪”[③]。秘书处将函件转给侨务委员会，引起侨务委员会的重视。1946年12月，侨务委员会和经济部20多年来首次召开华侨经济座谈会。会上，海外部代表在言及华侨回国投资的问题时，再一次强调“先要保障国内现有侨产，使他们安心，然而事实适相反”[④]。

抗战时期，海外侨胞呕心沥血，出钱出力，甚至回国直接参战。抗战胜利后侨胞原以为可以得到国民政府的特殊关爱，没想到侨产纠纷案件无法得到妥善解决，一拖再拖，直至国民政府撤台、中华人民共和国新政府成立也没有结果。侨胞从渴望到失望，再到绝望，乃至怨恨，最终对政府丧失信心，从此避走海外不归。侨产纠纷案件的申述与处置的结局，整体而言是失败的。其根本原因在于国民政府忽视侨民特殊的身份，地权归属认定让位于政府的利益，涉侨机构事权不一。由此产生的社会负面影响，对于国民政府来说是整体的、深远的，需要有关当局日后花费很长的时间才能逐步地弥补。

---

① 邵毓麟：《胜利前后》，台北：传记文学出版社，1967年，第76页。

② 《徐永昌日记》第8册，台北：“中央研究院”近代史研究所，1991年，第197页。

③ 《广东省政府民字第1562号训令——奉省政府令饬关于切实依法保护侨民在省市购置的产业问题》（1934年5月2日），广东省档案馆编：《华侨与侨务史料选编》，广州：广东人民出版社，1991年，第463页。

④ 《华侨经济的困难》，《申报》，1946年12月1日。

侨乡民间信仰的复兴及其传承

——以广东台山端芬镇之祖先崇拜为例 *

边清音

序言

端芬镇位于珠江三角洲，隶属著名侨乡广东省江门市台山市，拥有“侨乡中的侨乡”之美誉。祖先崇拜是当地居民的主要宗教信仰。改革开放后，在华侨华人的影响下，当地祖先崇拜得以复兴。时至今日，当地居民依旧保持着逢年过节、婚丧嫁娶之际祭祀祖先的习俗。端芬的祖先崇拜是如何复兴的？侨乡居民在祖先崇拜的复兴及其传承中扮演了什么角色？

宗教信仰是侨乡居民和华侨华人之间的文化纽带，也是表达认同的重要方式。改革开放后，华侨华人推动了侨乡宗教文化的复兴。这一现象引起了学界的关注。相关研究大多聚焦于宗教文化与华侨华人认同之间关系的讨论，探讨华侨华人对侨乡宗教信仰的影响①，记述宗教信仰的复兴过程②。

上述研究揭示了华侨华人在侨乡文化复兴中的重要作用，但是却鲜少涉及以下两个方面的讨论。一是侨乡居民在宗教文化复兴中发挥的作用。虽然有研究涉及侨乡居民参与宗教复兴活动，但是对侨乡居民如何把握和利用华侨华人所提供的复兴宗教文化的机会、疏通华侨华人与地方政府关于宗教复兴的分歧的相关讨论较少。二是侨乡宗教文化复兴之后，谁来传承和发展的问题。关于这两方面，

---

* 作者：边清音，日本综合研究大学院大学博士候选人。

① 李明欢：《福建侨乡调查：侨乡认同、侨乡网络与侨乡文化》，厦门：厦门大学出版社，2005 年。王连茂：《当代侨乡家族的“迎祖”活动：仪式的象征与传统的变迁》，陈志明、丁毓玲、王连茂主编：《跨国网络与华南侨乡——文化、认同和社会变迁》，香港：香港中文大学香港亚太研究所，2006 年，第 113 – 138 页。Kuah Khun-Eng（柯群英），*Rebuilding the Ancestral Village*：*Singaporeans in China*，Hong Kong：NUS Press and Hong Kong University Press，2010。

② 范可：《“海外关系”与福建侨乡的民间传统复兴》，杨学潾编：《改革开放与福建华侨华人》，厦门：厦门大学出版社，1999 年，第 155 – 165 页。柯群英：《福建侨乡中文化资本与祭祖的关系》，周大鸣、柯群英编：《侨乡移民与地方社会》，北京：民族出版社，2003 年，第 51 – 66 页。朱爱东：《文化认同与文化建构——侨乡民俗的传承与再造》，周大鸣、柯群英编：《侨乡移民与地方社会》，北京：民族出版社，2003 年，第 171 – 177 页。

兼城系绘以福建省福州市龙门村的民间信仰复兴及其传承为例，展开了讨论①。其主要内容和观点如下——

20世纪70年代改革开放后，龙门村兴起了海外移民的热潮并延续至今，村民们通过移民链条去美国打工。村子留下的大多是老人和小孩。而从四川、贵州等地来的外地人，填补了当地农业生产和日常生活中对年轻劳动力的需求。20世纪90年代，村民们成立了圣王庙理事会，通过号召海外亲属捐款重修圣王庙。从此以后，理事会依靠海外亲属的捐款于每年元宵节举办大型游神活动。但是，由于村民大量向海外迁移，理事会不得不聘用外地人担任游神的工作。圣王庙游神活动依靠海外移民的资金支持和国内移民的人力资源才得以在龙门村延续下来。

从兼城系绘的研究中可以看出，虽然有海外亲属的资金支持，但安排重修圣王庙、承担游神活动任务的，仍然是居住在龙门村的村民和移民到龙门村生活的外地人。换言之，关注侨乡居民的宗教实践，是解释和说明侨乡宗教复兴及其延续的过程、讨论侨乡社会和文化的变化的有效途径。然而，从侨乡居民的角度解读宗教文化复兴的研究却相对较少。因此，笔者以广东侨乡端芬的祖先崇拜复兴及传承为例，描述侨乡居民在其过程中的宗教实践，并由此讨论他们在这一宗教实践中的主体性。

本文所使用的案例，来自笔者在广东省台山市端芬镇所做的田野调查（2011年7月—10月及2012年7月—10月）。本文的主要研究对象是端芬镇人口最多的姓氏集团梅氏一族，特别是他们所居住的村落之一S村。根据国际学术界的学术伦理规范，为了保护研究对象的个人隐私，本文所涉及的人名均以化名代替②。

本文由以下几个部分构成：①介绍端芬镇和梅氏一族（S村）的概况。②以重修祖庙为例，介绍20世纪90年代祖先崇拜的复兴过程，重点考察地方精英在其中的作用。在本文中，地方精英指的是在当地社会掌握政治、经济、文化和人脉等社会资源的政府干部、学校教师、商人等，即村民眼中的“有文化”的人。③介绍现在梅氏一族的宗教实践。④总结端芬梅氏一族祖先崇拜复兴及其之后的传承，讨论侨乡居民在宗教文化复兴中所扮演的角色及其主体性。⑤总结全文并提出今后的研究课题。

一、侨乡端芬和梅氏一族

端芬镇位于广东省台山市中南部，全镇总面积149平方公里，总户数13 197

---

① 兼城系绘：《“移民”が支える神祇——福建省福州市の僑郷の事例から》，川口幸大、稲泽努编：《僑郷：華僑の故郷をめぐる表象と実像》，大津：行路社，2016年，第85－114页。

② 文献资料中提到的人名除外。

户，总人口50 200，其中男性25 366人，女性24 834人[①]。

端芬镇是闻名遐迩的侨乡。端芬镇那泰村的曹亚志，1802年去往南洋谋生，是台山出洋先驱者之一[②]。19世纪中后期，端芬居民出国谋生的规模逐渐扩大。时值美国、加拿大、澳大利亚、新西兰等国先后发现金矿、兴修铁路，西方各国殖民者为开发殖民地和本国资源，纷纷在广州、香港、汕头等地设馆“招工”，许多端芬居民通过“卖猪仔”“签契约”的形式出国谋生。其后，美洲、大洋洲各国限制华工入境，端芬居民多有购买“美籍民纸（出生纸）”冒名顶替出国。当时很多人在金矿做苦力讨生活，人称“金山伯”[③]。

现在，端芬籍华侨华人遍布世界五大洲50多个国家和地区，其中人数最多的是美国，其次是加拿大、新加坡、马来西亚、缅甸及中国香港、澳门等地，1979至2000年间出国人数多达4万余人。

端芬籍华侨华人与故乡联系紧密，他们对端芬的方方面面都产生了巨大而深远的影响。从经济方面来看，新中国成立前，侨汇是端芬居民赖以生存的重要经济来源；改革开放后，华侨华人投资是端芬经济发展的主要推动力之一。他们还为家乡铺道路、建桥梁、铺设自来水管道等基础设施提供经济支持。从教育方面来看，端芬籍华侨华人对兴办文化教育事业十分关心。1905年，端芬籍华侨伍礼门和伍于耀发动500多位旅外乡亲捐资，创办了台山第一所乡村小学，1932年端芬籍华侨华人捐资兴办了端芬中学[④]。改革开放后，他们又掀起了兴办教育事业的高潮，1979年起至2000年共捐资6 600万元[⑤]。此外，他们还捐资兴办各种公益事业，如医院、敬老院、文化楼等。1979年以来，华侨华人、港澳同胞捐资办公益事业投入达3 500万元[⑥]。从宗教文化方面来看，华侨华人的主要影响有二：一是在20世纪30年代将基督教带到端芬，二是在改革开放后推动祖先崇拜的复兴。

端芬镇除镇区外，共有30个行政村。这些村落以单姓村为主。全镇共有112个姓氏，其中梅姓是端芬人口最多的姓氏集团。据报道人所述，目前端芬人口已经达到6万，其中梅氏人口增长到25 000人左右。

端芬梅氏一族历史悠久。明洪武四年（1371），身为乡进士的梅永清公，为防止倭寇为祸沿海，奉命巡勘海疆。后因其平寇有功，便奉命镇守新会。永清公素爱游览山水，游览到端芬，见其风光秀丽，遂携其妻迁于此处。此后，梅氏一

---

① 陈仲超：《端芬镇志》，广东省台山市周创印刷有限公司承印，2009年，第6页。
② 陈仲超：《端芬镇志》，广东省台山市周创印刷有限公司承印，2009年，第34页。
③ 详见江门市华侨博物馆展览和网站资料，http：//zhidao. baidu. com/question/314027973. html。
④ 陈仲超：《端芬镇志》，广东省台山市周创印刷有限公司承印，2009年，第35页。
⑤ 陈仲超：《端芬镇志》，广东省台山市周创印刷有限公司承印，2009年，第35页。
⑥ 陈仲超：《端芬镇志》，广东省台山市周创印刷有限公司承印，2009年，第36页。

族便在端芬繁衍生息[1]。

S 村是梅氏一族聚居的村子之一。2011 年笔者于端芬做田野调查时，S 村共有 620 户，常住人口 1 400 人左右。村民以务农为主，年轻人多外出打工，或在本地经营一些小本生意，侨汇也是村民们经济收入的来源之一。

S 村的村小学由华侨华人捐资修建，村里的敬老院、文化室、水泥路、鱼塘等公共设施建设和村容、村貌修整也大多由华侨华人出资。而管理华侨华人捐款，维护村容村貌，在日常生活中解决村民问题的，是敬老院院长梅氏 L 和出纳梅氏 R。2012 年 7 月的出纳单显示，敬老院共有 130 094. 18 元人民币的存款。其中，改革开放后回乡华侨华人捐款占 90% 以上。这些存款是敬老院解决村里问题的主要经济基础。

中华人民共和国成立之前，端芬梅氏是宗族社会。宗族管理族内事务、族产，以及祭祀始祖永清公的祠堂及墓地。梅氏一族居住的各个村子，也由宗族的房、支来管理。祖先崇拜是当地人的主要信仰。逢年过节、婚丧仪式中，祭祀祖先是必不可少的环节。

中华人民共和国成立后，特别是土地改革之后，宗族组织消失，祖先崇拜也被划归为封建迷信活动。端芬镇大部分的祠堂被改建为民房、仓库或学校。但是仍有村民偷偷地祭祀祖先。改革开放后，在华侨华人的影响下，祖先崇拜得以复兴。

现在，村民们逢年过节、婚丧仪式中必然要祭祀祖先，每年农历六月至七月十五日的花衣节期间，以及农历二月初至清明的拜山期间，要举行两次盛大的祖先祭祀活动。花衣节的祭祀活动是为了让祖先和孤魂野鬼在中元节时有新衣服穿、有钱花而举行的仪式。村民们称祖先墓地为祖山，扫墓、祭祀祖先则称为拜山。村民们十分重视这两个祭祀祖先的仪式，“即使过年不回家，也要回乡拜山”是村民们的普遍想法。

那么，祖先崇拜是如何在端芬得以复兴的呢？侨乡居民又在其中扮演了什么角色呢？

二、重修始祖永清公祠堂以及地方精英的祭祖仪式

侨乡祖先崇拜复兴的标志之一是各个村落的祠堂得以重修或新建。在这一小节，笔者将以梅永清公祠堂重建为例，讨论侨乡居民特别是地方精英在祖先崇拜复兴过程中所起的作用。

梅永清公祠堂的重建，是由梅氏华侨华人提出的。端芬籍梅氏华侨散居于世界各地，移居北美地区的人较多。“永清太祖在端芬创基之后，子孙于光绪十年相继出洋谋生。不数年，在美国中部芝加哥成立梅氏总公所，并举行恳亲大会，

---

① 梅伟强：《台山端芬梅氏》，广东省台山文史研究会，2000 年。

其后在别城梅氏公所轮值恳亲。”① 美国各埠梅氏族人将芝加哥梅氏总公所简称为“总公所”，是梅氏在美国第一宗亲组织，其他各埠公所前加上城市名称加以区别。纽约、波士顿、底特律、美京、旧金山、缅城、必珠卜、美亚美等城市均有梅氏公所。

除美国外，加拿大、中国台湾以及香港也有梅氏宗亲组织。1975 年，台湾成立世界梅氏宗亲总会，每三年举行一次恳亲大会。1994 年、2000 年和 2010 年在广州举办世界梅氏宗亲会恳亲大会，2006 年则在台山所属的江门市召开恳亲大会。

梅氏华侨华人组织也与故乡端芬保持着紧密的联系，积极参与了捐建侨联大厦及影剧院、教工之家，重建端芬中学、端芬医院、敬老院等项目。较为突出的是全美梅氏总公所元老梅贤添共捐资近 200 万元人民币。与此同时，他们也为复兴祖先崇拜做出了很大努力。

1996 年，全美梅氏总公所理事会全票通过重建梅永清公祠堂决议，并动员华侨华人捐款，承担全部重修费用。随后，全美梅氏总公所向端芬镇政府提出了重建梅永清公祠堂的议案。原来的梅永清公祠堂位于端芬镇政府以北 500 米处。土地改革之时，祠堂收归政府，改为粮油部办公室，后改建为米厂的仓库。自此，端芬梅氏便失去了一族始祖的祠堂。

镇政府考虑到梅氏华侨华人对家乡的贡献及影响力，同意重建梅永清公祠堂。但是重建祠堂面临两个问题，其一是选址，其二是定名。在解决这两个问题上，当时担任端芬镇副镇长、主抓侨务工作的梅氏 X 发挥了重要作用。首先，关于选址。如前文所述，梅永清公祠堂原址已经改建为米厂仓库，不得不重新选址重建梅永清公祠堂。新址确定后，梅氏 X 代表政府和村民交涉，征用土地重修梅永清公祠堂。由于征用的土地大多属于梅氏一族聚居的几个村子，所以同样身为梅氏一族成员的梅氏 X 所负责的征用工作进展顺利。

其次，关于梅永清公祠堂的定名问题。由于“祠堂”一名在当时对于镇政府来说，仍然是较为敏感的，重修梅永清公祠堂也变得有些困难。梅氏 X 代表政府与全美梅氏总公所的长老们商谈，提议不仅重修祠堂，还要修整祠堂周边的环境。也就是说，以永清公之名修建一个公园，公园取名“永清公园”。同时，把梅永清公祠堂更名为“永清梅公纪念堂”，增添追思先贤、纪念历史伟人的意义。在纪念堂内部，供奉永清梅公的牌位。

在梅氏 X 的调和之下，全美梅氏总公所、镇政府都得到了满意的答案。梅氏 X 也承担了管理永清公园修建费用、负责落实建筑工程的工作。1997 年，占地面积 4 300 平方米的永清公园竣工。永清公园内的永清梅公纪念堂，建筑面积达 360 平方米。粉砖墙、绿瓦顶、金色立柱，是中西合璧的三层建筑。一楼是供奉

① 梅可望、梅友所编：《美国梅氏公所简史》，第 4 页；《梅氏宗亲族谱》，1991 年，第 3－5 页。

永清公神龛的大厅，二楼是会客室，三楼是三间为接待华侨华人而准备的卧室。

由于梅氏X监管得力，全美梅氏总公所委托他管理修建永清公园剩余的捐款。梅氏X用余款支付永清公园的维修、清洁费用，并于每年花衣节和拜山期间，组织十几位地方精英在永清梅公纪念堂祭祀祖先。

在永清公纪念堂重建过程中，地方精英们商定，组织梅氏一族聚居的每个村子的村长和德高望重的老人参加永清公园落成典礼并祭祀永清公。永清公园落成后，村落代表参加了祭祀祖先的仪式。他们按照梅氏所分四房亲族以及长幼尊卑的顺序列队站好，手持清香，祭祀祖先。首先，梅氏X向祖先禀告重修永清公园的各项事宜，强调了华侨华人提议并捐款修建。其次，祈求祖先保佑本族。最后，由各个代表向祖先敬香。

2008年11月，各村代表也参加了华侨华人在永清梅公纪念堂的拜祖仪式，除了这两次祭祀外，各村代表和村民们并不去永清梅公祠堂祭祀祖先。究其原因有二：其一，从组织方面来看，地方精英不愿意再次组织祭祖。他们认为，梅氏一族人口众多，全部参加祭祀仪式是不可能的。其二，梅氏一族没有全族共同祭祀祖先的传统，而是由宗族长老负责在始祖祠堂祭祀。因而，普通村民也认为祭祀永清公祠堂是华侨华人和那些“有文化”的人的事情。

因此，地方精英和村民们在全族公祭问题上达成共识：不举行全族参加的祖先祭祀仪式，而由地方精英肩负起永清公祠堂祭祀的责任。地方精英每年两度，即在花衣节和农历二月拜山的时候，于永清公祠堂祭祀祖先。他们祭祀的过程大体如下：祭祀永清公当日清早，地方精英在永清梅公纪念堂集合，准备祭祀仪式。祭祀的供品包括三牲、年糕以及其他菜肴①。地方精英每人手持三炷清香，虔诚祭祀。首先，由一位代表汇报梅氏群体当前生活状况。其次，向祖先祈求保佑梅氏人丁兴旺，事事顺利。最后，依次向祖先敬香。虽然地方精英在永清公祠堂的祭祀过程较为简单，但是年复一年的长期工作。与此同时，普通村民则是在家里的祖先神台和各自的祖山祭祀祖先。

三、侨乡居民的宗教实践以及祖先崇拜的传承

修建祠堂是祖先崇拜复兴的标志，华侨华人回乡省亲、祭祖、修缮祖山等，也对侨乡的祖先崇拜产生了潜移默化的影响。在华侨华人的带动下，村民们逢年过节、婚丧嫁娶时祭祀祖先的仪式越来越隆重。20世纪90年代之后，村民们也在修缮祖山上投入了大量的人力和物力。另一个明显的变化就是女性也加入了祖山祭祀的队伍②。女性华侨华人回乡祭祖、拜山得到了村民的默许。而她们邀请

---

① 当地的“三牲”是猪、鸡和鱼。供品都是乡村精英向端芬的饭店订购的。

② 更多关于侨乡女性的讨论请参阅：边清音《端芬祖先崇拜——广东侨乡宗教民族志研究》（北京：宗教民族出版社，2014年）第六章《侨乡女性与祖先崇拜》。

自己的姐妹、姑嫂一同祭祀祖先，使得端芬女性拥有了拜山的机会。渐渐地，在没有华侨华人邀请的情况下，普通家庭的拜山仪式中，女性也可以向祖山进香了。

现在，S村村民仍忠实地举行祖先祭祀仪式，祭祀祖先的场所主要是家庭供奉的祖先神台和祖先的祖山。

（1）祖先神台祭祀。传统的祖先神台为木质红漆，神台的空间从外到里分为三层，外面两层为装饰，最里面一层是神台的核心。里层中间写的是“喃无大慈大悲观世音菩萨”，左边写的是“孔雀明皇、旺相福神”，右边写的是“善才龙女，家堂土地”，这些全部都是纵向排列的文字。中下位置横向是梅姓堂号“汝南堂”；堂号下面，中间是纵向写的“上历代祖先”，与堂号结合成为“汝南堂上历代祖先”。两侧贴着写有历代祖先名字的红纸，也有一些放着祖先的照片。中华人民共和国成立后，供奉在村民家里的祖先神台也和祠堂一样，成了扫除封建迷信、“破四旧”的对象。据村民回忆，当时有人带头拆除、砸毁家家户户的祖先神台，有些村民把祖先神台藏入海外亲属在村内的空房子，才得以保存一些传统的祖先神台。改革开放后，村民们重修神台，样式各不相同。例如梅氏R重修的神台仅有一层，并且没有书写“喃无大慈大悲观世音菩萨”，而是以一个“神”字代替。有些居民家中的神台仅有“汝南堂上历代祖先”的字样。还有的村民直接购买供奉祖先和其他神佛的神龛，摆放在客厅的中央。村里家家户户供奉祖先神台，村民们在此向祖先汇报大事小情，祈求祖先保佑。

（2）祖山祭祀。村民们祭祀祖先的另一个重要地点是祖山。改革开放后，受到回乡祭祖的华侨华人修缮祖山的影响，村民们也越来越重视祖山的修缮。修缮的祖山大多是水泥搭建的半月形的坟墓，中央立着的石碑上雕刻着死者的名字等信息。与修缮祖山相关的是村民们保留的二次葬习俗。传统的二次葬是在死者过世一年之后的丰收之际，举行捡骨葬，并在此时修建死者的坟墓。农村推行火葬之后，村民仍然保持着二次葬的习俗。遗体火化之后，亲属会把骨灰存放在家中、寄存在火葬场或者村里简易寄放骨灰的地方。一年之后，按照传统的习俗，死者的亲属会再挑选风水好的地点，安葬过世的亲属。

人生重要的三件大事：出生（满月礼）、结婚（婚礼）和死亡（葬礼）之时都要祭祀祖先。此外，祭祀祖先的仪式也与一年当中不同的岁时节气结合在一起，融入村民们的日常生活。每个月初一、十五，村民们都会给家中的祖先神台上香、敬茶。开年（春节）、拜山祭祖、踏青节（农历三月三日）、清明节、端午、花衣节、重阳节、冬至、封犁（农历十二月二十日）、送年饭（农历十二月二十四日）、扫房（农历十二月二十五日）、做年糕（农历十二月二十八日）等不同的岁时节气和节日的时候，村民也要祭祀祖先。其中，拜山祭祖和花衣节是村民们在祖山和祖先神台祭祀祖先最重要的仪式。

首先，介绍拜山祭祖仪式。

拜山祭祖的时间范围是一个半月，集体祭祀的时间由各家自行决定。花衣节是在祖先神台祭祀祖先的主要仪式，而拜山祭祖则是在墓地举行的主要仪式。参加拜山仪式的成员是本家，祭祀的对象是五代以内祖先。拜山当天，本家的全体成员首先到高祖父传下来的祖屋祭祀祖先，随后一同去拜山。若祖屋已倒，则在辈分最高、年纪最长的人家里集合。拜山的具体过程大体可以分为铲山、摆放供品、祭祀和收尾四个程序。

（1）铲山。用铲子为祖山除草、清理杂物的过程称为铲山。其中，清除墓碑前香炉内的杂草和旧香灰的步骤是最为重要的，必须由参加祭祀的辈分最高的男性来完成。

（2）摆放供品。负责摆放祭祀供品的是参加仪式的女性。她们把装满酒的六只酒杯和六双筷子摆放在距离山坟墓碑最近的地方，随后从左向右依次摆放鸡、猪和鱼，并将年糕和其他供品摆放整齐。最后，她们把“白银”① 分两堆摆放在供品两侧，并用石头压住。白银是给祖山附近的孤魂野鬼的“打赏钱”，以防他们偷食祖先供品。

（3）祭祀。参加仪式的亲属按照长幼顺序依次在祖山前排开，每人手持三炷香，向祖先禀明一年内家族中的大小事件并祈求祖先保佑族人平安。众人向祖山三鞠躬，再依次把手里的三炷香插入祖山前的香炉里。随后，焚烧金元宝、金条等冥币。

（4）收尾。祭拜祖山后，主家给“打山旺”的乡亲分享供品和派发利是。“打山旺”是当地的一种传统习俗，因二月拜山时隔很长，许多端芬居民自家拜完山后，会帮其他拜山的人铲山，被帮者就会赠送其供品和利是。派送礼物的事主也希望通过“打山旺”来炫耀祖先的福泽并以此来维持与他人良好的关系。20 世纪 80 年代后，许多华侨华人回乡拜山，带来了给“打山旺”的人派发红包的习惯。利是封内现金的数额不一定多，但同过年的利是一样，取其喜庆的好彩头。普通的端芬居民在经济条件好的情况下也会派发利是，但多数人只派发祭祀的供品。

至此，拜山祭祖仪式正式结束。

其次，介绍花衣节祭祀仪式。

花衣节祭祀和拜山祭祖一样，时间范围是一个半月，具体祭祀的日期和时间由各家自行决定。花衣节祭祀以家庭为单位举行。举办花衣节的家庭邀请本家亲戚来参加仪式之后的午餐。举行花衣节仪式的当天早上，家里的女主人负责准备包括三牲在内的供品。供桌的中心摆着三牲，前面是三只装满白酒的酒杯，每只酒杯旁边有一双筷子，后面堆放的是为祖先准备的冥币和衣纸。供品准备好后，祭祀正式开始。家里的男主人给祖先上香祭拜，用三炷香祭拜祖先，三鞠躬，祈

① 白银即白色的纸钱，长 15cm、宽 6cm。

祷一家人平安。其后，在门口燃放鞭炮，焚烧给祖先和孤魂野鬼的花衣纸和纸钱。

接着，家中的女主人会带着三牲、酒和香烛到村口祭拜土地神。女主人回来后，继续准备其他供品。正午时分，一切准备就绪，家中的男主人带领一家人再次祭祀祖先。祭祀时，男主人手持一把香，而家中其他成员手中仅拿三炷香。男主人带着大家拜祖，并向祖先祈求家人平安、人丁兴旺。祈祷完后，男主人拿出三炷香，插在香炉上，其他家庭成员按照长幼顺序，依次给祖先上香。待所有人都上香后，男主人开始按顺序给家里供奉的神明上香，每个香炉进三炷香、三鞠躬。其顺序是：天官、土地、灶神、门官以及屋后的石敢当。如果家里有夭折的孩子，则由女主人负责祭祀。同时，女主人还要负责在家门口摆上供桌，祭祀门外的孤魂野鬼。

中午，主祭家邀请其本家、关系密切的同村村民一起吃饭。午饭的食物是祭祀祖先的供品。祭祀孤魂野鬼的供品则一直摆放在门外，第二天早上才扔掉。花衣节是村落中重要的祭祀节日，其作用是祭祀祖先、打点孤魂野鬼。如果有人不举办祭祀，村民们会责问他。因为村民们担心这样的做法会招来祖先、孤魂野鬼的不满，祸及全村。

通过拜山、花衣节等仪式，村民恪守祭祀祖先的职责，日复一日、年复一年、一代又一代的传承祖先崇拜的信仰。

四、分析与考察

如上所述，改革开放之后，在华侨华人投资建设家乡、回乡祭祖的影响之下，端芬祖先崇拜于20世纪90年代得以复兴。对于梅氏一族而言，其标志是始祖永清梅公纪念堂的修建。这为后来地方精英组织祭祖仪式提供了经济基础和实践宗教信仰的舞台，同时也为他们获得华侨华人的信任、村民的尊重提供了机会。虽然提案和经费由华侨华人提供，但实际上让提案得以实现、管理经费、监督工程的是以梅氏X为代表的地方精英。其后，修建永清梅公纪念堂的余款也在地方代表的管理之下，用于维护永清梅公纪念堂、祭祀祖先等事宜之上。现在，有十几位地方精英在花衣节和拜山祭祖期间，负责管理永清梅公纪念堂举行的祭祀祖先的仪式。他们肩负着梅氏一族祭祀始祖的责任，并把祭祀祖先的仪式组织化。不论是否有华侨华人回国，地方精英完全承担起管理祭祀经费、组织祭祀活动、完成祭祀仪式的工作。

另一方面，在日常生活中，村民们在岁时节气、人生仪礼之时，忠实地祭祀祖先。在海外华侨华人的影响下，村民们重修祖先神台，修缮祖山，举办盛大的祭祀仪式，同时允许女性参加祭祖活动。

祖先崇拜是端芬传统的民间信仰，村民们对祭祀祖先重视而虔诚，这是海外华侨华人回乡祭祖促使祖先崇拜复兴的基础。同时，留守在侨乡的村民们是日复一日、年复一年、代代传承祖先崇拜的实践者。通过祭祀祖先，村民一方面表达了自己的信仰，另一方面维系着地方社会亲属之间、村民之间的关系纽带。家庭成员是花衣节祭祀祖先的主要参与者，花衣节的祭祀活动强化了家庭成员之间的关系。而祭祀仪式之后邀请本家亲属参加家宴，又进一步联系扩大了的亲属网络。同时，在一定的时期内，村里家家户户都要举办花衣节的祭祀仪式，这样的仪式过程强化了村民作为村落共同体一员的认同感。家庭是花衣节祭祀的基础，以家庭为中心展开本家以及村落中成员的关系网络。同样，在二月拜山的时候，以祭祀祖先为契机，强化了家庭与本家的关系网络。祭祀共同的祖先则强化了亲属之间的相互关系。而在拜山的时候来“打山旺”的人们，也通过分享供品和红包，密切了彼此之间的关系，增强了地方社会的一体性。

海外华侨华人的影响并不是宗教文化在侨乡复兴的唯一的决定性因素。侨乡居民对于该宗教文化的认同也发挥了巨大的作用。例如，改革开放后，虽然部分信仰基督教的华侨华人希望复兴当地的基督教，他们甚至派车接送村民去镇里的基督教堂接受宣教，参加聚餐。但是，S村没有村民接受洗礼。端芬镇虽然有三座华侨华人捐建的教堂，但是从20世纪30年代至今，端芬教会记载的接受洗礼的信徒不足150人。当笔者在田野调查过程中询问，为什么很少有人信仰基督教时，村民们给出的答案是“我还要拜祖先哩!”村民们通过祭祀祖先表达自己的信仰，强化地方社会的联系，分配地方社会中的各种资源。村民们选择祖先崇拜而非基督教信仰，是出于自身在地方社会中的地位考虑，而非一味地受海外华侨华人的影响。

由此可见，海外华侨华人的经济支援与宗教实践的影响，确实是推动侨乡宗教文化复兴的重要动力。但是，宗教文化是否复兴，复兴之后又能否继续传承，均取决于侨乡居民对宗教文化的态度和所采取的宗教实践。这一切，恰恰就体现出了侨乡居民的宗教实践的主体性。

五、结论

本文以广东省台山市端芬镇的祖先崇拜为例，讨论宗教文化复兴中侨乡居民所扮演的角色，揭示出侨乡居民宗教实践的主体性。20世纪90年代，华侨华人回乡祭祖、修缮祖山，乃至全美梅氏总公所提出重修始祖永清梅公纪念堂，推动了祖先崇拜在当地社会的复兴。全美梅氏总公所重修始祖永清梅公纪念堂一事，为地方精英组织祭祖仪式提供了经济基础和祭祀的舞台。而地方精英则抓住重修始祖永清梅公纪念堂的机会，获得了管理捐款、监督工程、组织祭祀的权力。此外，海外华侨华人的祭祀仪式也影响了当地的普通村民，其具体表现包括：祖先祭祀的仪式越来越隆重、女性参加祭祀、修缮祖山等。村民已经把祖先崇拜融入生活的方方面面，并且通过这些祭祀仪式，强化自己的社会关系网络。总之，地方精英和村民不仅是侨乡忠实的举行祭祖仪式的实践者，也是祖先崇拜的传承者。

在笔者做田野调查期间，在S村没有见到回乡的海外华侨亲属。在学校、医院、敬老院、村容、村貌建设等基本完成的今天，华侨华人的投资捐资正在逐渐减少。第二代、第三代海外华侨华人较少回乡祭祖，而新移民则为了适应海外的生活而无暇回乡探亲祭祖。这些因素都导致回乡祭祖的海外华侨华人的数量在减少。但是，村民们在每月初一、十五的花衣节期间仍然十分虔诚地祭祀祖先。侨乡居民开始成为祭祀祖先、传承传统文化的主角。

与此同时，侨乡正在发生巨大的改变。虽然有的人仍然通过亲属关系网络出国打工，但也有许多村民选择去广州、深圳等大城市打工。村里开始流行“只要考上公务员就比出国更好”的观念。华侨华人回国数量的减少、国内都市的发展，这些因素都在影响着侨乡居民的人生抉择。川口幸大所指出的“富裕的海外，贫穷的侨乡”“华侨华人与侨乡之前有着本质的、强烈的联系”“华南地区是侨乡的代表”这三个关于侨乡的研究范式①正在发生着变化。因此，关注侨乡居民的生活和实践，成为了解侨乡文化的重要的研究视角。学者们已经开始从侨乡居民的角度去考察侨乡宗族组织的复兴②、侨乡社会经济的发展③、新侨乡的形成④。在田野调查和前人研究的基础上，笔者认为，从侨乡居民的角度探讨侨乡与华侨华人的互动，进而重新思考“侨乡”的定义，或许是今后需要认真思考的重要的研究课题。

---

① 河合洋尚、阿部朋恒：《中国雲南省における〈僑郷空間〉の創出——紅河県を事例として》，川口幸大、稲泽努编：《僑郷：華僑の故郷をめぐる表象と実像》，大津：行路社，2016年，第287－310页。

② 潘宏立：《福建省南部農村の同姓結合と華僑——蔡姓の宗族および宗親団体を中心に》，吉原和男、铃木正崇编：《拡大する中国世界と文化創造——アジア太平洋の底流》，东京：东弘社，2002年，第117－144页。

③ 川口幸大：《序章　僑郷とは何か》，川口幸大、稲泽努编：《僑郷：華僑の故郷をめぐる表象と実像》，大津：行路社，2016年，第5－19页。

④ 李华：《朝鮮族の移住者たちと中国の“故郷”——延辺朝鮮族自治州のある村落の事例から》，川口幸大、稲泽努编：《僑郷：華僑の故郷をめぐる表象と実像》，大津：行路社，2016年，第239－266页。

书　评

Pal Nyiri（聂保真），*New Chinese Migrants in Europe*：*The Case of the Chinese Community in Hungary*（《欧洲的中国新移民：对匈牙利华人群体的个案研究》），Research in Migration and Ethnic Relations Series，Aldershot：Ashgate，1999，vii + 144 pp.

这本书是作者长达6年的田野调查的成果。作者在书中深入探讨了中国人向匈牙利移民的历史和现状，旨在揭示“中国新移民的特点”（第6页）。作者认为，中国人移民匈牙利的主要动力是为了寻找机遇，改善自己的经济状况，并从社会控制中解脱出来。

第一章（第9－34页）探讨了匈牙利吸引中国人向外移民的因素，包括匈牙利对中国公民免签、创富的众多机遇、为追求经济利益而移民的一些有利的氛围，以及中国方面的种种推动因素，包括人口压力、以消费者为导向的市场所面临的非常激烈的竞争，当时在中国风行一时的“匈牙利热”等因素。此外，本章还简要描述了移民的人口概况。这里需要指出的是，尽管中国向西欧的移民主要来自南方省份（如浙江、福建等省），但移民到匈牙利的中国人，约有一半来自中国北方，其他则来自上海、浙江和福建等省市，还有一些来自专门向匈牙利移民的侨乡。

第二章（第35－56页）首先描述了1989—1991年间中国人向匈牙利移民的第一波移民潮，以及随之而来的匈牙利方面对移民的严格管控。作者在这部分列举了一些有关移民偷渡活动的颇为有趣的信息，以及当时所谓的“邀请行业”的运作情况。本章的第二部分“职业结构和族群经济”，进一步阐明了匈牙利华人经济活动中一些与众不同的特点，包括：同样的工作，匈牙利华人获得的薪酬要高于当地人；大多数华人企业雇用当地人和外来人；大多数华人企业与中国国有企业（尤其是对外贸易及进出口公司）之间的关系；以及20世纪90年代中期之前并未受到人们重视但相对重要的餐饮业。

在第三章中（第57－89页），作者将讨论的重点转向海外华人和中国政府之间关系的转变，说明中国政府为了吸引海外华人回国投资，如何努力地“重塑中华文化捍卫者的形象……，并将之与某种较为现代的多民族的民族主义相结合”（第58－59页）。作者强调，中国政府在此方面做了许多努力，包括：中国大陆涉侨的政府机构数量不断剧增；中国官方代表团出访次数成倍增加；大量邀请海外华商回乡访问（仅1995年一年，广东省就接待了270 514名海外华人）；举办见面会和大型会议，让海外华人欢聚一堂等。作者继而指出，“这些活动表明，政府已将乡土纽带与占主导地位的、中央直接掌控的半政治性的网络整合在了一起，此类侨务工作是以中国政府为中心的，它不仅改变了传统组织的性质，而且促使一些新的社团组织出现并合法化，这些新的社团组织不再是地域组织或宗亲社团，它们得到政府方面的经济支持”（第65页）。在这一章里，作者还讨论了匈牙利华人出版业的发展情况，以及华人与匈牙利政府之间的关系。作者指出，无论是在匈牙利还是在中国，华人移民与政府之间的关系都是非常重要的因素。

在第四章里（第90－117页），作者分析了1991年之后华人社团组织在匈牙利的出现及发展变迁，主要讨论了当地最具代表性的匈牙利华人协会（HCA）。作者清晰地描述了匈牙利华人协会是如何将其他的竞争对手团结起来，宣称自己代表着所有的匈牙利华人，是中华文化和中华文明的唯一合法捍卫者。该组织还公开表明自己效忠于中国政府。值得注意的是，该社团组织中经验比较丰富的华商多半来自浙江省的温州和青田。在政治上，浙江温州、青田华商占据着优势，这是因为他们与中国政府官员保持着密切的政治联系，这些政府官员则支持匈牙利华人协会领导层，使其地位合法化。关于这一点，聂保真认为，“匈牙利华人协会之所以能够发展壮大，其主要原因并非在于该组织为匈牙利华人做了多少贡献，而是因为中国政府官员的支持，赋予其合法地位，以及该社团组织有效地展示出其与政府之间的关系”（第99页）。

第四章的第二部分转而讨论海外华人社团组织在西欧的发展。与匈牙利华人协会的发展模式大体一致，这些社团组织一方面高调宣称要保护中华文化和中华民族的特性，另一方面与中国建立起密切的政治和经济联系。作者认为，匈牙利华人协会的发展经验可以作为“一个颇有吸引力的模式，来说明海外华人如何与中国大陆建立商业关系，充分利用这种关系，以及如何利用华人社团组织来达到这一目的”的范例。（第111页）。

在本书的结论部分（第118－129页），通过与传统的“侨乡移民”进行对比，作者重点论述了“华人新移民”的一些特点。在这些特点中，需特别指出的是华人新移民具有高度的流动性，不同类型的移民（商人、工人和学生）彼此之间在“不断地重叠和交换”身份，乡土纽带和方言群归属感逐渐弱化。与此同时，“某种非地域化的民族主义”正在崛起（第128页）。不过，我认为本书应强调指出新、旧移民之间的连续性，比如，为何会出现从侨乡向西欧的移民，正如李明欢、朱梅（Mette Thuno）等学者所指出的那样，移民动力不能简单地归咎于严重的贫困问题。

总而言之，作为第一部研究匈牙利华人移民的英文著作，本书将大大激发那些对国际移民感兴趣的汉学家和社会学家，并一定会引发更多的研究成果和学术辩论。

比利时列日大学（University of Liège，Belgium）
埃里克·弗洛伦斯（Eric Florence）
陈兆毓 译，陈龙 校
钱江 审校

Tan Chee - Beng（陈志明），*Chinese Minority in a Malay State*：*The Case of Terengganu in Malaysia*（《华人族群在马来：马来西亚丁加奴州的个案研究》），Singapore：Eastern Universities Press，2002，162pp.

这部简要的人类学著作主要研究的是马来西亚丁加奴州的华人居民。丁加奴州位于马来西亚东海岸，华人在当地人口的所占比例不到4%。丁加奴的华人群体具有的两个特征，使得本课题的研究显得十分有意思。第一个特征，恰如早年马六甲和吉兰丹的华人族群那样，数百年前，丁加奴华人的祖先就开始与当地马来妇女通婚，因此出现了马来文化与中国文化的混合体，其通婚的后代被称为峇峇（Baba）或土生华人（Peranakan）。虽然，通过通婚来融入本土社会的模式如今仅存在于少数几个小型的农村社区，但它们是本书关注和论述的重点。第二个特征是丁加奴的政治背景。当地现在是由马来西亚伊斯兰党（PAS）控制州政权，这也使得人们开始关注伊斯兰政党控制下的州政府将如何对待华人少数族群。

本书由三部分组成。第一部分追溯了华人移居丁加奴的历史，描述了丁加奴华人社会在寺庙、学校和华人社团机构等方面的组织特征；第二部分集中讨论了两个土生华人的乡村社区；最后一部分则从个人和政府两个层面分别探讨了华人与马来人之间的种族关系。

根据中文文献记载以及对当地老年华人居民的访谈，作者对丁加奴华人的历史做了简要的概述，认为丁加奴华人的历史至少可以追溯到18世纪。当地的受访者指出，华人初抵此地时，是居住在一个叫作巴比岛（Pulau Babi）的地方。这个地名是马来人取的，因为华人在此地养猪。在马来语中，babi指的就是猪。早期的移民来自福建，其中有部分福建人与当地的马来妇女通婚。19世纪时，海南人和其他方言群的华人也陆续来到马来亚。但是，他们融入本土社会的方式与福建人不同，没有采取与当地马来妇女通婚的模式。如今，丁加奴的华人仍然拥有许多华人寺庙、学校和社团组织。本书第一部分各章节中对此都分别进行了描述。

1987至1994年间，作者到两个相邻的土生华人的乡村社区做短期田野调查，这两个村庄分别是提诺克村（Kampung Tirok）和甘谷克芒村（Kampung Ganggul Kemang）。本书的第二部分对这两个村子的土生华人情况作了详细的描述。这两个村子里的华人仍然保留了一些马来文化影响的痕迹，诸如语言、服饰、食物和房屋建筑风格等，这些文化特征把村子里的24个土生华人家庭与绝大多数其他丁加奴华人区别开来。作者在这一部分内详细描述了当地华人的家庭结构、亲属称谓、家谱等具体情况。其中，家谱记录了过去这些土生华人与附近居民通婚的模式。作者还描述了土生华人的宗教活动，包括乡村庙会、宗祠和家庭举办的祭祀活动、华人的节日，婚礼和葬礼等。虽然当地的乡民依靠种植橡胶过着舒适的生活，但是，他们大部分成年的子女仍然会选择到城镇中寻找更具挑战性的工作。而且，一旦定居于城镇，这些土生华人似乎就失去了自己的这个身份特征。根据陈志明的观察（第3页），“一个非土生华人的受访者也许原先就是来自土生华人的家庭，因为，城镇里的很多华人家庭都是从农村里的土生华人家庭移居出来的”。由于交通条件的改善，年幼的孩子也可以去瓜拉丁加奴镇上的华文小学读书，而不用去当地的马来语学校，这可能也会影响到华人子女对未来的期望以及他们的身份认同。

本书的最后一部分主要讨论的是华人和马来人之间的族群关系。昔日，由华人和马来人相互通婚而形成的土生华人文化，如今已经十分罕见了。如果发生通婚，华人则会选择信仰伊斯兰教，从而成为马来族群的成员。因此，当代华人在融入马来社会时采取了不同的融入模式，陈志明将其描述为避免与马来人产生任何形式的冲突。即便马来人持续非法占据华人的传统墓地，华人社团的领导人也不会自己出面处理，而是不断地向马来官员求助，让马来政府官员来出面解决这个问题。1999年马来西亚伊斯兰党重新执掌丁加奴州的政权，部分华人开始忧心忡忡，担心自己会否得到公平的对待。对此，陈志明认为，在涉及华人权益的问题上，伊斯兰党当政的州政府在某些方面会比前任的巫统（UMNO马来民族统一党）政府更加敏感谨慎。在本章的最后，作者指出，必须利用华人社团的架构和领导来解决华人社区的问题，同时，要重视加强华人和马来年轻人之间族群合作的重要性。

除了文字描述，本书还附有30幅黑白照片，以及其他一些图表，例如房屋平面图、族谱示意图和宗教祭祀仪式的方位草图等。这些照片和图表与文字描述相辅相成，是非常好的补充。书中的第一部分插入了丁加奴州和瓜拉丁加奴镇的地图，令人遗憾的是，地图上没有将书中所提到的几个重要的地点（诸如巴比岛和提诺克村）标示出来。尽管后面的一些插图标出了这两个地方的位置，但读者仍然搞不清这些地点的具体地理方位。

该研究的主要不足在于全书几乎没有进行任何分析和讨论。总体上来看，书中的描述来自作者在一系列田野调查访谈中搜集到的材料，这些访谈的对象主要是不同华人社区的男性领导人，以及丁加奴州内其他不同华人社区的受访者。在此之前，陈志明已经出版过一些研究成果，主要是关于马六甲的峇峇华人社会和文化、吉兰丹的土生华人以及马来西亚华人的身份认同等，但本书几乎没有将丁加奴的华人与马来西亚其他地方的华人进行比较，这让人感到十分意外。本书提出的所有问题都需要进一步地加以分析。例如，在本书的序言部分，作者指出，丁加奴的土生华人尽管在某些方面有着与其他地方的华人不同的特征，但没有形成像马六甲、新加坡的峇峇以及印度尼西亚土生华人那样的次族群的身份认同（第2页）。但是，他没有接着继续探究为何地方性的身份认同会存在着差异。同样，他曾十分努力地探索历史上丁加奴华人的移民模式（第10－14页），然而，他却没有尝试去探究为何这些华人在不断地迁徙，从一个地方迁移到另外一个地方。不过，在对土生华人父母送他们的孩子去上华文小学这件事情上，作者进行了分析评论。他指出，这并不能看作土生华人要回归中国文化。昔日，华人父母送他们的孩子去马来语学校读书，并不是因为他们希望自己的孩子能够融入马来社会，而是因为他们没有其他的选择（第84－85页）。倘若能对本书所引述的重要数据和事实做进一步的分析，则本书的研究将更加扎实，所产生的意义也会更大。本书所陈述的只是马来西亚华人社会的一个小侧面，而且，这方面的研究以往为人所忽略。基于此课题的研究成果不多，所以，本书的出版还是值得庆贺的。

美国波特兰州立大学（Portland State University）
莎朗·卡斯藤斯（Sharon Carstens）
唐文婷　译，陈龙　校
钱江　审校

Daniel Chirot（丹尼尔·齐诺特）and Anthony Reid（安东尼·里德），eds.，*Essential Outsiders：Chinese and Jews in the Modern Transformation of Southeast Asia and Central Europe*（《重要的外来人：东南亚与中欧近代转型变化中的华人与犹太人》），Seattle：University of Washington Press，1997，336 pp.

能做到广为读者欢迎的学术会议论文集为数不多，本书即为其中之一。这部学术论文集不仅是把相关的学术论文编辑在了一起，而且是充分体现了丹尼尔·齐诺特所指出的那样，此书“将近代世界上的两个最杰出且最具商业冒险精神的少数族裔群体加以比较……并对民族主义和族群冲突中几乎所有的重要并具有争议性的议题进行了讨论”（第3页）。本书的每一个章节都能见到精辟的学术分析，然而，比较研究的重要意义远不局限于学术层面。本书作者通过仔细研究两个少数族裔所处环境的异同，探索其在民族国家近代化的进程中何时形成了自己的身份认同，这种身份认同后来又如何发生了哪些变化，从而有可能走向和平共处而不是激烈的社会分化。

在不同的历史时期，东南亚不同国家的反华暴力事件时有发生，尽管如此，本书收录的这些论文（在1994年召开的一次学术会议的基础上修订而成）对此问题却表示相对乐观。安东尼·里德指出，在现代化的转型过程中，与欧洲社会相比，东南亚社会较少迁怒于作为替罪羊的华人。当地原住民对部分华人拥有大量财富而心怀不满，但是，经济的普遍繁荣缓解了他们心中隐藏的积蓄已久的对华人的憎恨。这一点，在乔莫（Jomo）、汉密尔顿（Hamilton）、沃特斯（Waters）、林（Lim）和戈斯林（Gosling）等人的文章中论述得尤为透彻。1997年的金融危机不禁让人们开始忧虑，担心经济衰退可能会加剧不同族群之间在经济上发生冲突。在印尼，针对当地华商的暴力活动不断升级。在马来西亚，当地领导人严厉谴责国际投机者，并对国内投资者的投机行为发出警告，指出相关的投机活动将被视如叛国。所有这一切，都令人不安地想起了第二次世界大战前夕对犹太人的批评。贝勒（Beller）、卡拉迪（Karady）、吉瓦尔（Kieval）等人的文章对此问题进行了观察和分析。泰国国王拉玛六世（King Vajiravudh）曾指责泰国华人为“东方的犹太人”，他的这种指责被卡相·特加皮拉（KasianTejapira）借用来将华人塑造成“非我族类”的形象。不过，这一观点目前已经被一种包容性更强的泰民族的新形象所替代。诚如林和戈斯林所言，当代的中泰文化已经成为一种共享的城镇流行文化，“在媒体和市场力量的共同驱动下，（这种文化）正在整个国家传播、渗透”（第297页）。

两位编者对这部华人与犹太人的比较研究论著所涉及的政治风险非常敏感。齐诺特指出，将犹太人和华人进行比较，很可能“会被人肆意歪曲，遭到谩骂”，尤其是因为东南亚的穆斯林对犹太人存有偏见（第5页）。本书的作者们非常巧妙地避开了大部分明显的陷阱，在讨论族群身份认同这一问题时，很多文章的见解非常具有洞察力和敏锐性。他们认为，族群身份的认同具有多层意义，它是理性的抉择，而非一成不变的文化产物。贝勒小心翼翼地批评反犹主义的观念，认为这是一种非理性的四处蔓延的“传染病”。他反对反犹主义的观念，认为这种观念就像是“一架依靠自然动力驱动、失去理性控制的飞机”（第101页）。他认为，反犹主义的现象在社会底层“很容易见到”，他的这一论点很容易就会被误解为是在为反犹主义辩护。然而，恰恰相反，贝勒认为，导致维也纳成为“成功的反犹主义流行之地”的原因，恰恰是这种“正在发生的极端不公正带来的道德缺失”，而非不理性。白石隆（Takashi Shiraishi）用同样的方法来论证，他认为，20世纪末爪哇旧殖民秩序的复兴，意味着印尼不再需要华人为国家提供资金。所以，“在满怀仇恨的暴力群众面前，华人变得非常脆弱，随时会遭到攻击”，即便他们是富有的中介商少数族群，他们在政治上也毫无势力”（第190页）。在变化莫测的年代，脆弱的少数族群该如何应对自己的身份认同政治问题，本书各章对此问题进行了非常形象、生动的描述，在卡拉迪、魏安国（Wickberg）、汉密尔顿、沃特斯等人的文章中，对这一问题的讨论尤为详尽。

里德认为，少数族裔成为替罪羔羊与其资本家的经营方式有很大的关系。将少数族裔打成替罪羔羊，这一做法“更为可信，因为一种熟悉的社会体系瓦解之后，新建立起来的社会体系的边界依然模糊不清”（第64页）。他警告说，如果经济下滑，绝望的政客们就会寻找替罪羔羊，东南亚地区的暴力事件将会重演。不过，他始终坚信，“东南亚国家将会从欧洲转型的有益的经验中汲取经验教训，从而避免发生恶性的族群冲突事件”。对此，我真切地希望他的预言是准确的，在未来的危险岁月中，东南亚不会遭遇族群冲突。

齐诺特强调指出，建立在共同的“血缘”基础之上的民族主义和能够把外国人转变成为本国公民的“公民性”民族主义，这两者之间有着根本的区别。他认为，如果对于民族主义的政治定义仍然是以遗传性共有关系为基础，那么，前南斯拉夫和卢旺达的种族冲突悲剧注定是要发生的。他的理论是，一旦现代性打破了族群之间的共有团结，就会“把族群而非个体重新设定为政治竞争的基础，承认他们，使之成为主要的政治行为体，并用他们来消除仅有的一些机会，使得那些社会无法解决现代国家中普遍存在着的利益对抗、群体对抗和文化对抗因素等问题”（第25页）。由此，他进而总结说，如果将法律的权力分配给个人而非群体的模式发生了改变，“那么，美国就可能不再是一个民主、稳定的社会”（第25页）。这一结论虽具启发意义，但我对此依然表示怀疑。例如，加拿大就是以诸如土著身份的集体身份为基础，赋予公民大量合法的权利，魁北克省规定，学校授课必须使用祖辈们留下来的语言。尽管民主与稳定能够达到何种程度还有讨论的余地，但是，我并不因此认为两败俱伤的冲突是不可避免的。有关跨国主义的大量研究成果表明，接受某个国家的公民义务和出生与他国或祖先来自于另外一个国家，这二者之间是不冲突的。构思出可以协调二者矛盾的政治体制或许是21世纪的主要挑战之一。

本书收录的各篇论文内容丰富，无法一一概述评论，只能选择其中一些比较精彩和重要的地方做出评论。我由衷地推荐此书，希望所有对族群研究、民族主义、身份认同、社会变迁以及比较研究方法感兴趣的读者都能读读这本书，同时也向那些喜欢阅读思辨性强的学术论文的读者推荐此书。

加拿大卡尔加里大学（University of Calgary）
艾伦·斯玛特（Alan Smart）
周龙 译，钱江 审校

Rupert Hodder（鲁伯特·霍德），*Merchant Princes of the East: Cultural Delusions, Economic Success and the Overseas Chinese in Southeast Asia*（《东方的商业巨子：文化幻觉、经济成功与东南亚华人》），John Wiley & Sons，Chichester，1996，xvii + 333pp.

本书的标题别具一格，其封面设计也格外抓人眼球，与此同时，作者还胪列出大量的参考文献作为其研究支撑。对于刚开始接触这个领域的学者来说，这些参考文献将非常有用。但我本人却不以为然，觉得仅此而已，并没有多少值得称赞的地方。事实上，在我看来，本书在“东南亚的商业巨子”这一点上几乎没谈出什么东西来，毫无新意可言。由于诸如“巨额财富和权力”之类的字眼频频出现，“东南亚的商业巨子”已成为当今书商中十分热门的一个话题。我在这本书中几乎找不到一本有关于东南亚商业巨子的参考文献。无论是陈弼臣家族（Sophonpanich Family）、谢国民（Dhanin Chearavanand）、林绍良（Liem Sioe Liong）、郭氏兄弟（The Kwok Brothers）、陈永栽（Lucio Tan）、吴奕辉（Gokongwei），还是其他任何能够被列为当今商业巨头的人物，此书均无记载，更不用提昔日的那些著名的华人商贾了。除了对菲律宾达沃市的一个名不见经传的商人群体进行分析之外，作者似乎并没有对东南亚地区的任何华商集团做过基础研究。

首先，本质上来说，本书更像是一本各章节之间相互没有内在联系的杂文集。对于所讨论的四个主题，书中充斥着令人费解的论据和极其主观教条的观点。尤其重要的是，在对海外华人的商业成功进行原因分析时，作者不断地对“文化决定论”进行抨击，并肆意贬低华人性、华人商业组织和互惠主义。倘若作者能够更加委婉地表达这些观点，我还是可以接受的。其次，本书对香港的市场做了简要的概述，实际上是在炒冷饭，没有什么新资料和新观点。接着是一篇对菲律宾达沃市（当地有华人和其他种族）商人群体的论述。我原以为能够从这篇文章中获取某些资讯，结果却令人大失所望。最后，书中有一篇关于“大中华与东南亚的华人经济”的文章，而它却是一篇极具误导性和令人费解的文章。（诚然，研究海外华人经济的学者们，尤其是地理学家，应该要意识到：目前，东南亚地区并不存在着单一的华人经济体系，实际上永远也不可能形成这种经济形态。因为，东南亚地区实际上存在着九到十个各具特色的经济体，与此同时还有更多的次民族经济体，而作为少数族群的华人则在其间扮演着各种不同的角色。）

如果作者的观点不是用一种教条的和生硬的方式加以陈述的话，那么，我们还有可能将这些相互脱离的主题整合起来，形成一本有用的研究著作，对诸如东南亚华人目前的处境以及这样的处境对其商业成功有何影响等难以解决的问题做出回答。此外，本书作者并没有对一些年长和知识渊博的学者表现出应有的尊敬，尤其是像王赓武和施坚雅（G. W. Skinner）这样的大家，他们对于东南亚华人的研究以及他们在东南亚当地的名望，都远比霍德所愿意承认的更加伟大。

然而，机会已经错过。因为，对于中国传统价值观（尤其是指所谓的儒家价值观念）与海外华人的商业成功之间的关系，总是流传着许多“文化上的幻觉”。如果能够有一本书对这些夸张和荒谬的说法进行抨击，那么，人们将非常欢迎。但是，霍德对几乎任何文化均大肆抨击，目前还没有出现任何深思熟虑的回应。霍德似乎决意要冲破阻碍，排除任何关于文化的因素去解释华人在商业上的成功，他给所有我们这些学者都打上了“文化决定论”的标签[①]：“本文所要表明的观点是，华人社会或华人的社团组织并不是独特的，也并不是与其他民族完全不同的。他们之所以能够在物质方面取得成功，并不是由于‘华人性’的缘故，而是因为多方面的价值观、制度和行为造成的……”只要能够比较温和地表达自己的观点，或者能够加以修饰校正并分析之，那么，霍德的观点还是有可取之处的。例如，可以将那些传奇性的华人网络和家族企业与其他社会和其他文化中的机构和制度进行比较，分析二者之间的相同与不同达到何种程度。

对于东南亚华人经济成功的原因，霍德并没有就“文化 VS 结构”这一永恒的争论写出一部有用的研究论著。倘若作者不是这样过度地发挥自己的核心论点，它本可以对夸大的文化主义者（有时候几乎变成了种族主义者）的观点进行矫正，这正是本书的遗憾所在。过度强调文化决定因素的观点的确需要进行纠正。然而，事实上，本书并没有做到这一点。

澳大利亚国立大学（Australian National University）
查米·麦基（Jamie Mackie）
王悦　译，钱江　审校

① 本人曾就这些复杂混乱的问题发表过一篇论文，名为“海外华人的企业家精神”（见 *Asia-Pacific Economic Literature*，1992），做过一些初步的文献梳理，我的研究方法根本谈不上是文化决定论。如果作者能够举出例子，证明我确曾在某篇论文中强调文化决定论，我将非常高兴。可是，他似乎只是从假想的对手那儿寻找断章取义的说辞，转而去批评另一种观点。更为荒谬的是，霍德将王赓武的观点和我的观点归为同一类。不过，一想到这儿的问题是当局者迷，旁观者清，我就聊以自慰了。

王维：《华侨的社会空间与文化符号：日本中华街研究》，广州：中山大学出版社，2014 年，376 页。

虽然中国人移民日本的历史非常悠久，日本列岛有着数量众多的华侨和华人，但无论是在日本学术界，还是在中国本土，有关日本华侨、华人的研究长期处于比较边缘的状态，真正潜心研究日本华侨的学者不多，新的研究成果也因此有限。旅居日本近三十年的日本长崎大学王维教授的新著《华侨的社会空间与文化符号：日本中华街研究》一书从文化人类学的视角来观察并分析日本华侨社会，观点新颖，资料丰富，全书的架构设计合理，论述逻辑严谨，在很大程度上更新了学术界对日本华侨社会的认识，将日本华侨、华人的研究推进到了一个新的高度。

全书 46 万字，由导论和七个章节组成。作者以长崎新地中华街、神户南京町、横滨中华街这三个日本最具代表性的唐人街作为研究个案，具体比较、剖析三地华侨社区的社会空间与祭祀文化，继而将自己的视野转向东京新宿、池袋等地以新华侨为主的唐人街，在日本的福清华侨和旅日福建同乡恳亲会，最后将日本的华侨社会与英国伦敦和美国旧金山两地的华人社区及唐人街进行比较。

长崎中华街是作者当年在名古屋大学写博士论文时的重点考察对象和田野调查点，所以，作者对长崎华社的了解最为熟悉，在这一章用力最多，写得也最为精彩。在第一章里，作者首先简要地回顾了明清时期中国与长崎的贸易往来及早期华侨的社会空间、唐四寺（三江帮的兴福寺、泉州帮的福济寺、福州帮的崇福寺、广东帮的圣福寺）的建立及其功能、会所与会馆的设立、“明清乐”的传承与变迁、长崎诹访神社的重九祭祀活动、负责祭祀运作的组织及其活动，以及新地中华街的文化传统再造。由于是人类学视角的观察和研究，所以，作者在长期田野调查的基础上，至少对两个部分的观察和分析做得相当细致和透彻。一是对长崎中华街“四海楼”福清陈氏家族个案以及长崎中华街振兴组合的 20 个华侨家庭姻亲网络的追踪和考察，二是对长崎新地中华街负责祭祀的社会组织及其活动的观察与描述。作者认为，“日本华侨亲族网络中，尽管很少有直系的亲属关系，但由婚姻构成的姻族关系发挥着很强大的功能。姻族网络是构成华侨特别是目前在九州占多数的福建（福清）华侨社群里的重要因素”（第 44 页）。在本章的小结中，作者指出：长崎的华侨社会空间和祭祀文化、族群性的变迁经历了早期的幕府贸易体制下的唐船贸易时期和唐馆时期，1858 年长崎开港之后华侨从多元亚族群向地域族群逐步转化的时期，以及全球化背景下长崎华侨通过打造跨地域的新的文化传统来重塑身份认同并建构地域族群的时期。历史上由唐人传入的“明清乐”、龙舞、狮子舞、妈祖游行、重九祭等传统文化活动断断续续地延续至今，使得华侨与当地社会形成了十分融洽的关系场域，而华侨则通过这种关系场域在地域层面与当地长崎的日本居民建立起了“亲戚关系”（第 110 - 112 页）。

在第二章和第三章，作者分别对神户和横滨两地的华侨社会及其中华街做了概述，并将之与长崎的华侨社会进行了比较。作者认为，神户的华侨社会较日本其他地区更富有商业性格和多元化，比横滨更具有开放性，却不如长崎有凝聚力。神户地区的华侨社团主要是建立在福建（闽南为主）、三江（浙江、江苏、江西）和广东这三大方言群体的基础之上，而华侨传统祭祀文化的空间则是以中华会馆、中华义庄和关帝庙为中心来展开的。神户的南京町不仅是当地华侨进行传统文化活动的社会空间，同时也是与地域和主流社会进行互动的场域（第113－159页）。至于横滨，在日本的三大中华街中，横滨的中华街不仅规模最大，华侨人口也最多，同时是广东方言群华侨的聚居之地，早在1870年前后当地就形成了一个以广东人为主的华侨社会。但是，除了狮子舞之外，粤剧等具有广东地方文化特色的艺能活动已在当地华社消失（第204－206页）。

在第四章“日本华侨祭祀文化空间与族群性的重建”，作者将讨论的重点转移到了日本华社的祭祀和艺能活动，从介绍祭祀和艺能的类型入手，进而比较、分析长崎、神户与横滨三地华侨如何通过操办、组织各种祭祀和艺能活动来逐步地再造中华文化，重建自己的族群性。作者指出，最近这一二十年来，日本三大中华街最大的变化及特征就是在逐步地与日本地域社会融合，成为当地旅游文化的资源。接着，作者借用“关系主义民族学”的理论，从内外关系、上下关系、左右关系和前后关系等不同的角度对日本这三大中华街进行了具体细致的探讨，进一步说明中华街已成为一种关系场域，并被塑造为华侨进行各种活动的社会空间。

第五章“走向21世纪的日本华侨社会与文化符号”的讨论重点是改革开放之后来到日本的新华侨及其活动。20世纪80年代中期之后，以上海人和福建人为主的大批中国自费留学生涌入日本的新宿和池袋地区。不久之后，北京人和东北人也纷纷迁入。近年来，位于东京丰岛区的池袋不知不觉地已成为中国新移民的聚居地，当地集中了300家左右的中餐厅、旅行社、美容院、学校、托儿所、新闻媒体和房地产中介等。然而，与历史上日本各地传统的中华街不同，日本社会不再称呼东京池袋出现的中国新移民聚居区为中华街，而是用英文的Chinatown来指代。2008年，池袋地区的中国新移民集会拟筹组东京中华街，但遭到日本主流社会的激烈反弹和反对。作者对这些情况做了详细的描述和分析，认为“新的东京中华街的构想之所以碰壁，恰恰在于缺乏地域社会的理解与支持，缺乏扎根于地域社会与历史土壤中的深厚文化资源，而新华侨本身也缺乏对于地域社会的真正认同，甚至并未做好承担相应的责任与义务的准备”（第273页）。

此外，作者还对日本的福清帮移民和旅日福建同乡会恳亲会专门做了考察。她发现，福清籍的华侨与来自中国其他省份的华侨不一样，他们以长崎和九州岛为据点，其同乡商业网络遍布了日本的各个角落，形成了以女性为主导的全日本范围的同乡通婚圈和姻亲网络。与此同时，他们也与家乡保持着密切的联系。日本的福清帮移民几乎全部都来自福建省福清市的龙高半岛，这种祖籍地高度集中的情形相当罕见（第289－299页）。

在写作本书的过程中，作者曾到美国和英国两地长期访学，并在当地的华社进行了田野调查，这两次外出访学的经历与田野调查的收获被融合进了本书，构成了第六章“全球化背景下的唐人街比较：以春节活动为中心”的主要内容。在本章中，作者对英国伦敦和美国旧金山两地唐人街的形成、历史变迁、主要社团组织和特征、春节活动等情况做了概述，并运用接触区、社会空间和旅游文化资源等方面的理论将这两个唐人街与日本的中华街分别进行了比较。

第七章是全书的结论部分，归纳总结了作者在书中所提出的一系列要点及本书在理论方面的贡献。换言之，本书以华侨为主体，以日本三大中华街为各种关系的场域，以祭祀艺能文化为主线，从华侨的社会空间、文化符号和族群性等三个层面，重点考察分析了日本华侨社会的文化动态和中华街的特征，继而运用接触区、社会空间和旅游文化资源方面的相关理论，对全球化背景下的唐人街进行了比较研究。

本书具有如下几个特点。首先，资料翔实可靠，而且大多来自作者多年来在日本各地的田野调查过程中的观察与亲身参与。由于作者具有人类学训练的学术背景，所以，本书各处均可见到作者援引其详细的田野调查笔记，尤其是对各地中华街进行祭祀和艺能活动的观察和记录。其次，读者可以发现，对日本华人社会艺能活动的关注和研究占据了本书的很大篇幅。这或许是因为作者从小抚琴学艺，本身就是一名琵琶演奏高手，并曾先后读了人类学和民族音乐学两个学科的博士学位，所以，她对演艺活动在华侨社会中所扮演的角色及变化尤为感兴趣。最后，是作者对人类学和社会学相关理论的重视和运用。在本书的许多篇章，经常可见到作者运用场域、社会空间、接触区等理论来具体分析当地华侨组织和中华街的功能与活动。如果说存在着不足之处，则可能是第五章中对日本东京新宿、池袋地区中国新移民群体的研究尚嫌不够深入，希望本书再版时能够进一步充实。

毋庸置疑，这是一本凝聚了作者约20年研究心得的优秀学术论著，值得学术界同仁认真阅读参考。

暨南大学

钱江